Schlechterfüllung in der Betriebshaftpflichtversicherung

Unter besonderer Berücksichtigung des Aus- und Einbauaufwands im Kaufrecht

von

Dr. Alexander Figl

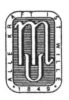

Wien 2021
MANZ'sche Verlags- und Universitätsbuchhandlung

Zitiervorschlag: *Figl*, Schlechterfüllung in der Betriebshaftpflichtversicherung (2021) [Seite]

Meinen Eltern und meiner Schwester
Brigitte, Carina und Karl

ISBN 978-3-214-03697-3

© 2021 MANZ'sche Verlags- und Universitätsbuchhandlung GmbH, Wien
Telefon: (01) 531 61-0
E-Mail: verlag@manz.at
www.manz.at
Datenkonvertierung, Satzherstellung: Druckerei C. H. Beck, Nördlingen
Druck: Prime Rate Kft., Budapest

Vorwort

Die vorliegende Arbeit wurde am Institut für Zivil- und Zivilverfahrensrecht der Wirtschaftsuniversität Wien im Rahmen meiner Tätigkeit als Universitätsassistent am Lehrstuhl von Univ.-Prof. Dr. *Stefan Perner* verfasst und im Sommer 2020 als Dissertation eingereicht. Für die Publikation wurde sie geringfügig überarbeitet und neue Literatur und Rechtsprechung bis Juni 2021 eingearbeitet. Zudem wurde die Gewährleistungsreform 2021 (GRUG) berücksichtigt. Die Dissertation wurde von der B&C-Privatstiftung gefördert und mit dem Förderstipendium der Heinrich Graf Hardegg'schen Stiftung, sowie mit dem ZFR-Award 2020 ausgezeichnet.

Mein herzlicher Dank gilt meinem akademischen Lehrer, Herrn Univ.-Prof. Dr. *Stefan Perner*, der mich als Hauptbetreuer beim Verfassen meiner Arbeit bestmöglich unterstützt hat und mir zu jeder Zeit mit persönlichem und fachlichem Rat zur Seite gestanden ist. Neben der Förderung meiner Dissertation, war die Zeit an seinem Lehrstuhl überdies für meine persönliche und fachliche Entwicklung äußerst bereichernd, wofür ich ihm aufrichtig danken möchte. Ein besonderer Dank gilt auch Herrn Univ.-Prof. Dr. *Martin Spitzer* für die Erstellung des Zweitgutachtens. Er hat mich zudem in jeder Hinsicht ebenso stets gefördert und unterstützt. Überdies möchte ich Herrn Univ.-Prof. Dr. *Olaf Riss,* LL.M. für die Erstellung des Drittgutachtens und seine wertvollen Anregungen danken.

Dem Verlag Manz, insbesondere Herrn Mag. *Heinz Korntner*, sowie Frau Mag. *Kathrin László* gilt mein Dank für die freundliche Betreuung und die Aufnahme meiner Arbeit in das Verlagsprogramm.

Mein größter Dank gilt meinen Freunden und meiner Familie, die mich bisher in jeder Lebenslage bedingungslos unterstützt und stets Verständnis gehabt haben. Meinen Eltern, *Brigitte und Karl Löffler*, und meiner Schwester, *Carina Figl*, widme ich diese Arbeit. Sie waren mein größter Rückhalt in den schwierigsten und herausforderndsten Zeiten meines bisherigen Lebens. Ohne sie wäre das bisher Erreichte nicht möglich gewesen.

Wien, im August 2021   *Alexander Figl*

Inhaltsverzeichnis

Abkürzungsverzeichnis

aA	=	anderer Ansicht
ABGB	=	Allgemeines bürgerliches Gesetzbuch JGS 1811/946
aF	=	alte Fassung
AHB	=	Allgemeine Versicherungsbedingungen für die Haftpflichtversicherung
AHVB	=	Allgemeine und Ergänzende Allgemeine Bedingungen für die Haftpflichtversicherung
Art	=	Artikel
BAV	=	Deutsche Bundesanstalt für Versicherungsaufsicht
Bekl	=	Beklagte, Beklagter
BGB	=	Bürgerliches Gesetzbuch
BGH	=	Bundesgerichtshof
bspw	=	beispielsweise
bzw	=	beziehungsweise
dL	=	deutsche Lehre
(d)VVG	=	deutsches Versicherungsvertragsgesetz
E	=	Entscheidung
EKHG	=	Eisenbahn- und Kraftfahrzeughaftpflichtgesetz BGBl 1959/48
etc	=	et cetera
EuGH	=	Europäischer Gerichtshof
f	=	und der, die folgende
ff	=	und der, die folgenden
gem	=	gemäß
GRUG	=	Gewährleistungsrichtlinien-Umsetzungsgesetz
hA	=	herrschende Ansicht
hL	=	herrschende Lehre
hM	=	herrschende Meinung
idS	=	in diesem Sinn
ieS	=	im engeren Sinn
iS	=	im Sinn
inkl	=	inklusive
insb	=	insbesondere
iSd	=	im Sinn des, – der
iZd	=	in Zusammenhang damit
Kl	=	Klägerin, Kläger
krit	=	kritisch
KSchG	=	Konsumentenschutzgesetz BGBl 1979/140
L	=	Lehre
LG	=	Landesgericht
Lit	=	Literatur

mwN	=	mit weiteren Nachweisen
oa	=	oben angeführt
OGH	=	Oberster Gerichtshof
OLG	=	Oberlandesgericht
öRsp	=	österreichische Rechtsprechung
pa	=	per analogiam
PHG	=	Produkthaftungsgesetz BGBl 1988/99
RL	=	Richtlinie
Rs	=	Rechtssache
Rsp	=	Rechtsprechung
sog	=	sogenannte
stRsp	=	ständige Rechtsprechung
ua	=	unten angeführt
üA	=	überwiegende Ansicht
uU	=	unter Umständen
VersVG	=	Versicherungsvertragsgesetz BGBl 1959/2
vgl	=	vergleiche
VN	=	Versicherungsnehmerin, Versicherungsnehmer
Z	=	Ziffer
zB	=	zum Beispiel

Literaturverzeichnis

Achatz et al/VVO, AHVB 1978, Erläuterungen zu den Allgemeinen Haftpflichtversiche-rungsbedingungen (1978)
Achatz et al/VVO, AHVB 1986, Erläuterungen zu den Allgemeinen Haftpflichtversiche-rungsbedingungen (1986)
Achatz et al/VVO, AHVB 1993, Erläuterungen zu den Allgemeinen Haftpflichtversiche-rungsbedingungen (1993)
Aichberger-Beig, Haftung des Käufers für unberechtigte Mängelrügen, VbR 2018, 15
Apathy, Haftpflichtversicherungsschutz bei Beschädigung des arbeitnehmereigenen Kraftfahrzeuges, JBl 1987, 69
Apathy, Zum Umfang der Verbesserungspflicht des Werkunternehmers nach § 1167 ABGB, wbl 1991, 279
Armbrust, Haftpflichtversicherungsschutz während der Gewährleistungsperiode, VersR 1988, 1005
Armbrüster, Privatversicherungsrecht, 2. Auflage (2019)

Bader, Gesetzliche Haftpflichtbestimmungen privatrechtlichen Inhalts, NJW 1956, 1904
Bamberger/Roth/Hau/Poseck, Beck'scher Online-Kommentar BGB, 58. Auflage (Stand 1. 5. 2021)
Baumann, „Wertungswidersprüche" bei Schadenersatzansprüchen wegen Sachmängel und die gesamtgesellschaftlichen Funktionen der Haftpflichtversicherung, in FS Reimer Schmidt (1976) 717
Beckmann/Matusche-Beckmann, Versicherungsrechts-Handbuch, 3. Auflage (2015)
Beuck, Hat das Gesetz zur Modernisierung des Schuldrechts Auswirkungen auf den Deckungsumfang der AHB? VersR 2003, 1097
Bitter/Meidt, Nacherfüllungsrecht und Nacherfüllungspflicht des Verkäufers im neuen Schuldrecht, ZIP 2001, 2114
Böhm, Zur Terminologie des Versicherungsrechts, VersR 1954, 265
Böhm, Haftpflichtrechtliche Konstruktionen und Umfang der Haftpflichtversicherung, VersR 1955, 193
Brendl, Produkt- und Produzentenhaftung IV (1988)
Brockmann, Muß der Haftpflichtversicherer für einen Schadenersatzanspruch wegen Nichterfüllung aus § 463 BGB eintreten? VersR 1955, 373
Bruck/Möller, Kommentar zum Versicherungsvertragsgesetz und zu den Allgemeinen Versicherungsbedingungen unter Einschluß des Versicherungsvermittlerrechtes, 8. Auflage, Vierter Band (1970)
Bruck/Möller, Versicherungsvertragsgesetz Großkommentar, 9. Auflage, Vierter Band (2013)
Büsken, Allgemeine Haftpflichtversicherung: Ausgewählte Deckungsfragen der AHB/BBR, 5. Auflage (2003)
F. Bydlinski, System und Prinzipien des Privatrechts (1996)
F. Bydlinski, Juristische Methodenlehre und Rechtsbegriff, 2. Auflage (2011)
P. Bydlinski, Produkthaftungsgesetz und Haftpflichtversicherung, Probleme der Händlerhaftung nach § 1 Abs 2 PHG (1990)

P. Bydlinski, Weite verschuldensunabhängige Verkäuferhaftung nach Selbsteinbau durch den Verkäufer? Zugleich Überlegungen zur rechtlichen Bedeutung von EuGH-Urteilen, ÖJZ 2011, 893

Dengler, Die Haftpflichtversicherung im privaten und gewerblichen Bereich, 3. Auflage (2003)

Diederichsen, Die Deckung des Produktehaftpflichtrisiko im Rahmen der Betriebshaftpflichtversicherung, VersR 1971, 1077

Diller, Berufshaftpflichtversicherung der Rechtsanwälte, 2. Auflage (2017)

Dreher, Die Versicherung als Rechtsprodukt: die Privatversicherung und ihre rechtliche Gestaltung (1991)

Dürlinger, Ausgewählte Fragen zur Tätigkeitsklausel (2013)

Ehrenzweig, Die Rechtsordnung der Vertragsversicherung: das Gesetz über den Versicherungsvertrag und das Versicherungsregulativ samt Nebenvorschriften (1929)

Ehrenzweig, Versicherungsvertragsrecht I und II (1935)

Ehrenzweig, Deutsches (österreichisches) Versicherungs-Vertragsrecht (1952)

Eichler, Versicherungsrecht, 2. Auflage (1975)

Eiselt/Trapp, Zur Abgrenzung der von der Betriebshaftpflichtversicherung nicht erfaßten Erfüllungspflicht des Werkunternehmers, NJW 1984, 899

Emmerich, Was ist unter Erfüllungssurrogat im Sinne des § 4 I 6 Abs 3 AHB zu verstehen? ZfV 1961, 636

Ertl, Betriebshaftpflichtversicherung in der Kfz Werkstätte, Zur Entmythologisierung des Grundsatzes der Nichtversicherbarkeit des Unternehmerrisikos. Bemerkungen zur E des OGH 7 Ob 262/02h, ecolex 2003, 319

Ertl, Unternehmerrisiko: Kosten eines Ersatztraktors für den Zeitraum der Reparatur als Erfüllungssurrogat, ecolex 2013, 982

W. Faber, Handbuch zum neuen Gewährleistungsrecht (2001)

W. Faber, Unverhältnismäßigkeit der Verbesserung, JBl 2007, 519

W. Faber, Aus- und Einbaukosten und Unverhältnismäßigkeit der Nacherfüllung: Folgefragen aus dem EuGH-Urteil „Weber & Putz" für das österreichische Gewährleistungsrecht (2013)

W. Faber, OGH erstmals zur Aus- und Einbaukostentragung durch den Verkäufer nach EuGH verb Rs C-65/09 und C-87/09 (Weber und Putz), JBl 2013, 151

W. Faber, Begrenzung der Verpflichtung zur Tragung von Aus- und Einbaukosten im Rahmen der Gewährleistung, JBl 2017, 374

Fenyves, Zur Deckung von Dienstreisekaskoschäden des Arbeitnehmers durch die Betriebshaftpflichtversicherung des Arbeitgebers (Teil I), ZAS 1986, 3

Fenyves, Anmerkungen zur „Herstellungs- bzw. Lieferklausel", VersR 1991, 1

Fenyves, Gewährleistungsklausel, Erfüllungsklausel und „Nachbesserungsbegleitkosten" in der Haftpflichtversicherung, NZ 2001, 246

Fenyves, Die Behandlung der Hepatitis-C-Fälle in der Haftpflichtversicherung, JBl 2002, 205

Fenyves, Unternehmerrisiko und arbeitsteiliger Prozess in der Betriebshaftpflichtversicherung, in FS Migsch (2004) 75

Fenyves/Kerschner/Vonkilch, Großkommentar zum ABGB – Klang Kommentar, 3. Auflage (2011)

Fenyves/Perner/Riedler, VersVG – Versicherungsvertragsgesetz, 5. Lieferung (2020), 6. Lieferung (2020) und 7. Lieferung (2021)

Fenyves/Schauer, VersVG – Versicherungsvertragsgesetz, 3. Lieferung (2016)

Fidler, Schadenersatz und Prozessführung: Grundlagen und System einer Haftung von Prozessparteien (2014)

Fitsch, Der Nichterfüllungsschaden in der Haftpflichtversicherung, bauaktuell 2010, 154

Fuchs/Grigg/Schwarzinger/VVO, AHVB/EHVB 2005 – Erläuterungen zu den Haftpflichtversicherungsbedingungen (2005)

Ganten, Zur Abgrenzung der Schadenersatzansprüche aus § 635 BGB und positiver Vertragsverletzung, VersR 1972, 540

Gisch/Reisinger, Versicherungsvertragsrecht (2021)

Goujet, Unternehmerrisiko und Betriebshaftpflichtversicherung, VersPrax 1957, 84

Goujet, Folgeschaden und Unternehmerrisiko in der Betriebshaftpflichtversicherung, VersPrax 1965, 177

Graf von Westphalen, Änderungsbedarf der Haftpflichtversicherung (AHB) auf Grund des Gesetzes zur Modernisierung des Schuldrechts? NVersZ 2002, 241

Grimm, Zur Abgrenzung der Schadenersatzansprüche aus § 635 BGB und aus positiver Vertragsverletzung, NJW 1968, 14

Grubmann, VersVG, 8. Auflage (Stand 1. 7. 2017, rdb.at)

Grunow, Zur Deckung vertraglicher Erfüllungs- und Surrogatansprüche in der Allgemeinen Haftpflichtversicherung, Diss (1969)

Gsell/Krüger/Lorenz/Reymann, beck-online Großkommentar BGB (Stand 1. 5. 2021)

Gusenleitner, Die vorvertragliche Anzeigepflicht des Versicherungsnehmers gemäß §§ 16–22, 41 VersVG (2017)

Haidinger, Grundfragen des Versicherungsrechts in der Rechtsprechung des Bundesgerichtshofes, in Festgabe Prölss (1957) 120

Hartjes, Kostentragung beim Austausch potenziell schadhafter Produkte, in *Gisch/Koban/Ratka*, Haftpflicht und D&O-Versicherung 2016 (2016) 25

Hartjes/Janker/Reisinger, Die Haftpflichtversicherung, Ein praxisorientierter Grundriss (2017)

Heiss/Lorenz, Versicherungsvertragsgesetz samt Nebengesetzen, 2. Auflage (1996)

Hiestand, Grundzüge der privaten Unfallversicherung (1900)

Honsell, Probleme der Haftung für Auskunft und Gutachten, JuS 1976, 621

Honsell, Berliner Kommentar zum Versicherungsvertragsgesetz (2012)

Hönig, Die Betriebshaftpflichtversicherung und die Deckung der Produkte-Haftpflichtschäden, VersR 1970, 975

Höra, Münchener Anwaltshandbuch Versicherungsrecht, 4. Auflage (2017)

Ch. Huber, Entscheidungen des österreichischen OGH zum Schadenersatz- und Privatversicherungsrecht, HAVE/REAS 2016, 224

Hübner, Zu Ausschluß und Definition des Nutzungsausfalls bei der Lieferklausel (§ 4 II 5 AHB), VersR 1985, 810

Jabornegg, Die Tätigkeitsklausel in der allgemeinen Haftpflichtversicherung, VR 1991, 223

Jabornegg, Wesen und Begriff der Versicherung im Privatversicherungsrecht, in FS Frotz (1993) 551

B. Jud, Regressrecht des Letztverkäufers, ZfRV 2001, 201

B. Jud, Schadenersatz bei mangelhafter Leistung (2003)

Karner, Haftung für Rat und Auskunft zwischen Vertrag und Delikt, in FS Koziol (2010) 695

Karner/Koziol, Der Ersatz von Mangelfolgeschäden in Veräußerungsketten von Unternehmern. Am Beispiel von Aus- und Einbaukosten, JBl 2012, 141

Karner/Koziol, Mangelfolgeschäden in Veräußerungsketten: am Beispiel der Aus- und Einbaukosten (2012)

Karten, Zum Problem der Versicherbarkeit und zur Risikopolitik des Versicherungsunternehmens – betriebswirtschaftliche Aspekte, ZVersWiss 1972, 279

Kaspar, Die Beweislast im Gewährleistungsrecht (2019)

Kath, Rechtsfragen bei Verwendung allgemeiner Versicherungsbedingungen, Gestaltung, Einbeziehung, Kontrolle und Unwirksamkeit der AVB (2007)

Kath/Kronsteiner/Kunisch/Reisinger/Wieser, Praxishandbuch Versicherungs-Vertragsrecht, Band I: Allgemeiner Teil und Schadensversicherung (2019)

Kettler/Hamelmann, Anmerkung zum Urteil des EuGH vom 16. 6. 2011 (C-65/09, C-87/09, VersR 2011, 1527) – Zur Kostentragung von Aus- und Einbaukosten bei Ersatzlieferung für vom Käufer gutgläubig eingebaute vertragswidrige Sache nach der Verbrauchsgüterkaufrichtlinie, VersR 2011, 1532

Klarr, Die Risiken aus der Haftung des Warenbestellers in der Betriebshaftpflichtversicherung, VersPrax 1968, 141

Kletečka, Gewährleistung neu: Kommentar zum GewRÄG für Praxis und Ausbildung (2001)

Kletečka/Schauer, ABGB-ON[1.02] (Stand 1. 8. 2020, rdb.at)

Klüver, Aus- und Wiedereinbaukosten beim kaufrechtlichen Nacherfüllungsanspruch: Aktuelle Rechtsfragen zum neuen § 439 Abs. 3 BGB, VuR 2019, 176

Knappmann, Rettungsobliegenheit und Rettungskostenersatz bei der Vorerstreckung, VersR 2002, 129

G. Kodek/Leupold, Gewährleistung NEU (2019)

G. Kofler, Haftpflichtversicherung (2010)

Koziol, Österreichisches Haftpflichtrecht: Band I: Allgemeiner Teil, 4. Auflage (2020)

Koziol, Österreichisches Haftpflichtrecht: Band II: Haftung für eigenes und fremdes Verhalten, 3. Auflage (2018)

Koziol/Bydlinski/Bollenberger, ABGB: Kurzkommentar, 6. Auflage (2020)

P. Kramer, Gesetzliche Haftpflicht – vertragliche Haftpflicht, JRPV 1927, 104

Krause, Das neue Produkthaftpflicht-Versicherungsmodell für Produktions- und Handelsbetriebe (Verbandsmodell des GDV vom März 2000), NVersZ 2001, 103

Krist, Sekundäre Gewährleistungsbehelfe trotz Selbstverbesserung? Zugleich eine Besprechung der E 6 Ob 97/13b, ecolex 2014, 599

Kulmann/Pfister, Produzentenhaftung V (1988)

Kurschel, Die Gewährleistung beim Werkvertrag (1989)

Kurschel, Schadenersatz statt Gewährleistung, Anmerkung zu OGH 7. 3. 1990, 1 Ob 536/90, ecolex 1990, 276

Kuwert, Allgemeine Haftpflichtversicherung, Leitfaden durch die AHB, 4. Auflage (1992)

Küpper, Zum Ausschluss von Folgeschäden durch § 4 I 6 Abs. 3 AHB, VersPrax 1981, 273

Küpper, Das Unternehmerrisiko ist nicht unversicherbar, in FS Goujet (1988) 131

Langheid/Wandt, Münchener Kommentar zum Versicherungsvertragsgesetz, Band II, 2. Auflage (2017)

Leschke, Einige Überlegungen zur Berufshaftpflichtversicherung von Architekten und Ingenieuren, in FS Schirmer (2005) 387

Leupold/Gelbmann, Gewährleistung: kein Anspruch auf Transportkostenvorschuss, VbR 2019, 138

Leupold/Gelbmann, „Händlerregress" nach § 933b ABGB: Anspruchsinhalt, VbR 2019, 140

Lindner, Produktbeobachtung, Rückruf und Versicherungsschutz wbl 2004, 449

Littbarski, Zur Versicherbarkeit des Unternehmerrisikos, Untersuchung über die Deckung von Schadenersatzansprüchen in der Allgemeinen Haftpflichtversicherung, Diss (1979)

Littbarski, Der Folgeschaden in der Betriebshaftpflichtversicherung, Zugleich Besprechung von BGHZ 80, 284 ff. = VersR 81, 711 f, VersR 1982, 915

Littbarski, Haftungs- und Versicherungsrecht im Bauwesen. Erläuterungen für Wissenschaft und Praxis (1998)

Littbarski, Produkthaftpflichtversicherung, Kommentar zu den Besonderen Bedingungen und Risikobeschreibungen für die Produkthaftpflichtversicherung von Industrie und Handelsbetrieben (Produkthaftpflicht-Modell) (1999)

Littbarski, Allgemeine Versicherungsbedingungen für die Haftpflichtversicherung: AHB (2000)

Looschelders/Pohlmann, Versicherungsvertragsgesetz, 3. Auflage (2016)

Lorenz, Die Reichweite der kaufrechtlichen Nacherfüllungspflicht durch Neulieferung, NJW 2009, 1633

Lorenz, Sachverständigenkosten und Nacherfüllung, NJW 2014, 2319

Lorenz/Riehm, Lehrbuch zum neuen Schuldrecht (2002)

Lübben, Versicherungsschutz für sog. „Nachbesserungsbegleitschäden" in der Betrieblichen Haftpflichtversicherung, VersR 2020, 1226

Mader, Rechtsmissbrauch und unzulässige Rechtsausübung (1994)

Maitz, Allgemeine und Ergänzende Allgemeine Bedingungen für die Haftpflichtversicherung, Kommentar (2018)

Manes, Die Haftpflichtversicherung: ihre Geschichte, wirtschaftliche Bedeutung und Technik, insbesondere in Deutschland (1902)

Mankowski, Die Anspruchsgrundlage für den Ersatz von Mangelfolgeschäden (Integritätsschäden), JuS 2006, 481

Mecenovic, Die Herstellungs- bzw Lieferklausel in der Allgemeinen Haftpflichtversicherung (1999)

Medicus/Lorenz, Schuldrecht II, Besonderer Teil, 18. Auflage (2018)

Medicus/Lorenz, Schuldrecht I, Allgemeiner Teil, 22. Auflage (2020)

K. Müller, Die Abwendungsobliegenheit des § 62 VVG vor Eintritt des Versicherungsfalls, VersR 2000, 533

Nickel, Der Tätigkeitsschaden in der Betriebshaftpflichtversicherung, VersR 1987, 965

Nickel, Gewährleistungsansprüche in der Betriebshaftpflichtversicherung – Europa 1992: Abschied vom Unternehmerrisiko, VersR 1989, 873

Nickel/Eichel, Neues Schuldrecht und Betriebshaftpflichtversicherung, VW 2003, 195

Nickel/Nickel-Fiedler, Produkt-Haftpflichtversicherungsrecht Kommentar, 2. Auflage (2015)

Oberbach, Allgemeine Versicherungsbedingungen für die Haftpflichtversicherung §§ 1–4: Der Versicherungsschutz (1938)

Palandt, Beck'sche Kurzkommentare, Bürgerliches Gesetzbuch, 31. Auflage (1972)

Parapatits/Stabentheiner, Ausgewählte Fragen zum neuen europäischen Gewährleistungsrecht – Beweislast und System der Abhilfen, ÖJZ 2020, 101

Perner, EU-Richtlinien und Privatrecht (2012)

Perner, Entscheidungsanmerkung zu OGH 25. 3. 2014, 9 Ob 64/13 x, EvBl 2014/89, 615

Perner/Spitzer/Kodek, Bürgerliches Recht, 6. Auflage (2019)

Perner/Zoppel, EuGH: Umwälzungen bei der Gewährleistung, RdW 2011, 447

Prölss, Schadenersatzansprüche aus §§ 463, 480 II, 538, 635 BGB in der Haftpflichtversicherung, VersR 1967, 432

Prölss/Martin, Versicherungsvertragsgesetz, 27. Auflage (2004) und 31. Auflage (2021)

Rabl, Schadenersatz wegen Nichterfüllung (1998)

Rabl, Die Gefahrtragung beim Kauf (2002)

Raffaseder, Der „Besondere Rückgriff" nach § 933 b ABGB im Lichte der jüngeren Judikaturentwicklung, JBl 2016, 82

Rebmann/Säcker, Münchener Kommentar zum Bürgerlichen Gesetzbuch, 2. Auflage, 4. Band (1988), 3. Auflage, 3. Band (1995) und 4. Band (1997)

Reichert-Facilides/Vogelsberger, Umweltschutz im österreichischen Privat- und Privatversicherungsrecht, VersRdsch 1979, 421

Reif, Aus- und Einbau beim Austausch: Unterschiedliches Gewährleistungsrecht für Unternehmer und Verbraucher, RdW 2014, 383

Reif, Aus- und Einbau im Verbraucherrecht: Zum „Wahlrecht" zwischen Realvornahme und Kostenersatz, Zak 2014, 383

Reif, Der Erfüllungsort der Verbesserung im ABGB, in FS Nowotny (2015) 171

Reif, Unverhältnismäßiger Aufwand und angemessene Beteiligung, Zak 2017, 284

Reischauer, Konkurrenz zwischen Gewährleistung und Schadenersatz wegen Nichterfüllung beim Werkvertrag, JBl 1990, 648

Reischauer, Das neue Gewährleistungsrecht und seine schadenersatzrechtlichen Folgen, JBl 2002, 137

Reisinger, Versicherungsrechtliche Judikatur für die Wirtschaft, RdW 2006, 269

Rubin, Vergebliche Rückforderung der Treuhandvaluta durch den Treugeber – keine Deckung in der Haftpflichtversicherung des Treuhänders? Besprechung von OGH 7 Ob 230/14 w, NZ 2016, 47

Rummel, ABGB, 3. Auflage (Stand 1. 1. 2004, rdb.at)

Rummel/Lukas, ABGB, 4. Auflage (Stand 1. 10. 2020, rdb.at)

Rüffer/Halbach/Schimikowski, Versicherungsvertragsgesetz, 4. Auflage (2019)

Salficky, Abwehrkosten in der Haftpflichtversicherung und Rechtskosten als Rettungskosten, ZVers 2019, 184

Santangelo-Reif, Verbesserung und Austausch, Primäre Gewährleistungsbehelfe beim Kaufvertrag (2019)

Säcker/Rixecker/Oetker/Limperg, Münchener Kommentar zum Bürgerlichen Gesetzbuch, 8. Auflage, 2. Band, 4. Band und 6. Band (2018)

Schauer, Das österreichische Versicherungsvertragsrecht, 3. Auflage (1995)

Schermaier, Rezension zu Fischer-Czermak, C. et al. (Hrsg.): Festschrift Rudolf Welser zum 65. Geburtstag, JBl 2006, 62

Schimikowski, Produkthaftpflichtversicherung: Austauschkosten und wirtschaftlich vertretbare Ersatzlösung, r + s 2002, 45

Schimikowski, Der Gegenstand der Haftpflichtversicherung, Anmerkungen zu den AHB 2004, in FS Schirmer (2005) 545

Schimikowski, Mangelbeseitigung und Mangelfolgeschäden – Anmerkungen zu einem „Dauerthema" in der Haftpflichtversicherung, r + s 2012, 105

Schlegelmilch, Haftpflichtversicherung und unternehmerisches Risiko, Diss (1964)

Schlegelmilch, Die Absicherung der Produkthaftpflicht, 2. Auflage (1978)

Schmalzl, Zur Problematik des Schadenersatzanspruchs wegen Nichterfüllung in der Haftpflicht-Versicherung, VersR 1956, 270

Schmalzl, Die Bedeutung des Anspruchs auf Schadenersatz wegen Nichterfüllung im Sinne des § 635 BGB für die Haftpflichtversicherung des Architekten und des Bauunternehmers, in FS Korbion (1986) 371

Schmalzl, Die Berufshaftpflichtversicherung des Architekten und des Bauunternehmers (1989)

Schmalzl/Krause-Allenstein, Berufshaftpflichtversicherung des Architekten und Bauunternehmers, 2. Auflage (2006)

Schmidt-Salzer, Produkthaftung, 2. Auflage, IV/1 (1990)

Schreier, Das Verhältnis zwischen Schadensrecht und Schadensversicherung, Diss (2017)

Schulze, Bürgerliches Gesetzbuch, 10. Auflage (2019)

Schwamberger/Klever, Transportkostenvorschuss und Kosten der Mangelerhebung – Überlegungen aus Anlass der Neuerungen im deutschen Gewährleistungsrecht, wbl 2018, 357

Schwartz, Inwieweit berührt die Haftpflicht des Unternehmers nach den §§ 633, 635 BGB die Versicherungsgesellschaft, bei der er gegen Haftpflicht versichert ist? LpZ 1911, 445

Schweiger/Werderitsch, Zur Zulässigkeit von „Reklamationskostenklauseln" im Verbrauchergeschäft, VbR 2021, 89

Schwimann, ABGB: Praxiskommentar, 2. Auflage, Band IV und Band V (1997)

Schwimann/Kodek, ABGB: Praxiskommentar, 4. Auflage, Band IV (2014), Band V (2014) und Band VI (2016)

Skamel, Nacherfüllung beim Sachkauf (2008)

Soergel, Bürgerliches Gesetzbuch, 12. Auflage, Band IV/1 (1997)

Soergel/Siebert, Bürgerliches Gesetzbuch, 10. Auflage, Band III (1969)

Späte, Haftpflichtversicherung, AHB-Kommentar (1993)

Späte/Schimikowski, Haftpflichtversicherung, Kommentar zu den AHB und weiterer Haftpflichtversicherungsbedingungen, 2. Auflage (2015)

Staudinger, Kommentar zum Bürgerlichen Gesetzbuch, 12. Auflage, Band II (1982)

Terrahe, Haftungs- und Deckungssituation für Aus- und Einbaukosten nach dem neuen Kaufrecht, VersR 2004, 680

Thürmann, Der Ersatzanspruch des Käufers für Aus- und Einbaukosten einer mangelhaften Kaufsache, NJW 2006, 3457

Van Bühren, Handbuch Versicherungsrecht, 7. Auflage (2017)

Veith/Gräfe/Gebert, Der Versicherungsprozess, 4. Auflage (2020)

G. Wagner, Gespaltene Verjährung kaufrechtlicher Ansprüche auf Ersatz mängelbedingter Schäden? JZ 2002, 475

L.-M. Wagner, Zum Erfüllungssurrogat in der Haftpflichtversicherung, ZVB 2017, 258

Wahle, Folgeschäden im Leistungs- und Versicherungsrecht, ZVersWiss 1968, 327

Wandt, Versicherungsrecht, 6. Auflage (2016)

I. Welser, Der Erfüllungsort für Verbesserungspflichten des Unternehmers nach § 8 KSchG, ÖJZ 2001, 745

I. Welser, Teilweise oder vollständige Mangelhaftigkeit? Zur Reichweite der Verbesserungspflicht und Tragung der Kosten der Mangelfeststellung, in FS Welser (2004) 1169

R. Welser, Gewährleistung und Schadenersatz, JBl 1976, 127

R. Welser, Schadenersatz statt Gewährleistung (1994)

R. Welser/B. Jud, Zur Reform des Gewährleistungsrechts, Verhandlungen des 14. Österreichischen Juristentags VI/1 (2000)

R. Welser/B. Jud, Die neue Gewährleistung: Kurzkommentar zu sämtlichen gewährleistungsrechtlichen Bestimmungen des ABGB und KSchG (2001)

Welser/Zöchling-Jud, Bürgerliches Recht II, 14. Auflage (2015)

Wendehorst, Direkthaftung des Herstellers (Teil I) Eine Machbarkeitsstudie für die Umsetzung der neuen Gewährleistungs-RL in Österreich, VbR 2020, 94

Werber, Haftungsverschärfendes Gesetz und Haftpflichtversicherung, VersR 1991, 522

Wilcke, Folgeschaden und Unternehmerrisiko in der Haftpflichtversicherung – Eine Stellungnahme zu dem Urteil des BGH vom 20. 9. 1962 (VersR 62, 1049), VersR 1964, 107

Wunderlich, Der Deckungsumfang in der Haftpflichtversicherung, Diss (1934)

Wussow, Der Anspruch auf Vertragserfüllung sowie auf ein Erfüllungssurrogat, WJ 1964, 53

Wussow, Allgemeine Bedingungen für die Haftpflichtversicherung, 6. Auflage (1970), 7. Auflage (1973) und 8. Auflage (1976)

Zander, Die Versicherung des Erfüllungsinteresses des privaten Bauherren (2018)

Zankl, Haftpflichtversicherung, Gewährleistung und Schadenersatz, Versicherungsrechtliche Konsequenzen aus der Entscheidung 1 Ob 536/90, ecolex 1990, 278

Zavelberg, Erfüllungsfolgeschäden und Haftpflichtversicherung, VersR 1989, 671

Ziegler, Die erweiterte Produktehaftpflichtdeckung nach den AHVB/EHVB 2005 (2008)

Zoppel, Risikoausschluss für gesellschaftsrechtliche Streitigkeiten, Glosse zu OGH 16. 9. 2020, 7 Ob 99/20 i, ecolex 2021, 216

Zöchling-Jud, Weiterfresserschaden und Haftpflichtversicherung, in FS Fenyves (2013) 849

I. Gegenstand der Untersuchung

A. Grundlagen

1. Gewährleistungsrecht

Erfüllt der Versicherungsnehmer (VN) als Leistungsschuldner den Vertrag nicht wie vereinbart, haftet er seinem Gläubiger für die ordnungsgemäße Erfüllung verschuldensunabhängig aus dem Titel der Gewährleistung (§ 922 ABGB). Der Gewährleistungsschuldner hat dabei primär gem § 932 Abs 2 ABGB über die Abnahme der Leistung hinaus den Vertrag zu erfüllen (Nacherfüllung).[1] Dazu kann er entweder die erbrachte Leistung nachbessern (Verbesserung) oder eine neue, vertragsgemäße Leistung erbringen (Austausch).

Dem Gewährleistungsschuldner entsteht dabei – im Vergleich zur planmäßigen Ersterfüllung – ein Mehraufwand (Gewährleistungskosten). Das betrifft allen voran die zur unmittelbaren Behebung des Mangels notwendigen Kosten (bspw Ausbesserungsarbeiten) und daneben alle jene, die sonst mit der Nacherfüllung in Verbindung stehen (bspw Transportkosten). Der Umfang der vom Schuldner zu tragenden Gewährleistungskosten richtet sich dabei nach dem Umfang der Nacherfüllungspflicht. Beide – Nacherfüllungspflicht und ihr folgend Nacherfüllungsaufwand – sind dabei grundsätzlich mit dem vertraglich Geschuldeten begrenzt. Über das Gewährleistungsrecht soll schließlich nur ein Ausgleich für die Abweichung zwischen tatsächlich erbrachter und geschuldeter Leistung erfolgen.[2] Für welchen Teil der Kosten, die notwendig mit der Nacherfüllung verbunden sind, der Gewährleistungsschuldner aus dem Titel der Gewährleistung haftet und für welche dieser Kosten Versicherungsschutz in der Betriebshaftpflichtversicherung besteht, ist Teil der gegenständlichen Untersuchung.

Alternativ zum Nacherfüllungsanspruch steht dem Gewährleistungsgläubiger auf sekundärer Ebene das Recht zu, das geschuldete Entgelt im Ausmaß des Verhältnis zwischen mangelhafter und geschuldeter Leistung zu verringern (Preisminderung), oder den Vertrag zur Gänze aufzuheben (Wandlung).[3] Hierbei ist zu untersuchen, ob die bereicherungsrechtlichen Ansprüche auf Rückzahlung des Entgelts in der Betriebshaftpflichtversicherung gedeckt sind.

Der erste Teil der Haftungsrisiken, auf deren Deckung die Betriebshaftpflichtversicherung untersucht wird, besteht damit zusammengefasst im Risiko des VN, gewährleistungspflichtig zu werden.

---

1 Statt vieler *Koziol/Spitzer* in KBB[6] § 1412 Rz 1.
2 Grundlegend *F. Bydlinski* in *Gschnitzer/Klang*[2] IV/2, 153 ff.
3 Für alle *Zöchling-Jud* in *Kletečka/Schauer*, ABGB-ON[1.02] § 932 Rz 1 ff, mwN.

2. Schadenersatz bei mangelhafter Leistung

Hat der VN die mangelhafte Leistung verschuldet, haftet er seinem Gläubiger auch aus dem Titel des Schadenersatzes. Das betrifft sowohl den Ersatz für die mangelhafte Leistung selbst (Mangelschaden inkl Behebungskosten), als auch den Ersatz für Folgeschäden, die beim Gläubiger an anderen Vermögenswerten außerhalb der Vertragsleistung entstehen (Mangelfolgeschäden).[4] Den Ersatz für Mangelfolgeschäden kann der Gläubiger dabei grundsätzlich nur aus dem Titel des Schadenersatzes und nicht über das Gewährleistungsrecht verlangen.[5]

Der zweite Teil der Haftungsrisiken, auf deren Deckung die Betriebshaftpflichtversicherung untersucht wird, besteht damit im Risiko des VN, auf Grund der Schlechterfüllung eines Vertrags schadenersatzpflichtig zu werden.

3. Betriebshaftpflichtversicherung

Das Haftungsrisiko des Unternehmers aus der Schlechterfüllung eines Vertrags reicht wie oa vom Einstehenmüssen für die Vertragsgemäßheit seiner Leistung, bis über Folgeschäden, welche durch die mangelhafte Leistung im Vermögen des Gläubigers entstehen können. Vor diesem Haftungsrisiko sucht der Schuldner als VN regelmäßig Schutz über den Abschluss einer Betriebshaftpflichtversicherung.

Der Kern des in der Betriebshaftpflichtversicherung abzusichernden Betriebsrisikos wird dabei allgemein als das *„Wagnis der Lieferung von Produkten"* beschrieben.[6] Die Betriebshaftpflichtversicherung dient damit allgemeiner gesprochen dem Zweck, den Unternehmer gegen Ansprüche, die ihm aus seiner betrieblichen Tätigkeit drohen, abzusichern.[7]

Mit dem Abschluss einer Betriebshaftpflichtversicherung verfolgt der Unternehmer zugleich das wirtschaftliche Ziel, potentielle Haftpflichtansprüche auf seinen Haftpflichtversicherer zu übertragen, um damit eine lineare und kalkulierbare Kostenbelastung zu erreichen. Damit soll eine unproduktive Kapitalbindung zur Befriedigung von Haftpflichtansprüchen vermieden werden. Bestünde kein Versicherungsschutz, müsste der VN alternativ Rücklagen bilden, um im Fall einer Inanspruchnahme künftige Forderungen befriedigen zu können.[8]

Darin kann wiederum ein ganz allgemeiner Zweck einer jeden Versicherung erblickt werden: Der VN möchte sich vor einer ungewissen Durchkreuzung

---

4 Für alle *Zöchling-Jud* in *Kletečka/Schauer*, ABGB-ON[1.02] § 933a Rz 1 ff, mwN.
5 Für alle *P. Bydlinski* in KBB[6] § 933a Rz 1 ff.
6 *Späte* in *Brendl*, Produkt- und Produzentenhaftung IV Rn 13/4. Freilich ist die Betriebshaftpflichtversicherung nicht auf Kaufverträge (Verkäufer) beschränkt.
7 Vgl *Schauer*, Versicherungsvertragsrecht[3] 394.
8 *Nickel* in *Kulmann/Pfister*, Produzentenhaftung VI 2.

seiner Vermögensplanung durch die Zahlung eines Entgelts (= Versicherungs-prämie) im Vorhinein schützen.[9]

Zur Erreichung dieses Zwecks und damit zur Absicherung des betrieblichen Risikos, existieren unterschiedliche Versicherungslösungen im Rahmen einer Betriebshaftpflichtversicherung am Markt. Die vorliegende Untersuchung kon-zentriert sich auf den Basisschutz der in Österreich gängigen Haftpflichtver-sicherungsbedingungen (AHVB 2005)[10].[11] Sie sind – als vertraglicher Rahmen – auf die Deckung für die genannten Haftungsrisiken aus der Schlechterfüllung eines Vertrags zu untersuchen. Daneben sind die wesentlichen versicherungs-vertragsrechtlichen Bestimmungen (§§ 1, 149 ff VersVG) näher in den Blick zu nehmen und ist dort ebenso zu fragen, ob die gesetzlichen Rahmenbedingun-gen einer Deckung der genannten Haftungsrisiken entgegenstehen.

B. Problemstellung

Das Risiko gewährleistungspflichtig zu werden (Nacherfüllung, Preisminde-rung und Wandlung), soll nach hA vom Umfang des Versicherungsschutzes in der Betriebshaftpflichtversicherung grundsätzlich ausgenommen sein. Scha-denersatzansprüche, mit welchen nur der in der mangelhaften Leistung ange-legte Schaden liquidiert wird, wären ebenso nicht gedeckt. Für die Ersatzpflicht von Mangelfolgeschäden, soll hingegen Deckung in der Betriebshaftpflichtver-sicherung bestehen.

Diese Grenzen des Versicherungsschutzes der Betriebshaftpflichtversicherung werden dabei überwiegend aus der haftungsrechtlichen (zivilrechtlichen) Ab-grenzung zwischen Mangelschaden und Mangelfolgeschaden abgeleitet.[12] Der Ersatz von Mangelschäden soll dabei vom Versicherungsschutz ausgenommen, die Verantwortung für Mangelfolgeschäden hingegen gedeckt sein.

Diese Annahme ist nicht zuletzt auf die Terminologie der Versicherungsbedin-gungen zurückzuführen, in denen sich aus dem Haftungsrecht allgemein be-kannte Rechtsbegriffe finden:[13] Die AHVB 2005 beschreiben den primären

---

9 *Armbrüster*, Privatversicherungsrecht[2] 74 ff; *Fenyves* in *Fenyves/Perner/Riedler*, VersVG (2021) § 1 Rz 7 ff; *Schauer*, Versicherungsvertragsrecht[3] 3 f.

10 Die Untersuchung erfolgt anhand der vom Versicherungsverband (VVO) herausge-gebenen Musterbedingungen zu den AHVB/EHVB 2005.

11 Zur weitergehenden Produktehaftpflichtversicherung s *Ziegler*, Produktehaftpflicht-deckung.

12 Vgl instruktiv *Zankl*, ecolex 1990, 278 (278) zur damals erstmals vom OGH aner-kannten Konkurrenz zwischen Gewährleistung und Schadenersatz.

13 Daneben führt schon die Bezeichnung als „Haftpflichtversicherung" zu der Annah-me, dass nur „Haftpflichtansprüche" – also Schadenersatzansprüche – versichert sein sollen; vgl etwa *Welser/Zöchling-Jud*, Bürgerliches Recht II[14] Rz 1324: *„Das Schadenersatzrecht (**Haftpflichtrecht**) regelt, unter welchen Voraussetzungen ein Ge-schädigter von jemand anderem Ersatz verlangen kann."*

Versicherungsumfang für „Schadenersatzverpflichtungen" des VN (Art 1.2.1.1 AHVB 2005[14]). In den einschlägigen Risikoausschlüssen wird der Versicherungsschutz für „Ansprüche aus Gewährleistung für Mängel" (Art 7.1.1) und in Art 7.1.3 für die „Erfüllung von Verträgen" ausgeschlossen.

Ein solcher Gleichlauf zwischen Haftungsrecht und Haftpflichtversicherung ist dabei im Allgemeinen noch nicht zu beanstanden und kann vor dem Hintergrund der engen Verbindung zwischen Haftung und Haftpflichtversicherung auch sinnvoll erklärt werden. Es geht damit aber auch die Konsequenz einher, dass beim ersten Hinsehen der Umfang des Versicherungsschutzes vom Umfang der zivilrechtlichen Haftung des VN abhängig gemacht wird. Dabei entsteht insb die Gefahr, dass der Versicherungsschutz in der Haftpflichtversicherung allein anhand der zivilrechtlichen Haftung des VN – insb den formalen Anspruchsgrundlagen (dem Rechtsgrund der Verantwortung) – ausgemacht und der Deckungsumfang von Änderungen im Haftungsrecht betroffen ist.

Wie auch sonst bei der Auslegung von Verträgen, muss aber auch hier über den Wortlaut hinaus näher hingesehen werden. Im Fall der Haftpflichtversicherung ist damit zu vermeiden, dass der begriffliche Gleichlauf zu einer unsachlichen Deckungssituation führt. Dabei ist auch zu berücksichtigen, dass hinter der Haftung im Zivilrecht (Gewährleistung und Schadenersatz) im Detail selbstständige Überlegungen und Begründungen stecken, die nicht ohne Weiteres auf das Versicherungsrecht übertragen werden können. Für das Versicherungsrecht – die einschlägigen gesetzlichen Bestimmungen und die AHVB – sind eigene Überlegungen zum wirtschaftlichen Zweck anzustellen. Obwohl Haftung und Haftpflichtversicherung also logisch verbunden sind und juristische Fachbegriffe in Bedingungen grundsätzlich nach dem rechtlichen Sprachgebrauch auszulegen sind,[15] bedarf es dennoch einer genauen Überprüfung im Einzelfall, welche zivilrechtlichen Haftungsrisiken vom Versicherungsschutz umfasst sind.

Wie wichtig eine solche eigenständige Aufarbeitung der versicherungsrechtlichen Rahmenbedingungen der Betriebshaftpflichtversicherung ist und wie problematisch die aufgezeigte enge Verbindung zwischen Haftungsrecht und Haftpflichtversicherung sein kann, zeigt sich im Besonderen in den Fällen, in denen sich das zivilrechtliche Verständnis ändert. Macht man den Umfang des Versicherungsschutzes nämlich allein vom Haftungsrecht abhängig und ändert sich dieses unter den zivilrechtlichen Vorzeichen, wird die Schwäche eines „pauschalen Gleichlaufs" deutlich offengelegt: Eine nachträgliche Haftungsän-

---

14 Artikel ohne weitere Angabe beziehen sich im Folgenden immer auf die Musterbedingungen des VVO zu den AHVB 2005.

15 Vgl *Fenyves* in *Fenyves/Perner/Riedler*, VersVG (2020) Vor § 1 Rz 32 ff; jüngst zum Thema auch *Zoppel*, ecolex 2021, 216 (216 f).

derung kann nicht ohne Weiteres zu einer nachträglichen Änderung des Versicherungsschutzes (Versicherungsvertrags) führen.[16]

Zu einer solch problematischen Haftungsänderung im Bereich der hier zu untersuchenden Haftungsrisiken in der Betriebshaftpflichtversicherung ist es mit dem Urteil des EuGH in der Rs *Weber/Putz*[17] gekommen: Der Gerichtshof kam in seinem Vorabentscheidungsverfahren zu Art 3 der Verbrauchsgüterkauf-RL[18] (Nacherfüllungspflicht) zum Ergebnis, dass die Gewährleistungspflicht des Verkäufers auch den Ausbau einer mangelhaft gelieferten und vom Übernehmer eingebauten Kaufsache und den Einbau einer nachzuliefernden ordnungsgemäßen Sache umfasst.

Dieses Auslegungsergebnis wurde mittlerweile durch den europäischen Gesetzgeber in der im Mai 2019 kundgemachten Warenhandels-RL[19] fortgeschrieben. Nach Art 14 Abs 3 RL (neu) schuldet der Verkäufer nunmehr ausdrücklich die Entfernung der nicht vertragsgemäßen Waren und die Montage der Ersatzwaren; alternativ die Übernahme der Kosten der Entfernung und neuerlichen Montage. Mit dem GRUG wurde diese weitgehende Pflicht des Gewährleistungsschuldners in das österreichische Recht umgesetzt (§ 13 VGG).

Die europarechtlichen Vorgaben erweitern damit die Gewährleistungspflicht des Verkäufers um den Aus- und Einbau. Den Aufwand dafür hat der Verkäufer nach genuin österreichischem Verständnis nämlich nur als Mangelfolgeschaden und damit nur über das Schadenersatzrecht zu ersetzen,[20] weil der Verkäufer regelmäßig auch nur die Lieferung einer mangelfreien Kaufsache schuldet.[21] Hat der Verkäufer also keine Montagepflicht übernommen, sind der Nacherfüllungsanspruch und die damit verbundenen Kosten mit der Lieferung einer mangelfreien oder der Verbesserung der mangelhaften Kaufsache begrenzt.[22]

---

16 Es kann freilich auch an eine Gefahrerhöhung durch „eine Änderung von Rechtsvorschriften" (vgl § 27 Abs 3 VersVG) gedacht werden; dazu im Besonderen *Werber*, VersR 1991, 522 (522 ff).

17 EuGH verb Rs C-65/09 und C-87/09, *Gebr. Weber*, ECLI:EU:C:2011:396.

18 RL 1999/44/EG des Europäischen Parlamentes und Rates vom 25. 5. 1999 zu bestimmten Aspekten des Verbrauchsgüterkaufes und der Garantien für Verbrauchsgüter; im Folgenden kurz RL (alt).

19 RL 2019/771/EU des Europäischen Parlamentes und Rates vom 20. 5. 2019 über bestimmte vertragsrechtliche Aspekte des Warenkaufs, zur Änderung der Verordnung (EU) 2017/2394 und der RL 2009/22/EG sowie zur Aufhebung der Richtlinie 1999/44/EG; im Folgenden kurz RL (neu).

20 Statt vieler *Karner/Koziol*, Mangelfolgeschäden in Veräußerungsketten 1 mwN.

21 *P. Bydlinski*, ÖJZ 2011, 893 (899) hat iZm mit der Frage der richtlinienkonformen Interpretation zuletzt die Auffassung vertreten, dass der in § 932 Abs 2 ABGB verwendete Begriff des Austauschs weit verstanden werden könne, sodass darunter auch der Aus- und Einbau subsumiert werden könnte.

22 Grundlegend *F. Bydlinski* in *Gschnitzer/Klang*[2] IV/2, 153 f.

Eine Erweiterung der Gewährleistungspflicht um den Aus- und Einbau wird nach hA deshalb auch nur für das Verbrauchergeschäft vertreten[23] und ist dementsprechend mit dem GRUG ausdrücklich nur in § 13 VGG umgesetzt worden. Im Bereich des Verbrauchergeschäfts ist kein Platz für ein rein national geprägtes Gewährleistungsverständnis.[24] Außerhalb des Verbrauchergeschäfts haftet der Schuldner für den Aus- und Einbauaufwand als Mangelfolgeschaden hingegen weiterhin nur aus dem Titel des Schadenersatzrechts.

Knüpft man nunmehr die versicherungsrechtliche Deckung allein an haftungsrechtliche Begrifflichkeiten und deren Verständnis – damit an die zivilrechtliche Ein- und Zuordnung an –, wird die Schwäche dieser Methode offengelegt: Für den Aus- und Einbauaufwand bestünde im Verbrauchergeschäft kein Versicherungsschutz, weil er Teil eines Gewährleistungsanspruch ist. Außerhalb des Verbrauchergeschäfts würde es sich hingegen um einen gedeckten Mangelfolgeschaden, also eine abzusichernde Schadenersatzverpflichtung, handeln. Der Umfang des Versicherungsschutzes würde im Ergebnis also davon abhängig gemacht werden, welchem Vertragspartner der VN gegenübersteht.[25] Das kann für die versicherungsrechtliche Beurteilung nicht von Bedeutung sein.

In engem Zusammenhang mit den Aus- und Einbaukosten kann noch ein weiteres Beispiel dafür genannt werden, dass eine vorbehaltlose Annahme einer Kongruenz zwischen Haftung und Deckung auf wackeligen Beinen steht: der Absatz über Lieferketten. In der heute modernen Wirtschaft erfolgt der Absatz von Waren regelmäßig über eine mehrgliedrige Absatzkette (Lieferkette). Der Produzent setzt seine Produkte dabei indirekt über Groß- und Einzelhändler beim Endabnehmer ab. Der Letztabnehmer erwirbt die Kaufsache also nicht direkt vom Produzenten, sondern von einem Zwischenhändler; vertragliche Beziehungen bestehen jeweils nur zum vorherigen Glied der Absatzkette. Baut der Letztkäufer als Verbraucher die Ware nach Übergabe bestimmungsgemäß ein und stellt sich danach deren Mangelhaftigkeit heraus, hat der Letztverkäufer aus dem Titel des Gewährleistungsrechts die mangelhafte Sache auszubauen und eine vertragsgemäße einzubauen.[26]

Nach dem bisher Gesagten würde dem Letztverkäufer der Versicherungsschutz aus der Betriebshaftpflichtversicherung versagt werden, weil er seinem Gläu-

---

23 Zum Meinungsstand W. Faber, Aus- und Einbaukosten 57 ff und 97 ff; näher Karner/Koziol, JBl 2012, 141 (141); Perner/Zoppel, RdW 2011, 447 (447); für eine gespaltene Auslegung auch OGH 25. 3. 2014, 9 Ob 64/13x; dazu Perner, EvBl 2014/98, 612 (615 f); Reif, RdW 2014, 383 (383 ff); aA P. Bydlinski, ÖJZ 2011, 898 f.

24 Vgl Perner, EU-Richtlinien und Privatrecht 77 ff.

25 Allein anhand der haftungsrechtlichen Zuordnung und damit vorausgesetzt, dass die Aus- und Einbaukosten als Mangelfolgeschaden gedeckt sind. Für das Produkthaftpflicht-Modell dürfte die Anspruchsgrundlage ebenfalls eine Rolle spielen; vgl statt vieler Schimikowski in Späte/Schimikowski, AHB² ProdHM Rn 110.

26 Eine ausführliche Darstellung zu den rechtlichen und wirtschaftlichen Problemstellungen beim Absatz über eine Lieferkette findet sich bei Karner/Koziol, Mangelfolgeschäden in Veräußerungsketten 1 ff.

biger aus dem Titel der Gewährleistung verantwortlich ist. Nimmt der Letztverkäufer dafür bei seinem Vormann aus dem Titel des Schadenersatzrechts Regress,[27] bestünde für diesen Versicherungsschutz.[28] Die Annahme einer vorbehaltlosen Kongruenz zwischen Haftungsrecht (Rechtsgrund der Verantwortung) und Umfang der Haftpflichtversicherung würde also auch hier zu einem sachlich schwer rechtfertigbarem Ergebnis führen. Das ist insb auch vor den derzeitigen Tendenzen einer gewährleistungsrechtlichen Haftung der Hersteller im Blick zu behalten.[29] Haftet der Hersteller aus dem Titel der Gewährleistung, verlagern sich die Deckungsprobleme auch auf diese Position der Lieferkette. Mit dem GRUG wurde überdies der Rückgriffsanspruch des Letztverkäufers gegen seinen Vormann (etwa Händler gegen Produzent) erweitert, sodass dieser nunmehr auch den Ersatz von Aus- und Einbaukosten gem § 933b Abs 2 ABGB verlangen kann.[30] Das wirft ebenso die Frage auf, ob für Regressansprüche gem § 933b Abs 2 ABGB Versicherungsschutz besteht.

Aus diesen Anlässen ist die Kongruenz zwischen Haftungsrecht und Haftpflichtversicherung in der gegenständlichen Untersuchung zu hinterfragen und dabei zu beantworten, für welchen Teil der dargestellten Haftungsrisiken aus der Schlechterfüllung eines Vertrags (Gewährleistung und Schadenersatz bei mangelhafter Leistung) Deckung in der Betriebshaftpflichtversicherung besteht. Die enge Verbindung zwischen Haftungsrecht und Haftpflichtversicherung bringt dabei auch bei der Aufarbeitung der versicherungsrechtlichen Problemstellungen eine weitere Besonderheit mit sich. Ein – im Versicherungsrecht sonst so naheliegender – rechtsvergleichender Blick nach Deutschland muss mit besonderer Vorsicht angestellt werden, weil den Stellungnahmen zum Haftpflichtversicherungsrecht zivilrechtliche Überlegungen zum deutschen Recht zugrunde liegen, die nicht immer mit dem österreichischen Haftungsrecht zusammenpassen.

Die Untersuchung beginnt auf Ebene der rechtlichen Rahmenbedingungen (§§ 1, 149 ff VersVG), der eine Untersuchung der vertraglichen Bedingungen, die sich auf die primäre Risikoumschreibung (Art 1.2.1.1), den Gewährleistungs- (Art 7.1.1) und Nichterfüllungsausschluss (Art 7.1.3) der AHVB 2005 konzentriert, folgt.

---

27 Zum Regress nach § 933b ABGB statt vieler B. Jud, ZfRV 2001, 201 (201 ff) und jüngst Raffaseder, JBl 2016, 82 (82 ff) und Leupold/Gelbmann, VbR 2019, 140 (140 ff); vgl zur Problemstellung der begrenzten Regressfähigkeit in diesen Konstellationen über das Schadenersatzrecht statt vieler Karner in FS Koziol 695 (695 ff); die Regressbestimmung wurde mit dem GRUG nunmehr in § 933b Abs 2 ABGB erweitert.

28 Für die Produkthaftpflichtversicherung krit Stempfle in Höra, Münchener Anwaltshandbuch Versicherungsrecht § 15 Rn 374f; vgl auch Lenz in van Bühren, Handbuch Versicherungsrecht[7] § 12 Rn 125.

29 Vgl Wendehorst, VbR 2020, 94 (94 ff); dieser Vorschlag wurde vom Gesetzgeber jüngst allerdings ausdrücklich abgelehnt ErläutME 107/ME 27. GP 8 f.

30 ErläutME 107/ME 27. GP 40.

II. Der Versicherungsbegriff (§ 1 VersVG) als Schranke?

Das Risiko, aus der unternehmerischen (betrieblichen) Tätigkeit haftpflichtig zu werden, ist nach dem Gesetz grundsätzlich versicherungsfähig.[31] Eine Betriebshaftpflichtversicherung als Versicherungsprodukt wäre ansonsten gar nicht denkbar.[32]

A. Das fehlende Element der Ungewissheit

Grundvoraussetzung für die Versicherbarkeit von betrieblichen Risiken ist, dass es ihnen nicht an einer ausreichenden Ungewissheit fehlen darf.[33] *„Das jedem Versicherungsvertrag immanente Element der Ungewißheit"* wird dabei insb den vertraglichen Erfüllungsansprüchen abgesprochen.[34] Ein Schuldner wisse nämlich nichts besser, als dass er seine vertragliche Verpflichtung zu erfüllen habe.[35]

Was schon keine Versicherung ist, kann aber auch nicht als Versicherungsfall gedeckt sein, weshalb die Einordnung unter § 1 VersVG auch für die AHVB Bedeutung hat. In einem ersten Schritt ist daher zu untersuchen, ob vertragliche und gewährleistungsrechtliche Ansprüche über eine Versicherung gem § 1 VersVG abgedeckt werden können.

Das Argument der „fehlenden Ungewissheit" ist dabei ein Teil der Definition des Versicherungsbegriffs (§ 1 VersVG).[36] Spricht man den Vertragserfüllungsansprüchen die Ungewissheit ab, meint man also, dass deren vertragliche Absicherung begrifflich keine Versicherung ist, was zur Folge hätte, dass die Bestimmungen des VersVG auf den Vertrag nicht anwendbar wären.[37]

Unter dem Begriff der „fehlenden Ungewissheit" ist nach hA zu verstehen, dass der VN mit der Versicherung Schutz für eine unerwartet auftretende Bedarfs-

---

31 Vgl § 151 VersVG.
32 Vgl *Schauer,* Versicherungsvertragsrecht[3] 392 f.
33 *Schlegelmilch,* Produkthaftpflicht[2] 85.
34 *Mecenovic,* Herstellungs- bzw Lieferklausel 107 mwN.
35 BGH 9. 1. 1964, II ZR 86/61 VersR 1964, 230; *Brockmann,* VersR 1955, 373 (374); *Nickel,* VersR 1989, 873 (877); *Wunderlich,* Deckungsumfang 28.
36 Zum Versicherungsbegriff ausf *Dreher,* Versicherung als Rechtsprodukt 1 ff; *Fenyves* in *Fenyves/Perner/Riedler,* VersVG (2021) § 1 Rz 4 ff; *Jabornegg* in FS Frotz 551 (551 ff).
37 Denkbar wäre aber etwa eine vertragliche Erfüllungsübernahme gem § 1404 ABGB; dazu statt vieler *W. Faber* in *Schwimann/Kodek,* ABGB[4] § 1404 Rz 2 ff.

situation, die ihm aus der Verwirklichung des abzusichernden Risikos erwächst, suchen muss.[38]

Eine Bedarfssituation wird wiederum als Durchkreuzung der Vermögensplanung des VN durch ein ungewisses Ereignis beschrieben. Dabei kann es ungewiss sein, ob die Bedarfssituation überhaupt entstehen wird, aber auch, zu welchem Zeitpunkt sich ein risikoauslösendes Ereignis verwirklicht.[39] Darüber hinaus besteht eine ausreichende Ungewissheit nach hL selbst dann, wenn Eintritt und Zeitpunkt der Störung gewiss sind und nur die Höhe des entstehenden Nachteils noch ungewiss ist.[40] Selbst wenn der VN also weiß, dass er Ansprüchen seines Vertragspartners ausgesetzt sein wird, könnte er sich dagegen versichern, soweit es ihm ungewiss ist, welchen Aufwand er zur Befriedigung der Ansprüche aufbringen müssen wird.[41]

Für die Einordnung als Versicherung ist damit entscheidend, dass eine „*Distanz zwischen Plandaten und faktischen Daten*" entsteht, die mit Hilfe der Versicherungsleistung überbrückt werden soll („Plansicherungstheorie").[42] Mit der Versicherungsleistung will der VN die ihm drohende Planlücke schließen.[43] Die Planlücke kann dabei sowohl in Form planwidrig entfallener Einnahmen, als auch in planwidrig entstehenden Ausgaben bestehen.[44]

B. Vertragliche Erfüllungsansprüche

Der hA ist zuzustimmen, dass die Absicherung vertraglicher Erfüllungsansprüche (zB §§ 1061, 1165 ABGB) grundsätzlich[45] keine Versicherung iSd § 1 VersVG ist, weil es an dem für jede Versicherung notwendigen Element der Ungewissheit fehlt.[46] Der Schuldner hat es mit Vertragsabschluss selbst in der Hand, sich zu verpflichten, weshalb sowohl der Zeitpunkt der Fälligkeit als auch die Höhe der eingegangen Verpflichtung, gewiss sind.[47]

---

38 Statt vieler *Dreher*, Versicherung als Rechtsprodukt 1 ff.
39 Etwa im Fall der Lebensversicherung.
40 *Jabornegg* in FS Frotz 566; *Schauer*, Versicherungsvertragsrecht[3] 33; jeweils mwN; zur dL *Schlegelmilch*, Produkthaftpflicht[2] 70 mwN.
41 Zur hA in Deutschland für alle *Armbrüster* in *Prölss/Martin*, VVG[31] § 1 Rn 9 ff, mwN.
42 Zur Plansicherung statt vieler *Armbrüster*, Privatsicherungsrecht[2] 73 f.
43 *Fenyves* in *Fenyves/Perner/Riedler*, VersVG (2021) § 1 Rz 9 mwN; *Jabornegg* in FS Frotz 559 f; *Schauer*, Versicherungsvertragsrecht[3] 31 f.
44 *Jabornegg* in FS Frotz 561; *Schauer*, Versicherungsvertragsrecht[3] 31.
45 Es könnte überlegt werden, ob unter einer Bedingung stehende Erfüllungsansprüche (§ 696 ABGB) ausreichend ungewiss iSd § 1 VersVG sind.
46 Schon *Mecenovic*, Herstellungs- bzw Lieferklausel 107 mwN.
47 Vgl für die hA in Deutschland statt vieler *v. Rintelen* in *Späte/Schimikowski*, AHB[2] Z 1 Rz 400; BGH 9. 1. 1964, II ZR 86/61 VersR 1964, 230.

C. Ansprüche aus Gewährleistung

Da die gewährleistungsrechtlichen Nacherfüllungsansprüche haftungsrechtlich als nach der Übergabe fortlebende (modifizierte) Erfüllungsansprüche bezeichnet werden,[48] könnten auch sie mit dem zu den vertraglichen Erfüllungsansprüchen geführten Ausschlussargument als nicht versicherbar gelten.[49] Damit könnte die Versicherung von Ansprüchen aus der Schlechterfüllung von Verträgen bereits auf Ebene des § 1 VersVG scheitern.

Der Ausschluss vertraglicher Erfüllungsansprüche als versicherbare Haftpflichtrisiken lässt sich aber nicht ohne Weiteres auf die Gewährleistungspflichten umlegen. Der verschuldensunabhängigen Gewährleistungspflicht des Schuldners geht nämlich bereits eine Erfüllungshandlung voran. Die Gewährleistungspflicht setzt gerade voraus, dass sich die Mangelhaftigkeit der Leistung erst nach Abnahme herausstellt.[50]

Der Gewährleistungsschuldner muss sein Vermögen deshalb wie geplant aufwenden, um den Vertrag wie versprochen zu erfüllen.[51] Jeder Vermögensaufwand darüber hinaus ist nicht mehr unmittelbar geplant. Die erst im Anschluss an den Primärerfüllungsanspruch entstehende Gewährleistungspflicht ist deshalb anders als der Ersterfüllungsanspruch ungewiss.[52]

Der Ungewissheit und damit Versicherbarkeit der Gewährleistungspflicht schadet es daher auch nicht, dass *„die Erfahrung lehrt, daß in einem Betriebe immer wieder aufgrund der menschlichen Unzulänglichkeit diese oder jene schadenträchtigen Fehler gemacht werden."*[53] Selbst für den Fall, dass eine statistische Auswertung einen konstanten Prozentsatz an Gewährleistungs- und Schadenersatzansprüchen ergibt, kann dies nicht gegen deren grundsätzliche Versicherbarkeit sprechen.[54]

---

48 Statt vieler *Koziol/Spitzer* in KBB[6] § 1412 Rz 1.

49 *Späte* in *Brendl*, Produkt- und Produzentenhaftung IV Rn 13/4 beschreibt das Risiko gewährleistungspflichtig zu werden hingegen als ein geradezu typisches Betriebsrisiko.

50 Für viele *Zöchling-Jud* in *Kletečka*/Schauer, ABGB[1.02] § 923 Rz 1 ff, mwN.

51 Vgl auch die Urteilsbegründung des OLG Hamm 21. 5. 1976, 20 U 212/75 VersR 1977, 1093 f: Die Zäsur (Übergabe) sei auch für das Versicherungsrecht von Bedeutung, weil der VN mit Abnahme des Werks davon ausgehen kann, dass er seine eingegangene Pflicht erfüllt und ein dem Vertrag entsprechendes Werk abgeliefert hat.

52 Für Deutschland *v. Rintelen* in *Späte/Schimikowski*, AHB[2] Z 1 Rn 400 ff, mwN. Dort ua zu einer Entscheidung des RG, in welcher ausgesprochen wurde, dass eine Versicherung gegen Haftung aus mangelhafter Vertragserfüllung nicht ausgeschlossen sei, womit es auch nicht dem Wesen der Haftpflichtversicherung als widersprechend angesehen werden könne, sich gegen die Vermögensnachteile aus einer mangelhaften Erfüllung versicherungsvertraglich abzusichern.

53 *Schlegelmilch*, Produkthaftpflicht[2] 70.

54 *Schlegelmilch*, Produkthaftpflicht[2] 70 f; vgl auch *v. Rintelen* in *Späte/Schimikowski*, AHB[2] Z 1 Rn 397 ff.

Gegen diese Ansicht hat sich der BGH in einer älteren Entscheidung aber noch verwehrt: *„[Der] Schuldner [wisse] auch, daß er einwandfrei erfüllen und eine schlechte Leistung nachbessern oder dafür Ersatz leisten muß. Sein dadurch unter Umständen höherer Leistungsaufwand ist nur die zwangsläufige Folge nicht gehöriger Erfüllung; sie ist vorauszusehen und vorauszuberechnen."*[55]

Dem BGH ist zwar beizupflichten, dass ein wahrscheinliches Risiko besteht, dass der Schuldner gewährleistungspflichtig wird. Eine Sicherheit darüber, ob die Pflicht eintritt und selbst wenn, in welchem Ausmaß, besteht aber gerade nicht. Darüber hinaus gäbe es mit dem Argument des BGH gar keine Haftpflichtversicherung mehr, wenn es darauf ankäme, ob sich der VN seiner Haftpflicht bewusst ist. Es ist sich nämlich auch jedermann darüber bewusst, dass er einem Dritten den Schaden zu ersetzen hat, den er ihm zugefügt hat. Dass die Absicherung von Schadenersatzansprüchen im Rahmen einer Versicherung (§§ 1, 149 VersVG) möglich ist, ist aber unbestritten.

Von einer Versicherbarkeit – und damit für eine ausreichende Ungewissheit – der Ansprüche aus Gewährleistung ging auch der historische Gesetzgeber aus, wenn er die Versicherung wegen der Gewährleistungspflicht als möglichen Anwendungsfall der Haftpflichtversicherung anführt.[56]

Die Gewährleistungspflicht kann damit grundsätzlich als ungewisses Risiko iSd § 1 VersVG eingeordnet werden. § 1 VersVG steht der Absicherung der Haftungsrisiken aus der Schlechterfüllung von Verträgen daher grundsätzlich nicht im Weg. Im Detail ist dabei noch weiter zwischen primären und sekundären Gewährleistungsbehelfen zu unterscheiden.[57]

1. Nacherfüllungsanspruch

Nach heute hA wird der Nacherfüllungsanspruch wie auch oa als ausreichend ungewiss iSd § 1 VersVG eingestuft.[58] Im Detail muss aber noch differenziert werden, worin genau die abzusichernde Planlücke und der Unterschied zum Erfüllungsanspruch liegt.

Dem nicht versicherbaren (weil nicht ungewissem) Erfüllungsanspruch steht – wie die Bezeichnung bereits ausdrückt und schon oa wurde – nur der Nacherfüllungsanspruch nahe. Mit dem Nacherfüllungsanspruch verlangt der Gewährleistungsgläubiger die neuerliche Lieferung einer mangelfreien Sache oder

---

55 BGH 9. 1. 1964, II ZR 86/61; dafür aber schon das RG; zur Entscheidung näher bei *v. Rintelen* in *Späte/Schimikowski*, AHB² Z 1 Rn 400 ff, mwN.

56 Motive 200 f; vgl auch *Mecenovic*, Herstellungs- bzw Lieferklausel 7; für Deutschland *v. Rintelen* in *Späte/Schimikowski*, AHB² Z 1 Rn 397; jeweils mwN.

57 Für eine generelle Versicherbarkeit wohl *Ertl*, ecolex 2003, 319 (319).

58 Statt vieler *Küpper* in FS Goujet 131 (131) und *Späte*, AHB § 1 Rn 217 f; jeweils mwN. Aus betriebswirtschaftlicher Sicht *Karten*, ZVersWiss 1972, 279 (279 ff) und *Zander*, Versicherung des Erfüllungsinteresses 188 ff.

die Verbesserung der mangelhaften Leistung. Der Gläubiger verfolgt damit also weiterhin das Ziel, eine vertragsgemäße Leistung zu erhalten.[59]

Der Nacherfüllungsanspruch belastet das Vermögen des VN daher mit zusätzlichen Kosten, weil er zur Erfüllung des Vertrags mehr Vermögen aufwenden muss, als er ursprünglich eingeplant hat. Die planmäßigen Ausgaben liegen im ersten Erfüllungsversuch. Aller darüberhinausgehenden Mehrkosten zur neuerlichen Erfüllung sind aus Sicht des VN außerplanmäßige Mehrkosten. In Form dieser Mehrkosten zur Erfüllung der Nacherfüllungspflicht entsteht dem VN die ungewisse Durchkreuzung seiner Vermögensplanung und damit die abzusichernde und ungewisse Planlücke.

Das gilt umso mehr für den Aus- und Einbauaufwand. Selbst wenn dem Verkäufer bei Veräußerung einer zum Einbau bestimmten Sache bewusst sein muss, dass diese nach Übergabe dem Zweck entsprechend verbaut wird, ist ungewiss, ob und wie die Sache eingebaut wird. Es ist auch nicht absehbar, zu welchem Zeitpunkt – bspw nach Einbau einer oder aller Fliesen – sich der Mangel an der Kaufsache zeigt. Davon abhängig ist aber das Ausmaß des Nacherfüllungsaufwands und damit wiederum das Ausmaß und Bestehen einer Planlücke, die im Ergebnis deshalb ausreichend ungewiss iSd § 1 VersVG und damit dem Gesetz nach versicherbar ist.

2. Preisminderung und Wandlung

Im Unterschied zum Anspruch auf Nacherfüllung sind die sekundären Gewährleistungsbehelfe (Preisminderung und Wandlung) Gestaltungsrechte. Mit ihnen begehrt der Gewährleistungsgläubiger nicht die nachträgliche Erfüllung des Vertrags, sondern dessen Anpassung (Preisminderung) oder Wandlung und in der Folge die Rückzahlung des zu viel Geleisteten.[60]

Ein Vergleich mit den (nach § 1 VersVG ausgeschlossenen) vertraglichen Erfüllungsansprüchen liegt deshalb ferner. Da der VN aber auch kein zusätzliches Vermögen aufwenden muss, um den Vertrag zu erfüllen, scheidet ebenso eine Vergleichbarkeit mit den (nach § 1 VersVG versicherbaren) Nacherfüllungsansprüchen aus. Übereinstimmung besteht nur dahingehend, dass die Gewährleistungspflicht in beiden Fällen – Nacherfüllung, Preisminderung und Wandlung sind nur die Rechtsfolge aus der Schlechterfüllung – ungewiss ist.

Anders als beim Nacherfüllungsanspruch, wird der VN als Bereicherungsschuldner verpflichtet, das erhaltene Entgelt (einen Teil davon) zurückzuzahlen, weil der Rechtsgrund dafür – der Vertrag – nachträglich wegfällt. Er muss also kein zusätzliches Vermögen aufwenden, sondern einen Teil der erhaltenen Gegenleistung, die er sich für seine vertragsgemäße Leistung versprechen hat lassen, aus seinem Vermögen zurückzahlen.

---

59 Satt vieler jüngst *Santangelo-Reif*, Verbesserung und Austausch 31 ff, mwN.
60 Für alle *Zöchling-Jud* in *Kletečka/Schauer*, ABGB[1.02] § 932 Rz 36 ff und 41 mwN.

Damit könnte gegen eine Versicherbarkeit der bereicherungsrechtlichen Rückabwicklungsansprüche vorgebracht werden, dass sich der VN über die Versicherung bereichern könnte. Sie würde ihm im Ergebnis nämlich den geplanten Ertrag absichern, während er in Folge einer Wandlung auch noch die mangelhafte Leistung zurückerhalten würde. Im Zusammenhang damit tuen sich auch Zweifel auf, ob dem VN hier überhaupt eine Planlücke entstehen kann.[61]

Beide Bedenken sprechen bei genauerem Hinsehen aber nicht gegen die Versicherbarkeit von bereicherungsrechtlichen Rückzahlungsansprüchen: Der VN plant bei ordnungsgemäßer Erfüllung mit dem Ertrag eines bestimmten Entgelts. Muss er einen Teil davon zurückzahlen, entsteht ihm eine nicht vorhersehbare Planlücke in seinem Wirtschaftsplan. Die Versicherungsleistung soll diese Lücke wiederum schließen; eine Bereicherung des VN entsteht deshalb nicht.

An diesem Punkt entsteht erstmals eine gedankliche Verbindung zwischen Versicherungs- und Zivilrecht. Das Versicherungsvertragsrecht hat hier aber anders als das Zivilrecht nicht das Äquivalenzinteresse oder den Bereicherungsausgleich vor Augen, sondern eben nur die Absicherung einer beim VN entstehenden Planlücke. Dass der Vertrag als Rechtsgrund für das Behalten der Leistung wegfällt, ist deshalb ebenso nur ein zivilrechtlicher Gedanke, der hier nicht Platz greifen kann. Im Fall der Betriebshaftpflichtversicherung (Passivenversicherung) kommt es auf eine isolierte Betrachtung des Passivums beim VN an.

Darüber hinaus lassen sich zahlreiche nicht beanstandete und in der Praxis bewährte Beispiele finden, die ebenso eine Absicherung des wirtschaftlichen Ertrags vor Augen haben. Als ein Beispiel kann die Betriebsunterbrechungsversicherung angeführt werden. Sie verfolgt ua den Zweck, den durch eine Betriebsunterbrechung entstanden Ertragsverlust abzusichern. Kann der VN den Auftrag nicht ausführen, weil der Betrieb wegen eines ungewissen Ereignisses unterbrochen ist, ersetzt ihm die Versicherungsleistung den dadurch planwidrig entgangen Gewinn.[62]

Die Betriebsunterbrechung als auslösendes Ereignis unterscheidet sich von der Gewährleistungspflicht im Rahmen der Betriebshaftpflichtversicherung in diesem Punkt also nur im Grund für die Entstehung der Planlücke. Dass die Gewährleistungspflicht als der auslösende Grund ein ausreichend ungewisses Ereignis ist, wurde dabei bereits weiter oben festgestellt, weshalb der Vergleich mit der Betriebsunterbrechungsversicherung untermauert, dass diese Ansprüche gem § 1 VersVG versicherbar sind.

Behält der Gewährleistungsgläubiger die mangelhafte Leistung und macht Preisminderung geltend, entsteht dem VN in der Höhe des Rückzahlungsan-

---

61 Vgl *Rubin*, NZ 2016, 47 (53 f), der sich zu den Bereicherungsansprüchen als Erfüllungssurrogat im Ergebnis für eine Versicherbarkeit ausspricht.
62 Vgl *Jabornegg* in FS Frotz 561; *Schauer*, Versicherungsvertragsrecht³ 31.

spruchs ein ungewisser Ertragsverlust. Das gilt im Grunde auch für die Rückzahlung der gesamten Gegenleistung in Folge einer Wandlung des Vertrags. Dort ist bei Berechnung der Planlücke aber zusätzlich die Rückstellung der mangelhaften Leistung an den VN zu berücksichtigen, um eine Bereicherung des VN (§ 55 VersVG) zu vermeiden.[63] Diese Möglichkeit der Bereicherung begründet wie dargelegt aber noch keine Unversicherbarkeit.[64]

Als Ergebnis kann daher festgehalten werden, dass auch Bereicherungsansprüche in Folge Preisminderung und Wandlung ausreichend ungewiss iSd § 1 VersVG sind.[65] Dass der VN damit das volle Entgelt behalten könne, obwohl er den Vertrag schlecht erfüllt habe, ändert nichts an deren Versicherbarkeit.[66]

D. Zwischenergebnis

§ 1 VersVG steht der Versicherbarkeit von Haftungsrisiken aus der Schlechterfüllung von Verträgen als Betriebsrisiko nicht entgegen. An der gesetzlichen Hürde des § 1 VersVG scheitert nur die Absicherung von Vertragserfüllungsansprüchen, weil ihr das jeder Versicherung immanente Element der Ungewissheit fehlt. Eintritt, Zeitpunkt und Höhe des aufzuwendenden Vermögens sind dem Schuldner dabei bekannt, weil er es mit Vertragsabschluss selbst in der Hand hat, sich zu verpflichten.

Das Risiko gewährleistungspflichtig zu werden, ist hingegen grundsätzlich ausreichend ungewiss und versicherungsfähig. Dass es der VN in der Hand habe, den Vertrag schlecht zu erfüllen, spricht ebenso wenig gegen die Versicherbarkeit, wie der Umstand, dass das Einstehenmüssen für die ordnungsgemäße Erfüllung planbar und vorhersehbar ist. Sowohl der Nacherfüllungsanspruch, als auch die bereicherungsrechtlichen Rückforderungsansprüche in Folge Preisminderung und Wandlung, sind ausreichend ungewiss iSd § 1 VersVG. Das gilt freilich auch für Schadenersatzansprüche auf Grund mangelhafter Leistung, für die es dahingehend schon keiner näheren Begründung bedarf.

Im Ergebnis stehen die allgemeinen Grenzen (§ 1 VersVG) der Versicherbarkeit den hier zu untersuchenden Haftungsrisiken aus der Schlechterfüllung eines Vertrags im Rahmen einer Betriebshaftpflichtversicherung daher nicht im Weg. Es ist daher weiter zu untersuchen, ob die Haftungsrisiken aus der Schlechterfüllung eines Vertrags vom Umfang der Betriebshaftpflichtversicherung umfasst sind. Damit sind zunächst die speziellen gesetzlichen Bestimmungen zur (Betriebs)Haftpflichtversicherung (§§ 149 ff VersVG) und der primäre Risikoumfang der AHVB (Art 1.2.1.1) angesprochen.

---

63 Statt vieler *Schauer* in *Fenyves/Schauer*, VersVG (2016) § 55 Rz 1 ff.
64 Vgl statt vieler *Schauer* in *Fenyves/Schauer*, VersVG (2016) § 55 Rz 30 ff.
65 Vgl *Rubin*, NZ 2016, 53 f.
66 Vgl dazu insb auch *Nickel*, VersR 1989, 873 ff.

III. Der Umfang der Betriebshaftpflichtversicherung

Die §§ 149, 151 VersVG geben zusätzlich zum allgemeinen (§ 1 VersVG), den speziellen gesetzlichen Rahmen für die Betriebshaftpflichtversicherung vor. Dieser Umfang wird weiter über die Versicherungsbedingungen, insb anhand der primären Risikoumschreibung (Art 1.2.1.1), konkretisiert.[67]

Im Folgenden ist daher zu untersuchen, ob die Gewährleistungs- und Schadenersatzpflicht wegen der Schlechterfüllung eines Vertrags vom gesetzlichen und vertraglichen (primären) Umfang der Betriebshaftpflichtversicherung umfasst sind. Die Untersuchung beginnt dabei mit den gesetzlichen Vorgaben (§§ 149 ff VersVG) zur Haftpflichtversicherung.

A. Gesetzlicher Umfang (§ 149 VersVG)

§ 149 VersVG bezeichnet die Haftpflichtversicherung als eine Versicherung, bei der „dem Versicherungsnehmer die Leistung zu ersetzen [ist], die dieser auf Grund seiner **Verantwortlichkeit**[68] für eine während der Versicherungszeit eintretende Tatsache an einen Dritten zu bewirken hat."

Unter „Verantwortlichkeit" wird überwiegend das Risiko des VN, auf Schadenersatz in Anspruch genommen zu werden, verstanden.[69] *„Die Haftpflichtversicherung gibt dem VN und allenfalls mitversicherten Personen Versicherungsschutz für das Risiko, von einem Dritten auf* **Schadenersatz in Anspruch genommen**[70] *zu werden. Der Versicherte kann damit die Gefahr, für die Erfüllung oder Abwehr gegnerischer* **Schadenersatzansprüche** *eigene finanzielle Ressourcen aufwenden zu müssen, auf den Versicherer überwälzen."*[71]

Das Haftpflichtrisiko soll demnach schon auf Ebene des Gesetzes auf „Schadenersatzansprüche" begrenzt sein, womit bei enger Betrachtung das Haftungsrisiko gewährleistungspflichtig zu werden in der Haftpflichtversicherung dem Gesetz nach ausgeschlossen wäre.

---

67 Statt vieler *Reisinger* in *Fenyves/Perner/Riedler*, VersVG (2020) § 149 Rz 3.
68 Hervorhebung durch den Autor.
69 Vgl *Eichler*, Versicherungsrecht[2] 393 f; *Heiss/Lorenz*, Versicherungsvertragsgesetz[2] § 149 Rn 4 f; *Reisinger* in *Fenyves/Perner/Riedler*, VersVG (2020) § 149 Rz 1; *Reisinger* in *Hartjes/Janker/Reisinger*, Haftpflichtversicherung 1 ff; *Reisinger* in *Kath/ Kronsteiner/Kunisch/Reisinger/Wieser*, Praxishandbuch Versicherungsvertragsrecht, Bd 1, Rz 2148 ff; *Schauer*, Versicherungsvertragsrecht[3] 392 f; krit etwa *Baumann* in *Honsell*, BK VVG § 149 Rn 1, 100 ff und *Eichler*, Versicherungsrecht[2] 393 ff.
70 Hervorhebung im Original.
71 *Reisinger* in *Fenyves/Perner/Riedler* VersVG (2020) § 149 Rz 1.

Dieses enge Verständnis zum gesetzlichen Umfang der Haftpflichtversicherung ist bei näherem Hinsehen vor allem auf die Spartenbezeichnung als „**Haftpflicht**versicherung" (1.) und weniger auf die Auslegung des in § 149 VersVG verwendeten Begriffs der „**Verantwortlichkeit**" (2.) zurückzuführen. Diesem Verständnis ist im Folgenden näher nachzugehen.

1. „Haftpflicht"

Der Begriff der „Haftpflicht" ist zivilrechtlich besetzt, wo er oftmals mit dem Begriff des Schadenersatzrechts gleichgesetzt wird.[72] Diese Gleichsetzung (Haftpflicht = Schadenersatzpflicht) wird für das Versicherungsrecht übernommen.[73] Die Haftpflichtversicherung solle den VN deshalb davor schützen, *„(...) zur Erfüllung von Schadenersatzansprüchen Dritter eigenes Vermögen aufwenden zu müssen".*[74] An diesem Punkt zeigt sich erneut die enge Verbindung zwischen Zivil- und Haftpflichtversicherungsrecht, die nunmehr dazu führt, dass das allgemein zivilrechtliche Begriffsverständnis auf das Versicherungsrecht übertragen wird.

Der Begriff der Haftpflicht wurde allerdings zu Recht schon im älteren versicherungsrechtlichen Schrifttum als farblos bezeichnet.[75] Nach dem allgemeinen Sprachgebrauch könnte nämlich selbst bei – bereits nach § 1 VersVG ausgeschlossenen[76] – *„rein vertraglichen Erfüllungsansprüchen durchaus von Haften gesprochen werden."*[77] Mit dem Begriff „Haftpflicht" kann damit jede Verpflichtung zur Leistung gemeint sein.[78] Eine Beschränkung auf Schadenersatzverpflichtungen kann allein aus dem Begriff „Haftpflicht" für das Versicherungsrecht also nicht abgeleitet werden.

Die dennoch – zum Teil auch in jüngerer Zeit – im Versicherungsrecht vertretene Gleichsetzung von „Haftpflichtansprüchen" mit „Schadenersatzansprüchen" ist auf sprachliche und historische Ungenauigkeiten zurückzuführen.[79]

---

72 Beispielhaft *Welser/Zöchling-Jud*, Bürgerliches Recht II[14] Rz 1324: *„Das Schadenersatzrecht (**Haftpflichtrecht**) regelt, unter welchen Voraussetzungen ein Geschädigter von jemand anderem Ersatz verlangen kann."*

73 Vgl etwa *Wunderlich*, Deckungsumfang 29, der davon ausgeht, dass Haftung und Schadenersatz das Gleiche meinen; *Reisinger* in *Fenyves/Perner/Riedler* VersVG (2020) § 149 Rz 1 ff; *Schauer*, Versicherungsvertragsrecht[3] 392; wohl auch *Fenyves*, ZAS 1986, 3 (3).

74 *Schauer*, Versicherungsvertragsrecht[3] 392.

75 *Grunow*, Deckung vertraglicher Erfüllungs- und Surrogatansprüche 10 mwN.

76 Kapitel II.B.

77 *Wussow*, AHB[8] § 1 Anm 62.

78 *Oberbach*, Allgemeine Versicherungsbedingungen für die Haftpflichtversicherung 88.

79 Beispielhaft *Reisinger* in *Fenyves/Perner/Riedler*, VersVG (2020) § 149 Rz 1; für Deutschland *Schulze Schwienhorst* in *Looschelders/Pohlmann*, VVG[3] § 100 Rn 1, unter Nachweis auf BGH 22. 6. 1967, II ZR 183/64 VersR 1967, 771. In der dort abgedruckten Entscheidung spricht der BGH allgemein von *„Haftpflichtverbindlich-*

Zudem kommt es augenscheinlich zu einer Vermengung zwischen vertraglicher Risikoumschreibung und gesetzlichem Umfang der Haftpflichtversicherung.[80] In der vertraglichen Risikoumschreibung (Art 1.2.1.1) findet sich – anders als im Gesetz (§ 149 VersVG; „Verantwortlichkeit") – ausdrücklich der Begriff der „Schadenersatzverpflichtung".[81]

Eine Einschränkung der möglichen Haftpflichtansprüche auf Schadenersatzverpflichtungen kann allein aus der Spartenbezeichnung („Haftpflichtversicherung") im Ergebnis daher nicht abgeleitet werden. Ein Blick auf die Entstehungsgeschichte der Haftpflichtversicherung[82] zeigt im Gegenteil, dass mit ihr eine deutlich weitere Verantwortlichkeit des VN abgesichert werden sollte. Die Sparte der Haftpflichtversicherung sollte also nicht auf die Versicherung von Schadenersatzverpflichtungen beschränkt werden.

2. „Verantwortlichkeit"

Welche Haftpflichtrisiken versicherbar sind, muss aus dem in § 149 VersVG verwendeten Begriff der „Verantwortlichkeit" abgeleitet werden.[83]

Mit dieser Frage hat sich erstmals *Ehrenzweig*[84] näher auseinandergesetzt, der zunächst ebenso den Begriff der *„Verantwortlichkeit"* mit *„Haftung"* gleichsetzt, was freilich wiederum zum obigen Ergebnis zur Auslegung der Spartenbezeichnung führen würde. *Ehrenzweig* präzisiert aber weiter, dass *„Haftung"* eben nicht nur *„Schadenersatz"* meine, sondern etwa auch Aufwandersatzansprüche umfasst sein würden. Bei der Haftpflichtversicherung handle es sich ganz allgemein um die Versicherung *„nachteilige[r] Einwirkung eines rechtserheblichen Verhaltens des VN. auf das Gesamtvermögen eines Dritten".*[85] Der Grund für die Verantwortlichkeit des VN könne sich dabei sowohl aus dem Gesetz, also auch aus einem Vertrag ergeben.[86]

Übereinstimmend dazu äußert sich auch *Eichler*, dass der Wortlaut des § 149 VersVG („Verantwortlichkeit") derart weit gefasst sei, dass etwa Gewähr-

---

keiten", die das Passivum des VN nicht belasten sollen. In einem dazu weiterführenden Verweis auf ein Urteil des BGH vom 21. 3. 1963, II ZR 111/60 VersR 1963, 516 findet sich ebenso nur, dass die Betriebshaftpflicht gegen solche Fälle Vorsorge treffen soll, die durch die Führung oder Leitung des Betriebs das Passivum des VN mit einer Haftpflicht belasten.

80 Etwa *Reisinger* in *Fenyves/Perner/Riedler*, VersVG (2020) § 149 Rz 1 ff.
81 Art 1.2.1.1; dazu weiter unten noch näher.
82 Vgl *v. Rintelen* in *Späte/Schimikowski*, AHB² Z 1 Rn 398 mwN; *Wussow*, AHB⁸ § 1 Anm 62.
83 Vgl *Eichler*, Versicherungsrecht² 397, der die Begriffe Haftpflicht und Schadenersatzpflicht als Synonyme ansieht, aus der „Verantwortlichkeit" aber ableitet, dass keine Einschränkung auf Schadenersatzverpflichtungen erfolgen soll.
84 *Ehrenzweig*, Versicherungsvertragsrecht II 690 ff.
85 *Ehrenzweig*, Versicherungsvertragsrecht II 694.
86 *Ehrenzweig*, Versicherungsvertragsrecht II 692.

leistungsansprüche als in der Haftpflichtversicherung dem Gesetz nach grundsätzlich denkbare Haftpflichtansprüche wären.[87]

Ehrenzweigs und *Eichlers* Befunde stehen damit im Einklang mit den historischen Motiven zum Versicherungsvertragsgesetz. Der Gesetzgeber hatte – wie schon zuvor angedeutet – vertragliche Ansprüche, Bürgschaften und bestimmte Gewährleistungen ausdrücklich als Haftpflichtverbindlichkeiten vor Augen.[88]

Der weite Begriff der „Verantwortlichkeit" führt dem Wortlaut nach also ebenso zu keiner Eingrenzung auf Schadenersatzansprüche. Der VN ist auch für sämtliche Folgen aus der Schlechterfüllung einem Dritten „verantwortlich". Über den Wortlaut hinaus, ist nach dem allgemeinen Zweck der Haftpflichtversicherung zu fragen und zu untersuchen, ob dieser zu einem den Wortlaut einschränkenden Ergebnis führt.

3. Zweck der Haftpflichtversicherung

Die Haftpflichtversicherung als Passivversicherung soll das Vermögen des VN insgesamt vor Ansprüchen Dritter schützen. Dieser allgemeine Zweck der Haftpflichtversicherung bedingt damit gerade keine Einschränkung auf die Verantwortung aus dem Schadenersatzrecht. Es geht allgemein um die Absicherung der persönlichen Verantwortlichkeit des VN.[89]

Mit Abschluss einer Haftpflichtversicherung will der VN sein Vermögen allgemein vor gegen ihn gerichteten Ansprüchen schützen.[90] Er möchte sein eigenes Vermögen nicht zur Befriedigung von Ansprüchen Dritter aufwenden müssen. Die Haftpflichtversicherung soll ihm nach § 149 VersVG deshalb jede Leistung ersetzen, die er auf Grund seiner Verantwortlichkeit an einen Dritten zu bewirken hat.

Der gesetzliche Umfang und Zweck der Haftpflichtversicherung lässt sich dabei negativ von anderen Schadensversicherungen abgrenzen und einschränken. Er beschränkt sich auf eine Belastung des Passivums auf Grund einer Verantwortung gegenüber Dritten (Passivversicherung) und nimmt damit Schäden an eigenen Rechtsgütern aus.[91] Die Haftpflichtversicherung will das Vermögen des VN also nicht insgesamt vor Nachteilen schützen.

Über diesen allgemeinen Zweck der Haftpflichtversicherung hinaus lässt sich aber kein sachlicher Grund finden, warum die Haftpflichtversicherung auf den Eintritt eines bestimmten „rechtlichen Schadens" beim Dritten beschränkt sein soll. Der formale Rechtsgrund der Verantwortung des VN – ob Schadenersatz

---

87 *Eichler*, Versicherungsrecht² 397.
88 Vgl Motive 200 f und *Mecenovic*, Herstellungs- bzw Lieferklausel 7; für Deutschland *v. Rintelen* in *Späte/Schimikowski*, AHB² Z 1 Rn 397; jeweils mwN.
89 Vgl *Eichler*, Versicherungsrecht² 396 f.
90 *Reisinger* in *Fenyves/Perner/Riedler*, VersVG (2020) § 149 Rz 1 ff.
91 Vgl *Fenyves*, VersR 1991, 1 (6) und Fn 40.

oder Gewährleistung – kann für die Versicherbarkeit in der Haftpflichtversicherung daher auch nicht entscheidend sein.[92] Der allgemeine Zweck der (Betriebs)Haftpflichtversicherung spricht damit im Ergebnis für eine weite Auslegung des in § 149 VersVG verwendeten Begriffs der „Verantwortlichkeit". Das Gesetz beschränkt die möglichen Haftpflichtrisiken nicht auf Schadenersatzverpflichtungen.

4. Zwischenfazit

Die Absicherung aller Haftungsrisiken aus der Schlechterfüllung (Gewährleistungs- und Schadenersatzpflicht) bewegt sich im gesetzlichen Rahmen der Haftpflichtversicherung.[93] Sie sind „Verantwortlichkeiten" des VN gem § 149 VersVG.

Der Grund für den Vermögensaufwand – die Verantwortung – muss nicht zwangsläufig ein über das Schadenersatzrecht auszugleichender Nachteil sein. Gemeint kann jeder wirtschaftliche Nachteil beim Dritten sein, für den der VN verantwortlich ist. Es kommt also darauf an, ob das Verhalten des VN, das ihn dem Dritten gegenüber verantwortlich macht, zu einem wirtschaftlichen Nachteil im Vermögen des Dritten geführt hat.[94] Von der Haftpflichtversicherung nicht umfasst sind dahingegen Eigenschäden des VN.

Den Grund für die Verantwortlichkeit des VN regeln erst die Vertragsbedingungen (AHVB) näher,[95] in denen im Unterschied zu § 149 VersVG ausdrücklich eine Eingrenzung auf „Schadenersatzverpflichtungen" vorgenommen wird.[96]

Bevor die Vertragsbedingungen dahingehend in den Blick genommen werden, ist noch auf einen weiteren Punkt einzugehen, der gewissermaßen zwischen den gesetzlichen und den vertraglichen Rahmenbedingungen liegt: Der „allgemeine Grundsatz" der Unversicherbarkeit des Unternehmerrisikos. Er soll zum einen ganz grundsätzlich zum Ausschluss der Schlechterfüllungsrisiken führen. Zum anderen wird dem „Unternehmerrisiko" auch bei der Auslegung der AHVB eine Bedeutung beigemessen.

---

92 IdS krit auch *Späte*, AHB § 1 Rn 219.
93 Vgl statt vieler *v. Rintelen* in *Späte/Schimikowski*, AHB[2] Z 1 Rn 396 ff, insb 424.
94 IdS auch das OLG Hamm 21. 5. 1976, 20 U 212/75 VersR 1977, 1094, demnach eine Montageversicherung, in welcher Deckung für alle Kosten (inkl Transport- und Montagekosten) zur Mängelbehebung, die auf fehlerhaftes Material, mangelhafte Konstruktion oder unsachgemäße Ausführungen zurückzuführen sind, als Haftpflichtversicherung einzuordnen ist.
95 Ausdrücklich Motive 201; davon geht in der Folge wohl auch *Reisinger* in *Fenyves/Perner/Riedler*, VersVG (2020) § 149 Rz 3 aus.
96 Vgl Art 1.2.1.1 AHVB 2005.

B. Der Ausschluss des Unternehmerrisikos

Das Unternehmerrisiko wird als *„das Risiko jedes Unternehmers, für die Fehlerhaftigkeit der von ihm gegenüber seinem Vertragspartner zu erbringenden Unternehmerleistung selbst einstehen zu müssen (…)"* beschrieben.[97] *[Es sei] grundsätzlich nicht versicherungsfähig"* und entspreche es *„(…) dem Grundsatz der Haftpflichtversicherung, nicht das Unternehmerrisiko auf den Haftpflichtversicherer zu übertragen".*[98]

Dieser „Grundsatz" des nicht versicherbaren oder auch nicht versicherten Unternehmerrisikos ist dabei weder ausdrücklich im Gesetz noch in den Versicherungsbedingungen genannt. Es soll sich dennoch um einen „allgemeinen Grundsatz" in der Haftpflichtversicherung handeln.

Der Begriff des Unternehmerrisikos ist allerdings schon dem Wortlaut nach kaum bestimmbar und eingrenzbar. Dementsprechend kommt *Littbarski* am Ende seiner einschlägigen Untersuchung zu dem Ergebnis, dass der Begriff ein *„verschwommener"* und *„unbrauchbarer"* sei: *„Zur Vermeidung von Mißverständen ist auf diesen nichtssagenden Begriff ganz [zu] verzichten."*[99]

Das Bestehen eines solchen Grundsatzes muss also schon wegen seiner Unbestimmtheit Zweifel hervorrufen. Darüber hinaus wird das betriebliche Risiko im Gesetz (§ 151 VersVG) ausdrücklich als ein versicherungsfähiges Risiko beschrieben. Es hat sich – mit Ausnahme der Erfüllungsansprüche – in der bisherigen Untersuchung als ein versicherungsfähiges Haftpflichtrisiko herausgestellt. Die Haftungsrisiken aus der Schlechterfüllung eines Vertrags – also der Fehlerhaftigkeit einer Unternehmerleistung – sind somit grundsätzlich ein vom Gesetz anerkanntes Haftpflichtrisiko.[100] Warum und wie ein „allgemeiner Grundsatz" diese gesetzliche Anordnung derogieren soll, kann also schon auf den ersten Blick kaum begründet werden.

Bei strenger Betrachtungsweise der angeführten „Grundsätze" fällt zudem auf, dass ihnen eine unterschiedliche Wirkung zugesprochen wird. Zum einen soll das Unternehmerrisiko in der Haftpflichtversicherung gar nicht versicherungsfähig sein. Das ist nach der bisherigen Untersuchung zu §§ 1, 149 ff VersVG jedenfalls abzulehnen.

---

97 *Littbarski*, Unternehmerrisiko 2 f.
98 Zur Entwicklung in der Rsp bei *Dürlinger*, Ausgewählte Fragen zur Tätigkeitsklausel 11 ff.
99 *Littbarski*, Unternehmerrisiko 235.
100 *Jaborneg*, VR 1991, 223 (228); später auch *Fenyves* in FS Migsch 75 (75) Fn 4, der iZm mit dem Schlagwort *„Pfuscharbeit wird nicht versichert"* auf § 152 VersVG verweist („(…) *da die Betriebshaftpflichtversicherung den VN – wie § 152 VersVG zeigt – natürlich auch vor den Folgen von „Pfuscharbeit" schützen soll.").* Eine weitere Eingrenzung der versicherten Tätigkeit kann dann über die Versicherungsbedingungen erfolgen; dazu weiter unten noch näher.

Zum anderen wird das Unternehmerrisiko als in der Betriebshaftpflichtversicherung grundsätzlich nicht versichert beschrieben. Ob ein Risiko versichert ist, richtet sich aber nach den Vertragsbedingungen und deren Auslegung. Das setzt aber wiederum eine Versicherbarkeit nach dem Gesetz voraus.[101]

Diese Unbestimmtheit und Breite des „Grundsatzes" der Unversicherbarkeit des Unternehmerrisikos macht ihn zugleich zu einem gefährlichen Einwand des Versicherers gegen die Deckung im konkreten Schadenfall; als pauschales Argument lässt er sich nämlich leicht ins Treffen führen. Nicht nur deshalb ist dem Ursprung und der Wirkung des angeblichen Grundsatzes noch einmal genauer nachzugehen. Er ist auch in der stRsp des OGH als pauschale Begründung wiederzufinden.

1. Die Unversicherbarkeit des Unternehmerrisikos

Der Grundsatz der Unversicherbarkeit des Unternehmerrisikos ist ausdrücklich in einem Rechtssatz des OGH festgeschrieben.[102] Seine Entstehung ist dabei auf zwei Entscheidungen aus den 90er Jahren zurückzuführen.[103]

Die Entscheidungsbegründungen der beiden Leitentscheidungen erschöpfen sich zusammengefasst in einem Verweis auf einen Beitrag aus dem deutschen Schrifttum, der als weiterer Anknüpfungspunkt dienen soll.[104] Die vermeintlich in diesem Nachweis gelegene Begründung spinnt sich dabei bis heute als „inhaltliche" Begründung fort. In zeitlich später ergangenen Entscheidungen dienen insb Verweise auf die – dann schon – stRsp als Begründung, in welcher aber keine weiteren Nachweise für eine grundsätzliche Unversicherbarkeit mehr zu finden sind.[105]

Zwischenzeitlich ist der OGH in einzelnen Entscheidung – erstmals mit der E 7 Ob 228/99a[106] – dann auch davon abgekommen, im Allgemeinen von einer Unversicherbarkeit des Unternehmerrisikos zu sprechen. In einzelnen Entscheidungen zur Auslegung der Tätigkeitsklausel stellte das Höchstgericht – nach einer Auseinandersetzung mit *Apathy*[107], *Jabornegg*[108] und *Späte*[109] – sogar in Frage, ob sich über einen allgemeinen Grundsatz des unversicherbaren

---

101 Vgl *Wandt*, Versicherungsrecht[6] Rn 687 ff.
102 RIS-Justiz RS0081518, 2. Satz: „*Das Unternehmerrisiko soll grundsätzlich nicht versicherungsfähig sein.*".
103 OGH 28. 2. 1991, 7 Ob 4/91 und OGH 29. 1. 1997, 7 Ob 2018/96 g.
104 *Wussow*, AHB[6] 390 und *Wussow*, AHB[7] 390.
105 OGH 11. 12. 2002, 7 Ob 262/02 h, dort mit Nachweis auf RS0081817 und OGH 29. 1. 1997, 7 Ob 2018/96 g, 27. 1. 1998, 7 Ob 406/97 z und 11. 11. 1998, 7 Ob 297/98 x; in OGH 17. 9. 2014, 7 Ob 143/14 a dann nur noch mit Nachweis auf den vorgenannten Rechtssatz.
106 OGH 27. 10. 1999, 7 Ob 228/99 a.
107 *Apathy*, JBl 1987, 69 (69 ff).
108 *Jabornegg*, VR 1991, 223.
109 *Späte*, AHB § 4 Rn 128.

Unternehmerrisikos der Ausschluss eines Risikos begründen lässt. Dabei zeigt schon die Auseinandersetzung mit der Auslegung der Tätigkeitsklausel als Risikoausschluss, dass das Höchstgericht nicht mehr von einer gesetzlichen Unversicherbarkeit ausgegangen ist. Der OGH hegte zwischenzeitlich im Anschluss an die L also selbst Zweifel, ob und woraus sich ein allgemeiner Grundsatz einer Unversicherbarkeit des Unternehmerrisikos ableiten lassen könne.

Und dennoch findet sich der „Grundsatz der Unversicherbarkeit des Unternehmerrisikos" heute nicht nur im einleitend angeführten Rechtssatz[110], sondern vereinzelt auch wieder in jüngere Entscheidungen[111]. Eine klare Rechtsprechungslinie lässt der OGH also vermissen.

Setzt man sich weiter mit den Nachweisen in der Leitentscheidung auseinander, zeigt sich folgendes Bild: *Wussow* belässt es ebenso dabei, das Unternehmerrisiko stehsatzartig als nicht versicherungsfähig zu bezeichnen. Er verweist dazu allerdings weiterführend auf das LG Mainz[112] und *Schlegelmilch*[113].

Das LG Mainz wiederum hatte sich im Zuge der Auslegung der Tätigkeitsklausel mit dem Begriff des Unternehmerrisikos auseinanderzusetzen. In seiner Begründung hält es fest, dass es Sinn dieses Risikoausschlusses sei, das versicherte unternehmerische Risiko zu begrenzen: Es sei offensichtlich, dass die Tätigkeitsklausel dazu diene, den Versicherer vom erhöhten Risiko zu befreien, das sich aus der gewerblichen oder beruflichen Tätigkeit des VN ergebe. Genauso stehe aber fest, dass der Versicherer nicht die gesamte berufliche und gewerbliche Tätigkeit vom Versicherungsschutz ausnehmen könne, weil damit der praktische Wert einer Haftpflichtversicherung erheblich vermindert wäre.[114]

Versteht man die berufliche und gewerbliche Tätigkeit als das Unternehmerrisiko, ist der Begründung des LG Mainz also gerade umgekehrt zu entnehmen, dass das Unternehmerrisiko in der allgemeinen Haftpflichtversicherung grundsätzlich versichert ist und damit auch versicherbar sein muss. Das Unternehmerrisiko soll von der Betriebshaftpflichtversicherung im gesamten Umfang abgesichert sein und nur durch im einzelnen vereinbarte Risikoausschlüsse punktuell begrenzt werden. Das ist aber das genaue Gegenteil zu einem Grundsatz der Unversicherbarkeit.

Dieses Ergebnis bestätigt sich dann auch mit dem zweiten Nachweis bei *Schlegelmilch,* demzufolge der Tätigkeitsausschluss ebenso nicht das eigentliche unternehmerische Risiko betreffen, sondern nur Teile des Haftpflichtrisikos vom Versicherungsschutz ausnehmen soll. Das unternehmerische Risiko an sich

---

110 RIS-Justiz RS0081518.
111 Etwa OGH 17. 9. 2014, 7 Ob 143/14 a.
112 LG Mainz 20. 1. 1954, 3 S 216/53, VersR 1954, 141.
113 *Schlegelmilch*, Produkthaftpflicht² 85.
114 LG Mainz 20. 1. 1954, 3 S 216/53, VersR 1954, 141.

könne nur dann betroffen sein, wenn es ihm etwa auf Grund fehlender Ungewissheit an der Versicherbarkeit fehle.[115] Das unternehmerische Risiko soll für sich allein also keine Begründung für einen Ausschluss oder eine Unversicherbarkeit sein. Die Grenze der Versicherbarkeit könne sich wie sonst auch, nur aus den allgemeinen gesetzlichen Grundsätzen (§§ 1, 149 VersVG) ergeben.

Diese sprechen aber wie aufgezeigt nicht gegen eine Unversicherbarkeit des betrieblichen Risikos. Die Folgen der Schlechterfüllung sind ausreichend ungewiss iSd § 1 VersVG[116] und ein – auch historisch – anerkanntes Haftpflichtrisiko.[117] Das betriebliche Risiko ist in § 151 VersVG zudem ausdrücklich angeführt.[118]

Ein allgemeiner Grundsatz der Unversicherbarkeit des Unternehmerrisikos lässt sich also auch mit den in der Rsp angeführten Nachweisen nicht begründen. Zusammen mit den einleitend angeführten Bedenken – der Unbestimmtheit und fehlenden rechtlichen Grundlage – kann ein allgemeiner Grundsatz der „Unversicherbarkeit des Unternehmerrisikos" daher jedenfalls nicht länger aufrechterhalten werden.

Darüber hinaus hat sich angedeutet, dass auch kein grundsätzlicher Ausschluss des Unternehmerrisikos in den Versicherungsbedingungen existiert, sondern nur eine punktuelle Risikobegrenzung vorgenommen werden könne.[119]

In Zusammenhang mit der Auslegung der Bedingungen soll daher noch einmal näher hinter den Ausschluss des Unternehmerrisikos geblickt werden. Dabei ist zu fragen, welche Argumente für die bloß punktuelle Begrenzung der Versicherung des „Unternehmerrisikos" in den AHVB sprechen sollen, was also argumentativ hinter dem Begriff des „Unternehmerrisikos" steht.

2. Pfuscharbeit und Leistungsrisiko

Zum Ausschluss des Unternehmerrisikos werden – gerade auch in der Diskussion um die Versicherung von Haftungsrisiken aus der Schlechterfüllung – im Wesentlichen zwei Argumente geführt: Mit der Versicherung des Unternehmerrisikos solle „Pfuscharbeit" nicht gefördert und das „Leistungsrisiko" („Gewinngarantie")[120] nicht übernommen werden. Dieses Erfüllungsrisiko müsse als *„Ausdruck des kaufmännischen Risikos [] beim Unternehmer verbleiben."*[121]

---

115 *Schlegelmilch*, Produkthaftpflicht[2] 85.
116 Kapitel II.
117 Kapitel III.A.
118 *Fenyves* in FS Migsch 75 mwN zur deutschen und österreichischen L; *Jabornegg*, VR 1991, 223.
119 Vgl auch *Nickel* in *Kulmann/Pfister*, Produzentenhaftung VI 5, der davon spricht, dass das *„Unternehmerrisiko grundsätzlich versichert ist."*
120 Statt vieler *Armbrüster*, Privatversicherungsrecht[2] 136 Rn 455.
121 Vgl *Koch* in *Bruck/Möller*, VVG[9] IV AHB 2012 Z 1 Rn 38.

Die Absicherung des Unternehmerrisikos berge also die Gefahr in sich, dass der VN keinen Grund mehr hätte, sorgsam zu arbeiten, weshalb von „Pfuscharbeit" gesprochen wird.[122] Gegen eine „Gewinngarantie"[123] des VN in der Betriebshaftpflichtversicherung wird gleichermaßen vorgebracht, dass der VN seine Sorgsamkeit – im Wissen eines Versicherungsschutzes – reduzieren könnte und damit die Eintrittswahrscheinlichkeit des Risikos erhöhen würde.[124]

Dem liegt augenscheinlich die allgemeine Vorstellung zu Grunde, dass sich der VN über den Versicherungsschutz nicht die Kosten für sein nachlässiges Arbeiten[125] ersparen soll, weil er damit Wettbewerbsvorteile zu Lasten der Versichertengemeinschaft erlangen könnte.[126] Bei einer Versicherung aller Erfüllungsrisiken würde der Versicherer also geradezu alle Folgen unternehmerischer Fehlentscheidungen des VN tragen müssen.[127]

Diese Befürchtungen sollen dabei aus wirtschaftlicher Sicht nicht stichhaltig sein. In erster Linie soll der Wettbewerb am freien Markt den VN anhalten, nicht nachlässig zu arbeiten, nicht aber das Ausbleiben eines Versicherungsschutzes.[128] Daneben sei es das Anliegen eines jeden Unternehmers, seine Verträge zu erfüllen, um Gewinn zu erzielen und konkurrenzfähig zu sein. *„Die Pflicht zur Erfüllung von Verträgen ist einem Unternehmer immanent, der dadurch Gewinn machen will."*[129]

Das Argument der Pfuscharbeit und die Gefahr eines Anreizes für Schlechtarbeit wird darüber hinaus als zu allgemein abgelehnt: *„Gälte der Grundsatz, dass der Versicherte durch die Haftpflichtversicherung keinen Freibrief für schlechte Arbeit erhalten könne, in dieser Allgemeinheit ohne Einschränkung, so wäre eine Betriebs-Haftpflichtversicherung praktisch bedeutungslos. Sie hat nur dann einen Sinn, wenn dieser Grundsatz auf die Haftpflichtfolgen aus der Verletzung der unmittelbaren Interessen des Bestellers an den vom Versicherten geschuldeten Vertragsleistungen selbst beschränkt wird, die darüber hinausgehenden Folge- und Begleitschäden hingegen vom Versicherungsschutz gedeckt werden."*[130]

---

122 *Hönig*, VersR 1970, 975 (975); *Hübner*, VersR 1985, 810 (814); *Klarr*, VersPrax 1968, 141 (142); *Thürmann* in *Schmidt-Salzer*, Produkthaftung² IV/1 Rn 8.056f; *Wilcke*, VersR 1964, 107 (111f).

123 *Armbrüster*, Privatversicherungsrecht² 136 Rn 455 mwN.

124 Darin sieht auch das LG Mainz eine zulässige punktuelle Begrenzung; LG Mainz 20. 1. 1954, 3 S 216/53 VersR 1954, 141.

125 Vgl auch *Diederichsen*, VersR 1971, 1077 (1088).

126 BGH 7. 12. 1959, II ZR 166/58 VersR 1960, 109f.

127 *Nickel/Nickel-Fiedler*, Produkt-Haftpflichtversicherungsrecht² AHB 81ff.

128 Vgl auch *Späte*, AHB § 1 Rn 221 mwN.

129 *Schlegelmilch*, Produkthaftpflicht² 24f.

130 *Haidinger* in Festgabe Prölss 120 (137); aA etwa *Armbrust*, VersR 1988, 1005 (1005ff).

Armbrüster spricht dahingehend allgemein von einer möglichen ordnungspolitischen Schranke,[131] welche die Versicherer über die Bedingungen einsetzen könnten.[132]

Gegen eine solche allgemeine Begrenzung des Versicherungsschutzes wird aber wiederum vorgebracht, dass wegen der Unbestimmtheit des Begriffes der Ausschluss des Unternehmerrisikos auch nicht als allgemeines Prinzip der AHVB gelten könne.[133] Das Unternehmerrisiko soll im besten Fall als Überbegriff für die Zusammenfassung von Risiken dienen, die in den Bedingungen ausgeschlossen sein sollen.[134] Mehr als eine zusammengefasste Beschreibung dessen, was allgemeiner Zweck der Risikoausschlüsse sein soll, könne der Begriff des Unternehmerrisikos also nicht bieten.[135]

3. Stellungnahme

Aus Sicht des § 151 VersVG ist es die grundsätzliche Aufgabe der Betriebshaftpflichtversicherung, das unternehmerische Risiko abzusichern und den VN vor den Folgen der Pfuscharbeit zu schützen.[136] Ein Ausschluss des „Unternehmerrisikos" auf gesetzlicher Ebene widerspricht diesem Grundgedanken, ohne dass sich dafür Anhaltspunkte im Gesetz finden lassen würden. Die einschlägigen oben aufgearbeiteten gesetzlichen Bestimmungen (§§ 1, 149, 151 VersVG) sprechen im Gegenteil gegen einen solchen Grundsatz der „Unversicherbarkeit des Unternehmerrisikos".

Es kann damit im Weiteren – auf Ebene der AHVB – jedenfalls nur noch darum gehen, *„die Bereiche der gedeckten und ungedeckten Pfuscharbeit voneinander abzugrenzen"*,[137] also darum, welche Teile des Unternehmerrisikos der Versicherer nach den Bedingungen nicht übernehmen will. Ein allgemeiner Ausschluss des Unternehmerrisikos in der (Betriebs-)Haftpflichtversicherung (den AHVB) wird auch dort zu Recht als unzutreffend abgelehnt. Über bleibt also nur der Ansatz, dass hinter dem Ausschluss der „Pfuscharbeit" und der

---

131 Die gesetzliche Schranke des § 879 Abs 3 ABGB ist damit aber wohl nicht berührt. Die Absicherung von Pfuscharbeit und das Versprechen einer Gewinngarantie erscheinen dahingehend unproblematisch.

132 Vgl *Armbrüster*, Privatversicherungsrecht[2] 136 Rn 455.

133 *Fenyves*, VersR 1991, 2; *Fenyves* in FS Migsch 75 f; abl auch *Mecenovic*, Herstellungs- bzw Lieferklausel 154; *Ertl*, ecolex 2003, 319; idS auch *Reisinger* in *Fenyves/Perner/Riedler*, VersVG (2020) § 152 Rz 8 mwN und *Rubin*, NZ 2016, 53 und 8 mwN; *Nickel* in *Kulmann/Pfister*, Produzentenhaftung VI 5; *Schlegelmilch*, Haftpflichtversicherung 11 ff; zur heute hA v. *Rintelen* in *Späte/Schimikowski*, AHB [2] Z 1 Rn 408 ff.

134 Vgl BGH 3. 3. 1966, II ZR 44/93, *Celle*, VersR 1966, 434.

135 Im älteren Schrifttum ist dahingegen etwa noch zu lesen, dass es niemals Aufgabe des Versicherers sein könne, das Unternehmerrisiko zu tragen; s *Brockmann*, VersR 1955, 373.

136 Insb auch *Fenyves* in FS Migsch 75 Fn 4 und *Jabornegg*, VR 1991, 228.

137 *Fenyves* in FS Migsch 75 Fn 4.

„Gewinngarantie" ein wirtschaftlicher Zweck der AHVB steht, der im Einzelfall zur Begründung konkreter Ausschlüsse einzelner Risiken dienen kann.

Die hinter dem Unternehmerrisiko stehenden Argumente der „Pfuscharbeit" und „Gewinngarantie" sind aber auch dort nicht stichhaltig genug,[138] um für sich allein als Begründung für eine punktuelle Begrenzung geführt werden zu können.

Dazu ist – neben den zutreffenden marktwirtschaftlichen Gesichtspunkten – ebenfalls zu berücksichtigen, dass wegen derartiger verhaltensabhängiger Bedenken eigens gesetzliche Regulative geschaffen wurden.[139] Für die Haftpflichtversicherung ist insb an § 152 VersVG zu denken, wonach der Versicherer leistungsfrei ist, wenn der VN „vorsätzlich den Eintritt der Tatsache, für die er dem Dritten verantwortlich ist, widerrechtlich herbeigeführt hat."[140] Reduziert der VN seine Sorgsamkeit schon vor Abschluss des Versicherungsvertrags, greifen etwa die §§ 16 VersVG korrigierend ein.[141] Ein solcher Ausschluss auf Ebene der AHVB ist daher auch nicht geboten.

Mit *Haidinger* lässt sich zudem festhalten, dass die „abzuwendende Gefahr" bei der Versicherung von „Pfuscharbeit" und der Abgabe einer „Gewinngarantie" überhaupt nur beim Ersatz von Schäden „außerhalb des Vertrags" besteht.[142] Das Problem der Versicherbarkeit von „Pfuscharbeit" und des „Leistungsrisikos" stellt sich also dann schon nicht, wenn es um die Versicherung für einen Ersatzanspruch geht, der einen Nachteil betrifft, der außerhalb der versprochenen Leistung liegt. Nach zivilrechtlicher Terminologie betrifft das „Unternehmerrisiko" und die dahinterstehenden Begründungen Mangelfolgeschäden damit schon grundsätzlich nicht. Ein Ausschluss ließe sich damit, wenn, dann überhaupt nur für die Verantwortung für die vertraglich versprochene Leistung begründen. Das ist für die im Folgenden vorzunehmende Auslegung der primären Risikoumschreibung im Hinterkopf zu behalten.

Dass die Zweifel an der Tauglichkeit all dieser schlagwortartigen und verallgemeinernden „Ausschlussversuche" berechtigt sind, bestätigt sich auch damit, dass diejenigen, die solchen eine Bedeutung beimessen wollen, den Begriffen immer erst über die Auslegung der Vertragsbedingungen einen konkreten Inhalt geben können. Erst im Anschluss an die Auslegung wird pauschaliert von Ausschlüssen des Leistungsrisikos oder ähnlichem gesprochen.[143]

---

138 Vgl *Fenyves* in FS Migsch 75 mwN zur deutschen und österreichischen L.
139 Etwa die §§ 6 ff, 16 ff, 23 ff, 61 und 152 VersVG.
140 Vgl dazu auch schon *Armbrust*, VersR 1988, 1005 und BGH 3. 3. 1966, II ZR 44/93, *Celle*, VersR 1966, 434.
141 Ausf bei *Gusenleitner*, Die vorvertragliche Anzeigepflicht 1 ff.
142 Vgl *Haidinger* in Festgabe Prölss 137 und Motive 206 f. Eine solche Gefahr soll den Motiven zufolge „der Natur" der Haftpflichtversicherung nach „so gut wie ausgeschlossen" sein. Dabei hatte man aber vordergründig Verbindlichkeiten wegen Körperverletzungen ua vor Augen.
143 Dazu übersichtlich zum Meinungsstand in Deutschland bis 1989 bei *Nickel*, VersR 1989, 875.

4. Zwischenfazit

Ein allgemeiner Grundsatz des unversicherbaren, oder nicht versicherten, Unternehmerrisikos hat sich als gleichermaßen unbestimmt, wie unzutreffend herausgestellt.

Angesichts der Unbestimmtheit des Begriffs kann auf diesen aufbauend auch kein allgemeiner Grundsatz einer Unversicherbarkeit folgen. Was genau soll nämlich nicht versicherbar sein, wenn schon nicht begreifbar ist, was der Begriff des Unternehmerrisikos bedeutet? Mit *Jabornegg* ist daher zusammenfassend für die Betriebshaftpflichtversicherung festzuhalten, dass es gerade Sinn und Zweck der allgemeinen Betriebshaftpflichtversicherung ist, das aus der betrieblichen Tätigkeit resultierende Haftungsrisiko – das Unternehmerrisiko – abzusichern (§ 151 VersVG).[144]

Mit *Mecenovic*[145] ist weiter davon auszugehen, dass das Unternehmerrisiko nicht mehr als eine Begriffshülse ist, der erst durch Auslegung der Bedingungen ein Inhalt gegeben werden muss.[146] Der Grundsatz des Unternehmerrisikos und sein Gehalt, können dabei im besten Fall zum Verständnis der Bedingungen beitragen, aber nicht als Auslegungsmittel dienen, über das den Bedingungen ein weiterer Inhalt gegeben werden kann.[147]

Dabei hat sich gezeigt, dass die hinter dem Unternehmerrisiko stehenden Argumente des „Leistungsrisikos" und der „Pfuscharbeit", von Vornherein begrenzt sind. Sie treffen, wenn, dann überhaupt nur auf den Ausschluss der Verantwortung des VN für sein vertragliches Versprechen zu.

Der Ersatz von Nachteilen, die außerhalb der versprochenen Leistung liegen (Mangelfolgeschäden), ist daher grundsätzlich nicht betroffen. Die Argumente der „Pfuscharbeit" und „Gewinngarantie" greifen nur dort, wo der VN dem Geschädigten für einen Nachteil verantwortlich ist, der im Ausbleiben der versprochenen Leistung selbst liegt.

Mit diesem Wissen kann im nächsten Schritt die primäre Risikoumschreibung der AHVB untersucht werden. Dort stellt sich zunächst erneut die Frage, wie die zivilrechtlich geprägten Begriffe der „Schadenersatzpflicht" und „Haftpflichtbestimmung" (Art 1.2.1.1) im (haftpflicht)versicherungsrechtlichen Kontext der AHVB zu verstehen sind. Sie müssen einer Auslegung unterzogen werden.

---

144 *Jabornegg*, VR 1991, 228; idS auch *Wussow*, AHB[8] § 4 Anm 49.

145 *Mecenovic*, Herstellungs- bzw Lieferklausel 154 mwN; vgl auch *Rubin*, NZ 2016, 53.

146 Krit zum Unternehmerrisiko auch *Ertl*, ecolex 2003, 319; *Ertl*, ecolex 2013, 982 (983).

147 *Fenyves*, VersR 1991, 2; aA etwa *Diederichsen*, VersR 1971, 1088.

C. Primäre Risikoumschreibung (Art 1.2.1.1)

Nach der primären Risikoumschreibung der AHVB (Art 1.2.1.) übernimmt der Versicherer im Versicherungsfall „die Erfüllung von **Schadenersatzverpflichtungen**, die dem Versicherungsnehmer wegen eines Personenschadens, eines Sachschadens oder eines Vermögensschadens, der auf einen versicherten Personen- oder Sachschaden zurückzuführen ist, **aufgrund gesetzlicher Haftpflichtbestimmungen** privatrechtlichen Inhalts erwachsen (in der Folge kurz „Schadenersatzverpflichtungen" genannt)."[148]

Der Begriff der „Schadenersatzverpflichtungen auf Grund gesetzlicher Haftpflichtbestimmungen" bereitet dabei seit knapp 100 Jahren Auslegungsschwierigkeiten und Diskussionen. Bereits 1927 hat *P. Kramer* seinen Unmut über die ungenaue Beschreibung des § 1 AHB[149] geäußert.[150]

Historisch betrachtet lässt sich hinter der ungenauen Beschreibung aber eine gewisse Absicht erkennen; sie war als eine Art Generalklausel gedacht.[151] Die Suche nach einer allgemein gültigen Aussage über den Umfang des Begriffs der Schadenersatzverpflichtung kraft gesetzlicher Haftpflichtbestimmungen gestaltet sich deshalb als besonders schwierig.[152]

Es soll dennoch zunächst versucht werden, den primären Risikoumfang im Allgemeinen zu umreißen, um im Anschluss daran die zu untersuchenden Haftungsrisiken aus der Schlechterfüllung im Einzelfall anhand der „Generalklausel" untersuchen zu können. Dass die nähere Auseinandersetzung mit der primären Risikoumschreibung lohnend ist, wird sich auch an späterer Stelle, bei der Auslegung der einschlägigen Risikoausschlüsse (Art 7.1.1 und Art 7.1.3), noch zeigen.

Das in Art 1.2.1.1 verwendete Begriffspaar der Schadenersatzverpflichtung kraft gesetzlicher Haftpflichtbestimmungen wird dazu im Folgenden in zwei Teilen, getrennt voneinander untersucht.

1. Gesetzliche Haftpflichtbestimmungen

a) Parallele zu § 149 VersVG

Der erste zu untersuchende Teil („gesetzliche Haftpflichtbestimmungen") lässt bereits dem Wortlaut nach eine Parallele zur gesetzlichen Bezeichnung der „Haftpflichtversicherung" und § 149 VersVG erkennen.

Übereinstimmend zur Kritik am Begriff der „Haftpflicht" zu § 149 VersVG als zu farblos,[153] bezeichnet auch *Wahle* den in Art 1.2.1.1 verwendeten Begriff der

---

148 Hervorhebungen durch den Autor.
149 Inhaltlich vergleichbar mit Art 1.2.1.1 AHVB.
150 *P. Kramer*, JRPV 1927, 104 (104); krit auch *Wunderlich*, Deckungsumfang 18.
151 *Grunow*, Deckung vertraglicher Erfüllungs- und Surrogatansprüche 8 mwN.
152 Vgl etwa *Fenyves*, ZAS 1986, 4 ff.
153 *Grunow*, Deckung vertraglicher Erfüllungs- und Surrogatansprüche 10 mwN.

gesetzlichen Haftpflichtbestimmungen als generell zu ungenau, um daraus sicher etwas ableiten zu können.[154] *Johannsen* spricht ebenso skeptisch von einem Begriff, der *„Anreiz zu interessanten Begriffsspekulationen geben kann.*"[155]

Ebenso parallel zu § 149 VersVG verläuft die Ansicht, dass der Begriff „Haftpflichtbestimmung" wiederum als Synonym zu „Schadenersatzpflicht" zu verstehen ist. Das Problem spitzt sich also erneut – wie schon zu § 149 VersVG – auf den Begriff der „Schadenersatzverpflichtung" zu.[156]

In beiden Fällen kommt allein dem Wortlaut des Begriffs „Haftpflichtbestimmung" damit auch in den Bedingungen keine eigenständige Bedeutung zu, anhand derer eine Eingrenzung der versicherten Risiken vorgenommen werden könnte. Man erkennt ihn auch in den Bedingungen entweder als zu unbestimmt an, oder setzt ihn mit dem Begriff der Schadenersatzverpflichtung gleich.

Bei einem Vergleich mit der Spartenbezeichnung der „Haftpflichtversicherung" lässt sich aber ein Unterschied feststellen: Die Versicherungsbedingungen stellen zusätzlich darauf ab, dass es sich um **gesetzliche** Haftpflichtbestimmungen handeln muss. Darauf ist im Folgenden – bevor sich dem zentralen Begriff der Schadenersatzverpflichtung gewidmet wird – einzugehen.

b) Deliktische und vertragliche Pflichtverletzungen

Art 1.2.1.1 spricht von „gesetzlicher" Haftpflicht, weshalb es längere Zeit umstritten war, ob die Deckung auf deliktische Haftungsansprüche begrenzt sein soll. Das könnte zu einer ersten Eingrenzung im Vergleich zum festgestellten gesetzlichen Umfang nach § 149 VersVG führen. Gegen die Deckung von Schadenersatzansprüchen wegen vertraglicher Pflichtverletzungen wurde dabei vorgebracht, dass sich die Verantwortung eben aus dem „Vertrag" und nicht aus dem „Gesetz" ergeben würde.[157]

Der Eingrenzungsversuch auf deliktische Haftungen ist mit dem Bedarf einer Ärztehaftpflicht und einer Haftpflicht für andere Risikoberufsgruppen aber schnell verblasst.[158] Dem praktischen Anwendungsfeld der allgemeinen Haft-

---

154 *Wahle*, ZVersWiss 1968, 327 (359f).
155 *Johannsen* in *Bruck/Möller*, VVG[8] IV G 58, 320.
156 *Fenyves*, ZAS 1986, 4ff, mit einer Übersicht zur österreichischen und deutschen L und Rsp; *Eichler*, Versicherungsrecht[2] 397 will die Begriffe der „Schadenersatzpflicht" und der „gesetzlichen Haftpflichtbestimmung" in den Bedingungen ebenfalls synonym verwenden. Das lässt sich in Einklang mit seiner Stellungnahme zu § 149 VersVG bringen. Danach käme es entscheidend auf den Begriff der Verantwortung und nicht auf den Begriff der Haftpflicht an, weshalb trotz synonymer Verwendung der Begriffe in § 149 VersVG keine Einschränkung auf Schadenersatzverpflichtungen vorgenommen wird.
157 Zivilrechtlich ist heute unbestritten, dass auch solche Ansprüche gesetzliche Schuldverhältnisse sind (§ 1295 Abs 1 S 2 Fall 1 ABGB).
158 Zur Entwicklung der Haftpflichtversicherung vgl Motive 200f; ausgehend von Verbindlichkeiten wegen Körperverletzungen und Tötungen, hat sich die Haftpflicht-

pflichtversicherung wäre damit nämlich ein Großteil genommen, weshalb in der Folge auch nicht mehr bestritten wurde, dass auch für vertragliche Schadenersatzansprüche Deckung bestehen müsse.[159]

Nach heute hA[160] kann sich die Pflichtverletzung daher sowohl aus einem Verstoß gegen vertragliche als auch gegen außervertragliche Pflichten ergeben.[161] In Frage kommen damit alle privatrechtlichen Bestimmungen, die Haftungsgrundlage sein können.[162]

Aus dem Wortlaut *„gesetzlicher Haftpflichtbestimmungen"* und auch aus dem Gesetz ergebe sich nur, dass Grundlage der Haftung nie ein Vertrag sein könne.[163] Sowohl außervertragliche Schädigungen als auch solche, die sich aus Vertragsverletzungen ergeben, finden ihre Grundlage aber ohnehin im Gesetz.[164]

Als gesetzliche Haftpflichttatbestände werden deshalb alle schadenersatzrechtlichen Vorschriften nach §§ 1293 ff ABGB, nachbarrechtliche Ausgleichsansprüche gem §§ 364 a und b ABGB, Verwendungsansprüche nach §§ 1041 f ABGB, sondergesetzliche Gefährdungshaftungen (etwa EKHG und PHG) und Fälle der positiven Vertragsverletzung verstanden.[165]

Daneben ist unstrittig, dass Erfüllungsansprüche als gesetzliche Haftpflichtbestimmungen ausscheiden, weil sich die Verpflichtung zur Leistung dort aus dem Vertrag ergibt.[166] Dafür bedarf es auf Ebene der Bedingungen aber an sich keiner gesonderten Begründung, weil vertragliche Erfüllungsansprüche schon wie oben gezeigt an der Hürde des § 1 VersVG scheitern.[167]

---

versicherung über Risikogruppen wie Rechtsanwälte und Notare, denen aus ihrer Tätigkeit regelmäßig vertragliche Schadenersatzverbindlichkeiten erwachsen können, ausgebreitet.

159 *Hiestand*, Grundzüge der privaten Unfallversicherung 121; *Manes*, Die Haftpflichtversicherung 35; *Wunderlich*, Deckungsumfang 18 f; vgl auch *Böhm*, VersR 1955, 193 (193) und *Brockmann*, VersR 1955, 373.

160 Statt vieler *Fenyves*, ZAS 1986, 3 ff; *Büsken* in *Langheid/Wandt*, MüKo VVG II[2] Z 300 Rn 52; jeweils mwN.

161 Statt vieler *Mecenovic*, Herstellungs- bzw Lieferklausel 106 mwN; RIS-Justiz RS0117142, OGH 2. 9. 2015, 7 Ob 131/15 p; vgl in jüngerer Zeit aber *Graf von Westphalen*, NVersZ 2002, 241 (241); dagegen ausdrücklich *Lücke* in *Prölss/Martin*, VVG[31] AHB Z 1 Rn 7 f, mwN.

162 *Wahle*, ZVersWiss 1968, 359 f.

163 Vgl *Wahle*, ZVersWiss 1968, 360.

164 Statt vieler *Eichler*, Versicherungsrecht[2] 399 f und *Voit/Knappmann* in *Prölss/Martin*, VVG[27] AHB § 1 Rn 3 ff.

165 *Fuchs/Grigg/Schwarzinger/VVO*, AHVB/EHVB 2005, 132 f; *G. Kofler*, Haftpflichtversicherung 33 ff und 106 ff; *Maitz*, AHVB/EHVB 2005, 11 ff und 23 ff; *Ziegler*, Produktehaftpflichtdeckung 32 ff. Für Deutschland mwN *Lücke* in *Prölss/Martin*, VVG[31] AHB Z 1 Rn 6 ff; zum älteren Schrifttum insb auch *Wussow*, AHB[8] § 1 Anm 63 und *Kuwert*, Haftpflichtversicherung[4] Rn 1033 ff.

166 *Eichler*, Versicherungsrecht[2] 400 f; so auch schon *P. Kramer*, JRPV 1927, 105.

167 Kapitel II. B.

Eine allgemeine Kategorisierung allein anhand haftungsrechtlicher Ansprüche würde aber zu kurz greifen; es handelt sich nämlich wiederum um einen eigenständigen, versicherungsrechtlichen Begriff,[168] der einer eigenen Einteilung von Haftungsansprüchen, die dem Zivilrecht unbekannt ist, folgt.[169] Die Bezeichnung als „gesetzliche Haftpflichtbestimmungen" darf also nicht allein aus haftungsrechtlicher (zivilrechtlicher) Sicht beurteilt werden; es ist eine eigenständige, versicherungsvertragsrechtliche Begriffsbildung notwendig.[170] Zum Begriff der „gesetzlichen Haftpflichtbestimmung" gibt es zudem auch in der allgemeinen Rechtssprache kein allgemein gültiges Begriffsverständnis.

Was die Beurteilung des zu untersuchenden Gewährleistungsrisikos und der Schadenersatzpflicht bei mangelhafter Leistung (insb § 933a ABGB) betrifft, reicht es damit ebenso nicht aus, sie formal als „vertragliche Haftpflichtbestimmungen" auszuschließen,[171] weil sie damit eben keine „gesetzlichen Haftpflichtbestimmungen" wären.

Es muss daher weiter hinterfragt werden, was hinter der Eingrenzung auf gesetzliche Haftpflichtbestimmungen und dem Ausschluss vertraglicher Ansprüche auf Ebene der primären Risikoumschreibung der AHVB steht.

c) Vom Parteiwillen unabhängige Ansprüche

Der Ausschluss vertraglicher Ansprüche als „gesetzliche Haftpflichtbestimmungen" ist darauf zurückführen, dass nur Ersatzpflichten gedeckt sein sollen, die unabhängig vom Willen der Parteien an die Verwirklichung eines Tatbestandes eine Rechtsfolge anknüpfen.[172] Die Verantwortung auf Grund einer „gesetzlichen Haftpflichtbestimmung" soll also vom Parteiwillen losgelöst und damit der Parteiwillkür entzogen werden.[173] Der Versicherer soll das Risiko für willentlich eingegangene Verpflichtungen des VN nicht übernehmen wollen.[174]

---

168 Der sich in der damaligen Fassung in den hier wesentlichen Punkten noch mit Art 1 AHVB deckte.

169 *Thürmann* in *Schmidt-Salzer*, Produkthaftung² IV/1 Rn 8.057; vgl die heute hL *v. Rintelen* in *Späte/Schimikowski*, AHB² Z 1 Rn 262 ff, mwN und zur Einordnung wichtiger Anspruchsgrundlagen bei Rn 265 ff.

170 Etwa *Thürmann* in *Schmidt-Salzer*, Produkthaftung² IV/1 Rn 8.057.

171 Zumal gerade die Natur des Nacherfüllungsanspruchs auch haftungsrechtlich viel diskutiert wird.

172 Für Österreich erstmals *Reichert-Facilides/Vogelsberger*, VersRdsch 1979, 421 (421 ff) zur Frage der Deckung von nachbarrechtlichen Ausgleichsansprüchen gem § 364a ABGB.

173 Vgl zum deutschen Schrifttum: Haftpflichtbestimmungen sind unabhängig vom Willen der Parteien, Schadenersatzverpflichtung meint den Ausgleich eines Nachteils und sei nicht nur rechtlich zu verstehen; *Bader*, NJW 1956, 1904 (1904 ff); *Baumann* in *Honsell*, BK VVG § 149 Rn 49 ff; *Johannsen* in *Bruck/Möller*, VVG⁸ IV G 58 ff; *Koch* in *Bruck/Möller*, VVG⁹ IV AHB 2012 Z 1 Rn 34 ff; *Kuwert*, Haftpflichtversicherung⁴ Rn 1032 ff; *Lücke* in *Prölss/Martin*, VVG³¹ AHB Ziff 1 Rn 6; *Schmalzl*, VersR 1956, 270 (270); *Schulze Schwienhorst* in *Looschelders/Pohlmann*, VVG³ § 100 Rn 39 ff; *Späte*, AHB § 1 Rn 125 ff.

174 *Armbrüster*, Privatversicherungsrecht² Rn 1826.

Mecenovic umschreibt den Begriff der „gesetzlichen Haftpflichtbestimmungen" dahingehend als allgemein verbindliche, vom Parteiwillen unabhängige Normen. Über das Gesetz hinausgehende vertragliche Vereinbarungen, würden damit nicht unter den Begriff der „gesetzlichen Haftpflichtbestimmung" fallen.[175]

Das Ergebnis übernimmt in der Folge auch *Ziegler*: Gesetzliche Haftpflichtbestimmungen seien solche, die unabhängig vom Willen der Parteien Rechtsfolgen auslösen.[176] Die Grenze bilde der nach dem Gesetz geforderte Ersatz, vertragliche Erweiterungen seien nicht gedeckt (vgl Art 7.1.2).[177]

Ihrem Ursprung nach lassen sich die Begründungen insb auf Stellungnahmen in der deutschen Literatur zurückführen, die sich dort auch heute als hA wiederfinden.[178]

Eine zentrale und prägende Stellungnahme erging dabei von *Thürmann*, der unter gesetzlicher Haftpflicht nur das *„Einstehenmüssen für Schäden"*, nicht aber auch das *„Einstehenmüssen für die Erfüllung"* versteht. Soweit es nur um einen Ausgleich für das Ausbleiben der versprochenen Leistung gehe, liege keine gesetzliche Haftpflichtbestimmung vor. Das führt er wiederum auf den Grundgedanken zurück, dass der Versicherer nur zufällige Ereignisse absichern möchte. Die vertragliche Erfüllungspflicht sei kein Zufall, ebenso wenig Ersatzansprüche, mit denen die vertragliche Erfüllung verlangt werde.[179]

d) Stellungnahme

Dem Gedanken von *Thürmann* ist insoweit beizupflichten, als der vertragliche Erfüllungsanspruch grundsätzlich nicht versicherbar ist, weil es ihm an einer ausreichenden Ungewissheit fehlt. Dazu bedarf es aber wie schon oben festgestellt keiner Eingrenzung über den Begriff der gesetzlichen Haftpflichtbestimmung, weil sich diese Eingrenzung bereits aus § 1 VersVG (§ 2 dVVG) ergibt.

Die angeblich fehlende Ungewissheit ist damit ganz allgemein auf Ebene des primären Risikoumfangs falsch verortet. Dass etwa die Verantwortung aus der Gewährleistungs- und Schadenersatzpflicht bei mangelhafter Leistung kein Zufall sei, weshalb keine „gesetzlichen Haftpflichtbestimmungen" vorliegen würden, kann auf Ebene der primären Risikoumschreibung also nicht vorgebracht werden.[180]

---

175 *Mecenovic*, Herstellungs- bzw Lieferklausel 105 f, mwN zur deutschen L.

176 *Ziegler*, Produktehaftpflichtdeckung 32 f.

177 *Ziegler*, Produktehaftpflichtdeckung 36; zur vergleichbaren Z 7.3 AHB *Koch* in *Bruck/Möller*, VVG[9] IV AHB 2012 Z 7 Rn 63 mwN; zur Vorgängerregelung *Späte*, AHB § 4 Rn 1 mwN.

178 Statt vieler *Lücke* in *Prölss/Martin*, VVG[31] AHB Z 1 Rn 6 ff und *v. Rintelen* in *Späte/Schimikowski*, AHB[2] Z 1 Rn 254; jeweils mwN.

179 *Thürmann* in *Schmidt-Salzer*, Produkthaftung[2] IV/1 Rn 8.057; vgl auch *Littbarski* in *Langheid/Wandt*, MüKo VVG II[2] § 100 Rn 17 ff.

180 Zudem kann auf Ebene der primären Risikoumschreibung nichts anderes als zu § 1 VersVG gelten. Wie zum gesetzlichen Umfang festgestellt, ist das Einstehenmüssen

Die „fehlende Ungewissheit" kann damit auf Ebene der primären Risikoumschreibung zu keiner weiteren Einschränkung des Umfangs der (Betriebs)Haftpflichtversicherung – über § 1 VersVG hinaus – führen. Warum soll es für Art 1.2.1.1 aber dann darauf ankommen, dass die Verantwortung dem Parteiwillen entzogen werden muss?

An dieser Stelle gelangt man erneut zu den bereits bekannten – beim Unternehmerrisiko angesprochenen – Argumenten der „Gewinngarantie" und dem Schutz vor „Pfuscharbeit".[181]

Die Haftungsrisiken müssten dem Parteiwillen entzogen werden, um zu verhindern, dass sich der VN darauf ausruhen könnte, dass ihm der Versicherer in allen Fällen die Wirtschaftlichkeit seiner Geschäfte absichert. Am Beispiel der Nacherfüllung würde dies bedeuten, dass der Versicherer bspw den Mehraufwand zur Nacherfüllung übernimmt, oder dem VN bei Preisminderung und Wandlung das zurückzuzahlende Entgelt ersetzt. Dadurch könnte der VN geneigt sein, seine Verträge mit verminderter Sorgfalt zu erfüllen.[182]

Dass diese Begründungslinie nicht stichhaltig ist, wurde bereits bei der Aufarbeitung des Unternehmerrisikos aufgezeigt. Ein Unternehmer wird bereits aus marktökonomischen Gründen danach trachten, seine Verträge möglichst zur Zufriedenheit seiner Kunden zu erfüllen.[183]

An dieser Stelle zeigt sich auch noch eine weitere Schwäche des „Unternehmerrisikos" als Ausschlussargument: Die dahinterstehende Begründung zielt im Ergebnis nämlich auf eine Verhaltenssteuerung des VN ab. Beim Begriff der „gesetzlichen Haftpflichtbestimmungen" handelt es sich aber um einen objektiven Teil der Risikobegrenzung, die den Zweck verfolgt, ein kalkulierbares Standardrisiko des Versicherers zu bestimmen.[184] Die objektive Risikoumschreibung taugt also grundsätzlich nicht zur Verhaltenssteuerung des VN.

Eine dahingehende Einschränkung des versicherten Risikos könnte deshalb nur unter dem Argument der Generalprävention begründet werden. Der Natur der

---

für eine Leistung" freilich gewiss. Eine solche Gewissheit besteht aber auch für einen Schadenersatzanspruch eines Begleitschadens (zB Sachschaden). Wäre dessen Deckung ebenso ausgenommen, würde der Betriebshaftpflichtversicherung aber zur Gänze ihr Anwendungsbereich entzogen werden. Die Gewährleistungs- und Schadenersatzpflicht bei mangelhafter Leistung ist daher auch auf Ebene der Bedingungen als eine zufällige und im Sinne der versicherungsrechtlichen Terminologie ungewisse einzuordnen.

181 Vgl etwa *Wandt*, Versicherungsrecht[6] Rn 1064, der den Ausschluss der Pfuscharbeit als Motiv des Erfüllungsausschlusses bezeichnet. Der Erfüllungsausschluss wird dabei zugleich als bloß deklarativer Ausschluss beschrieben, was ein Beleg für die enge Verbindung zur primären Risikoumschreibung ist.

182 Zu diesen Argumenten ausf in Kapitel III.B.

183 Kapitel III.B.

184 Dazu ebenso schon in Kapitel III.B; zu den AVB auch *Wandt*, Versicherungsrecht[6] Rn 1060f.

Sache wäre es dann aber geschuldet, dass es bei verschuldensunabhängigen Ersatzpflichten (bspw Gewährleistungspflicht) zu unbilligen Ergebnissen kommen kann. Der VN wird nämlich alles getan und an Vermögen aufgewendet haben, sodass jeder Aufwand zur Erfüllung seiner Gewährleistungspflicht – der Mehraufwand zur Nacherfüllung oder die (teilweise) Rückzahlung des Entgelts – zu einem echten Verlust und nicht bloß zu einer Gewinngarantie für ihn wird. Gerade der schuldhaft handelnde VN könnte sich aber darauf berufen, dass der gegen ihn gerichtete Schadenersatzanspruch doch kein vom Parteiwillen abhängiger wäre.[185] Es würde sich dabei eben klar um einen „gesetzlichen Haftpflichtanspruch" und keinen vertraglichen Erfüllungsanspruch handeln. Der schuldhaft schlecht erfüllende VN wäre dann aber sachlich nicht nachvollziehbar bessergestellt. Das steht im Gegensatz zu dem Argument der Verhaltenssteuerung.

Das Ziel der Generalprävention – die Vermeidung von „Pfuscharbeit" – ist daher zielsicherer auf einem anderen Weg zu realisieren. Es kann auf Instrumente wie subjektive Risikoausschlüsse, oder vertragliche und gesetzliche Obliegenheiten, bei deren Verletzung dem VN die Leistungsfreiheit des Versicherers droht, zurückgegriffen werden. Sie führen zum einen zu sachgerechten Lösungen im Einzelfall und dienen gleichermaßen wie die objektive Risikoumschreibung einer versicherungstechnisch ordentlichen Prämienkalkulation.[186]

Es soll aber dennoch nicht geleugnet werden, dass der Ausschluss vertraglicher Verpflichtungen zur objektiven Begrenzung des übernommenen Risikos ein grundsätzlich legitimer Ansatz ist.[187] Führt man ihn mit zwei weiteren, in der bisherigen Untersuchung bereits gewonnen Gedanken zusammen, lassen sich auch erste Konturen für den Umfang der primären Risikoumschreibung zeichnen: Das betrifft zum einen die – bei der Untersuchung des Unternehmerrisikos gewonnene – Erkenntnis, dass es für die Betriebshaftpflichtversicherung von Bedeutung ist, ob Ersatz für einen Nachteil der innerhalb oder außerhalb der geschuldeten Leistung liegt, verlangt wird. Bei außerhalb der versprochenen Leistung liegenden Nachteilen greift die „ordnungspolitische Schranke" der Begrenzung des übernommenen Unternehmerrisikos nämlich erst gar nicht ein. Das passt wiederum mit dem Ansatz zusammen, dass die versicherte „Verantwortung" des VN dessen Parteiwillkür entzogen werden soll. Die Argumente gegen die Versicherbarkeit des „Unternehmerrisikos" gehen allesamt gerade in diese Richtung. Dahingehend spricht eben auch *Thürmann* vom versicherten *„Einstehenmüssen für Schäden"*, im Gegensatz zum nicht versicherten *„Einstehenmüssen für die Erfüllung"*.

---

185 Das zeigt auch wiederum deutlich, dass eine Abgrenzung nach Anspruchsgrundlagen nicht zielführend ist; dazu weiter unten noch näher.
186 Zur Prämienkalkulation im Allgemeinen statt vieler *Armbrüster*, Privatversicherungsrecht² Rn 291.
187 Vgl auch *Wandt*, Versicherungsrecht⁶ Rn 1061.

e) Zwischenfazit

Zusammen mit der gesicherten Erkenntnis zum Begriff der gesetzlichen Haftpflichtbestimmung, dass es für die Deckung grundsätzlich nicht auf die formale Anspruchsgrundlage und zivilrechtliche Einteilung der Ansprüche ankommen kann, ergibt sich, dass „gesetzliche Haftpflichtbestimmungen" all jene (Teile) von Ersatzansprüchen, mit denen der Ausgleich eines Nachteils verlangt wird, der das vertragliche Versprechen betrifft, vom primären Deckungsumfang ausschließen möchte. Es ist also für die Deckung auf den Nachteil beim Geschädigten abzustellen und zu fragen, ob der VN einem anderen für einen Nachteil verantwortlich ist, der außerhalb (Deckung), oder innerhalb (keine Deckung) der vertraglich versprochenen Leistung liegt.

Dieser Ansatz ist bei der folgenden Untersuchung des Begriffs der Schadenersatzverpflichtung weiter zu verfolgen, wenngleich auch strittig ist, ob dem Begriff der „gesetzlichen Haftpflichtbestimmung" überhaupt eine eigenständige Bedeutung beigemessen werden kann. Die einen bezeichnen ihn als zentralen Begriff der Haftpflichtversicherung.[188] Die anderen möchten ihm keine selbstständige Bedeutung zumessen und zu einer Ab- und Eingrenzung erst über den Begriff der „Schadenersatzverpflichtung" gelangen.[189]

Um ein verlässliches Gesamtbild zeichnen zu können, ist es daher jedenfalls notwendig, den Begriff der „gesetzlichen Haftpflichtbestimmung" mit dem der „Schadenersatzverpflichtung" zusammenzulesen.[190]

2. Schadenersatzverpflichtungen

Der Begriff der Schadenersatzverpflichtung wird – anders als die Bezeichnung „Haftpflicht(bestimmung)" – ausdrücklich erstmals auf Ebene der primären Risikoumschreibung verwendet. Er ist jedenfalls enger als der in § 149 VersVG gewählte („Verantwortlichkeit") gefasst.[191]

a) Wortlaut

Der Begriff der Schadenersatzverpflichtung ist wiederum ein Rechtsbegriff, der insb aus dem Haftungsrecht bekannt ist. Er ist dementsprechend zunächst seinem Wortlaut nach, entsprechend seiner allgemeinen Bedeutung in der Rechtssprache, auszulegen.[192]

Mit dem BGH kann dabei festgestellt werden, dass der Begriff der „Schadenersatzverpflichtung" „*in der Rechtsprache (...) in seinen Konturen [nicht] eindeu-*

---

188 *Thürmann* in *Schmidt-Salzer*, Produkthaftung[2] IV/1 Rn 8.057 mwN.
189 *Johannsen* in *Bruck/Möller*, VVG[8] IV G 58, 320; *Fenyves*, ZAS 1986, 4 ff.
190 Vgl auch *Späte*, AHB § 1 Rn 127.
191 Siehe Kapitel III.A und statt vieler *Späte*, AHB § 1 Rn 125 ff; *v. Rintelen* in *Späte/Schimikowski*, AHB[2] Z 1 Rn 253 ff.
192 RIS-Justiz RS0123773, OGH 18. 9. 2019, 7 Ob 81/19s; s auch zum „Schadenersatz wegen Nichterfüllung" *Gisch/Reisinger*, Versicherungsvertragsrecht 96 mwN.

tig" eingeordnet werden kann, weshalb *„ein Rückgriff auf die Rechtsprache alleine [auch] nicht zur Klärung, was in den Bedingungen (...) unter dem Ausdruck Schadenersatz zu verstehen ist"*, führen kann.[193]

Im neueren Schrifttum wird der Begriff deshalb auch als versicherungsvertragsrechtlicher terminus technicus bezeichnet. Da es sich um einen eigenen versicherungsvertragsrechtlichen Begriff handle, dürfe er nicht allein durch die zivilrechtliche Brille betrachtet werden.[194]

Nach dem versicherungsvertragsrechtlichen Begriffsverständnis soll alles Schadenersatzpflicht sein, das wirtschaftlich gedacht den Ausgleich eines Nachteils beim Dritten verfolgt.[195] Die rechtstheoretische Einordnung eines Nachteils wäre deshalb gerade nicht von Bedeutung.[196]

Für die Deckung soll es deshalb auch unerheblich sein, ob *„der erhobene Anspruch formal als Schadenersatzanspruch"* bezeichnet werden kann.[197] *„Die Abgrenzung erfolgt also nicht nach zivilrechtlichen Anspruchsgrundlagen, sondern nach dem materiellen Anspruchsinhalt."*[198] Die Bedingungen sollen den Haftpflichtversicherungsschutz dabei auf den materiellen Ausgleich eines Nachteils beschränken.[199]

Der materielle Nachteilsausgleich wäre dabei rein wirtschaftlich zu begreifen. Der VN würde einen Versicherungsschutz immer dann erwarten, wenn er zum Ausgleich einer Beeinträchtigung – also zur Wiederherstellung – verpflichtet werde.[200]

Das versicherungsrechtliche Begriffsverständnis ist damit freilich sehr weit und breiter als der zuvor beschriebene Rechtsbegriff der Schadenersatzpflicht, so-

---

193 BGH 8. 12. 1999, IV ZR 40/99 VersR 2000, 311.
194 Vgl dazu insb *Thürmann* in *Schmidt-Salzer*, Produkthaftung² IV/1 Rn 8.057 und zur heute hL in DE *v. Rintelen* in *Späte/Schimikowski*, AHB² Z 1 Rn 262 ff, mwN, dort auch zur Einordnung wichtiger Anspruchsgrundlagen bei Rn 265 ff.
195 Statt vieler *Koch* in *Bruck/Möller*, VVG⁹ IV AHB 2012 Z 1 Rn 37 mwN zur deutschen Rsp und bei Rn 39 ff
196 Statt vieler *v. Rintelen* in *Späte/Schimikowski*, AHB² Z 1 Rn 263 f: *„Ob es sich rechtstechnisch um Schadenersatz oder eine andere Form der Naturalrestitution oder Kompensation handelt, ist demgegenüber nicht entscheidend. Es reicht aus, dass der Ersatz eines Schadens im materiellen Sinne gefordert wird."*
197 *Späte*, AHB § 1 Rn 127 mwN.
198 Schon *Johannsen* in *Bruck/Möller*, VVG⁸ VI, G 58; heute *v. Rintelen* in *Späte/Schimikowski*, AHB² Z 1 Rn 264.
199 *Späte*, AHB § 1 Rn 127 f, mit zahlreichen Nachweisen zum älteren Schrifttum; s auch *Böhm*, VersR 1954, 265 (265); *Johannsen* in *Bruck/Möller*, VVG⁸ IV, G 58 und G 59, 320 ff; *Littbarski*, Haftungs- und Versicherungsrecht, Rn 369 ff; *Schmalzl*, VersR 1956, 270 ff; *Wunderlich*, Deckungsumfang 22 ff; so auch die heute hA *v. Rintelen* in *Späte/Schimikowski*, AHB² Z 1 Rn 253 ff, mit einer Übersicht zum Meinungsstand im deutschen Schrifttum.
200 BGH 8. 12. 1999, IV ZR 40/99 VersR 2000, 311.

dass es auch hier schwerfällt, allein anhand des Wortlautverständnisses eine weitergehende Eingrenzung vorzunehmen.[201]

Es fällt aber an dieser Stelle in Zusammenschau mit dem Begriff der „gesetzlichen Haftpflichtbestimmung" auf, dass dem Wortlaut nach auf den Ausgleich eines materiellen Nachteils beim Geschädigten abzustellen ist. Die Abgrenzung der Deckung soll also einerseits – wie schon zum Begriff der gesetzlichen Haftpflichtbestimmung festgestellt – nicht nach formalen Anspruchsgrundlagen erfolgen. Andererseits ist für die Abgrenzung auf den Nachteil abzustellen, der im Vermögen des Geschädigten eintritt.

Damit führt die wörtliche Interpretation des Begriffs der Schadenersatzverpflichtung aber zu keiner weiteren Eingrenzung.[202] Es bedarf systematischer und teleologischer Argumente, weil allein mit der Definition, dass „alles „Schadenersatz" sei, was den Ausgleich von Schaden bezweckt" nichts gewonnen ist.[203] IdS spricht auch der BGH dem Sinnzusammenhang und Zweck der Klausel eine wesentliche Bedeutung zu.[204]

Bei einer solchen notwendigen, eigenständigen Aufarbeitung zum Begriff der Schadenersatzverpflichtung über den Wortlaut hinaus,[205] ist ein vom Wortlaut abweichendes Ergebnis bei Bedarf insb über eine teleologische Interpretation methodisch zu korrigieren.[206]

b) Teleologische Interpretation

Für die teleologische Interpretation ist im Besonderen zu berücksichtigen, dass eine Orientierung am erkennbaren versicherungstechnischen Zweck zu erfolgen hat.[207] Im Folgenden werden dahingehend zunächst die zentralen, von L und Rsp herausgearbeiteten Argumente zum wirtschaftlichen Zweck des Art 1.2.1.1 (§ 1 dAHB) untersucht.

aa) Fehlende Ungewissheit und Planlücke

Zum Begriff der Schadenersatzverpflichtung findet sich parallel zu dem der „gesetzlichen Haftpflichtbestimmungen" der Stehsatz, dass „das Bewirken der vertraglich versprochenen Leistung" ausgeschlossen sein soll.[208] Das gelte für Vertragserfüllungs- und Gewährleistungsansprüche gleichermaßen, weil „[d]as Vertragserfüllungsrisiko nicht ungewi[ss] und deshalb nicht versicherbar" sei.[209]

---

201 Vgl auch *v. Rintelen* in *Späte/Schimikowski*, AHB[2] Z 1 Rn 264.
202 *Fenyves*, ZAS 1986, 5 ff, mwN zum Meinungsstand bis 1986.
203 Vgl auch OGH 19. 10. 1989, 7 Ob 37/89.
204 BGH 8. 12. 1999, IV ZR 40/99 VersR 2000, 311.
205 Schon *Fenyves*, ZAS 1986, 5.
206 *Fenyves* in *Fenyves/Perner/Riedler*, VersVG (2020) Vor § 1 Rz 33 ff, mwN.
207 *Fenyves* in *Fenyves/Perner/Riedler*, VersVG (2020) Vor § 1 Rz 38 mwN.
208 Vgl *Eichler*, Versicherungsrecht[2] 400.
209 *Späte*, AHB § 1 Rn 152 mwN; *Späte* krit dazu, AHB § 1 Rn 216 ff; von einer ausreichenden Gewissheit schreibt auch *Mecenovic*, Herstellungs- bzw Lieferklausel 107 mwN zur deutschen und österreichischen L.

Das ist für den primäre Erfüllungsanspruch zutreffend. Für die Gewährleistung kann dem in dieser Allgemeinheit aus Sicht des gesetzlichen Umfangs nicht zugestimmt werden. Das Gewährleistungsrisiko ist jedenfalls ungewiss (§ 1 VersVG) und nach §§ 149, 151 VersVG grundsätzlich ein in der Haftpflichtversicherung versicherbares betriebliches (unternehmerisches) Risiko.[210]

In eine ähnliche Kerbe schlägt *Grunow*, die auch konkret zur Gewährleistungspflicht Stellung nimmt und diese mit dem Argument ausschließt, dass der VN durch den Mehraufwand keinen Schaden erleiden würde, weshalb es sich schon um keine Schadenersatzpflicht iSd primären Risikoumschreibung handeln würde. Das ergebe sich daraus, dass man die Kalkulation des VN global betrachten – die Überlegung also auf das gesamte unternehmerische Handeln erstrecken müsse – und nicht nur auf die eine mangelhafte Leistung des Unternehmers abstellen dürfe. Der VN würde dann aber für die Erbringung einer mangelfreien Leistung eine Gegenleistung erhalten, die einen abzusichernden Schaden in seinem Vermögen verhindere.[211]

Damit wird im Ergebnis also ganz allgemein auf einen „Schaden" des VN und nicht auf einen Schaden beim Dritten abgestellt, womit angesprochen sein könnte, dass beim VN schon keine zu deckende Planlücke bestehen und damit wiederum keine Versicherung iSd § 1 VersVG vorliegen würde.

Dass die Gewährleistungspflicht zu einer ausreichenden Bedarfssituation und Planlücke führt, kann aber nicht in Abrede gestellt werden; die Gewährleistungspflicht ist – wie bereits zu §§ 1 und 149, 151 VersVG festgestellt – ein gesetzlich anerkanntes Haftpflichtrisiko.[212]

Die beiden Argumente (fehlende Ungewissheit und Planlücke) sind zudem auf gesetzlicher Ebene angesiedelt.[213] Sie führen daher bei der Suche nach dem allgemeinen wirtschaftlichen Zweck des Art 1.2.1.1 auf vertraglicher Ebene nicht weiter.

bb) Eigenschaden

Ebenso auf gesetzlicher Ebene liegt das Argument, dass die (nachträgliche) Vertragserfüllung nur zu einem rechtlichen Eigenschaden führen soll, der in der Haftpflichtversicherung ausgeschlossen wäre.

Das ist in dieser Allgemeinheit schon deshalb abzulehnen, weil es für die Haftpflichtversicherung nur darauf ankommt, ob der „Schaden" des VN – also die Belastung seines Passivums – auf einen gegen ihn erhobenen Anspruch zurückzuführen ist.[214] Solange dem VN eine abzusichernde Planlücke, auf Grund

---

210 Vgl Kapitel II.
211 *Grunow*, Deckung vertraglicher Erfüllungs- und Surrogatansprüche 32.
212 Vgl Kapitel II. und III.
213 Sie treffen dort schon nicht auf die Haftungsrisiken aus der Schlechterfüllung eines Vertrags zu.
214 *Fenyves*, VersR 1991, 6 und Fn 40.

der Verantwortung gegenüber einem Dritten, in dessen Vermögen entsteht,[215] liegt ein „Schaden" im Vermögen des VN vor,[216] gegen den die Haftpflichtversicherung Schutz bieten möchte. Das widerspricht auch nicht dem Wesen der Haftpflichtversicherung als Schadensversicherung.[217]

Dem Begriff der Schadenersatzverpflichtung kommt in den Bedingungen dahingehend also auch keine eingrenzende Funktion zu. Er dient nicht dazu, *„den Eigenschaden des VN vom Versicherungsschutz auszunehmen".*[218] Diese Eingrenzung erfolgt schon auf gesetzlicher Ebene (§ 149 VersVG).[219]

Das gilt auch für die Annahme, dass keine zu deckende Schadenersatzverpflichtung vorliegen würde, wenn der VN die Schadenbeseitigung in natura vornimmt.[220] Wird der VN von einem Dritten in Anspruch genommen, schuldet ihm der Versicherer primär die Befreiung seines Passivums von diesen Ansprüchen, indem er sie selbst befriedigt. Kommt der VN dem zuvor, indem er den Anspruch des Dritten selbst erfüllt, kann er für den dazu notwendigen Aufwand Geldersatz vom Versicherer verlangen, sofern es sich eben um einen gedeckten Anspruch handelt.[221]

Der Eigenschadengedanke[222] kann im Ergebnis also nur aus dem gesetzlichen Blickwinkel und nur im Einzelfall gegen eine Deckung sprechen, wenn etwa der VN einen Vermögensaufwand zur Befriedigung eines Anspruchs tätigt, zu dem er entweder nicht gesetzlich verpflichtet ist, oder für den keine Deckung nach den Versicherungsbedingungen besteht. Letzteres muss gerade geklärt werden.[223] Der in der primären Risikoumschreibung verwendete Begriff der Schadenersatzpflicht soll die gedeckte Verantwortung gerade abstecken. Die Gedanken zum Eigenschaden können zu dessen Auslegung im Ergebnis also

---

215 Vgl Kapitel III.
216 Vgl *Eiselt/Trapp*, NJW 1984, 899 (902 ff) und weiter oben.
217 Vgl aber *Littbarski*, Haftungs- und Versicherungsrecht, Rn 375; *Littbarski*, AHB § 1 Rn 37; dagegen krit auch *Späte*, AHB § 1 Rn 219 und Rn 222.
218 So aber *v. Rintelen* in *Späte/Schimikowski*, AHB[2] Z 1 Rn 262.
219 Vgl Kapitel III.A. und statt vieler *Fenyves*, VersR 1991, 6.
220 Vgl bei *Späte*, AHB § 1 Rn 219.
221 *Reisinger* in *Fenyves/Perner/Riedler*, VersVG (2020) § 149 Rz 1 ff.
222 Gemeint kann aber nur ein „wirtschaftlicher" und kein „rechtlicher" Eigenschaden sein.
223 Vgl *Späte*, AHB § 1 Rn 155: Muss der VN zur Nacherfüllung eine Wand aufstemmen, hinter welcher sich ein von ihm mangelhaft verlegtes Rohr befindet, soll es sich bei den Wiederherstellungskosten der aufgestemmten Wand um einen finanziellen Eigenschaden handeln, weil der Dritte dann schon keinen eigenen Anspruch auf Ersatz der Wiederherstellung mehr habe, weshalb kein zu deckender Anspruch nach § 1 AHB mehr vorliege. Zum konkreten Fall ist zu berücksichtigen, dass *Späte* annimmt, dass die sog Nachbesserungsbegleitschäden ausgeschlossen sind (und auch keine Haftung dafür besteht), weshalb *Späte* wohl schon von keinem zu deckenden Anspruch – damit keiner Verantwortung des VN – ausgeht. Zu den Nachbesserungsbegleitschäden (insb Freilegungs- und Wiederherstellungskosten) unter Kapitel IV.C näher.

ebenso nichts beitragen. Sie dienen in erster Linie – auf gesetzlicher Ebene – zur Abgrenzung der Haftpflichtversicherung von anderen Schadensversicherungen.[224]

cc) Ausschluss der Gegenleistung

Für die Auslegung des Begriffs der „Schadenersatzverpflichtung" bleibt noch der Ansatz, dass hinter dem Begriff der wirtschaftliche Zweck stehe, die dem VN versprochene Gegenleistung vom Versicherungsschutz auszuschließen. Eine Schadenersatzverpflichtung liege also dann nicht vor, wenn *„der Schuldner für seine Erfüllungsleistung mit der vertraglichen Gegenleistung auch einen entsprechenden Gegenwert"* erhält.[225]

Aus dem Versicherungsschutz müsse deshalb zum Schutz der Versichertengemeinschaft der gesamte Erfüllungsbereich ausgenommen werden. Die Haftung für mangelhafte Leistungen soll deshalb ebenfalls nicht auf den Versicherer überwälzt werden, weil der VN eine Gegenleistung dafür erhalte.[226]

Das Argument der Gegenleistung ist dabei bis heute bei der Auslegung der Allgemeinen Haftpflichtversicherungsbedingungen an unterschiedlicher Stelle präsent.[227]

Außerhalb vertraglicher Haftungen wird etwa gegen die Deckung des nachbarrechtlichen Ausgleichanspruchs (§ 364a ABGB), der haftungsrechtlich als ein Aufopferungsanspruch ähnlich der Enteignungsentschädigung diskutiert wurde,[228] ua vorgebracht, dass die Versicherungsleistung nicht allein dem Ausgleich eines Schadens dienen, sondern auch dem VN einen Nutzen bringen würde. Der VN zahle bei einer Enteignungsentschädigung dem Dritten einen Ausgleich dafür, dass er auf das Nachbargrundstück durch die bestimmte Verwendung seiner Liegenschaft einwirken darf, womit im Ergebnis auch eine Aufwertung seiner Liegenschaft einhergehe.[229] Der Ausgleichsanspruch sei deshalb materiell als ein (ausgeschlossener) Erfüllungsanspruch einzuordnen, weil ihm eine Gegenleistung (ein Vorteil des VN) gegenübersteht.[230]

---

224 Kapitel III.A.
225 *Littbarski*, Haftungs- und Versicherungsrecht, Rn 362; *Littbarski* in *Langheid/Wandt*, MüKo VVG II² § 100 Rn 19; *Späte*, AHB § 1 Rn 152; *v. Rintelen* in *Späte/Schimikowski*, AHB² Z 1 Rn 282; jeweils mwN.
226 *Littbarski* in *Langheid/Wandt*, MüKo VVG II² § 100 Rn 98.
227 Bei *Reichert-Facilides/Vogelsberger*, VersRdsch 1979, 431 zu § 364a ABGB; bei *Rubin*, NZ 2016, 53 zur Auslegung der Erfüllungsklausel. Der Gedanke von *Rubin* zur Erfüllungsklausel zeigt erneut, wie eng der Ausschluss mit der primären Risikoumschreibung verbunden ist. Zur Berufshaftpflichtversicherung für Rechtsanwälte etwa *Diller*, AVB-RSW § 1 Rn 67 ff.
228 Statt vieler *Kerschner/Wagner* in *Fenyves/Kerschner/Vonkilch*, ABGB Klang-Kommentar³ § 364a Rz 2.
229 Für Österreich *Reichert-Facilides/Vogelsberger*, VersRdsch 1979, 430.
230 Zu § 906 aF BGB *Johannsen* in *Bruck/Möller*, VVG⁸ VI G 62, 324; LG Stuttgart 24. 10. 1963, VersR 1964, 156; übersichtlich zu den unterschiedlichen Ansichten in

Nach heute hA[231] gelte der nachbarrechtliche Beseitigungsanspruch deshalb dann nicht als Schadenersatzverpflichtung iSd primären Risikoumschreibung, wenn er auf einen Vorteilsausgleich gerichtet ist. Im Fall der Wiederherstellung nach einer Substanzschädigung, sei der Anspruch hingegen unter die primäre Risikoumschreibung zu subsumieren.[232]

In der Vermögensschadenhaftpflichtversicherung wird der Gegenleistungsgedanke überhaupt als allgemeiner Grundsatz geführt. Der Versicherungsschutz wird dort insoweit ausgeschlossen, als die Verantwortung für den Schaden des Dritten nicht über dem – dem VN – versprochenen Entgelt liegt.[233]

Eine solche Eingrenzung wird auch von *Mecenovic* für die primäre Risikoumschreibung der AHVB vertreten: Wird der VN wegen seiner mangelhaften Leistung in Anspruch genommen und verlangt er für den dafür entstehenden Vermögensaufwand Versicherungsschutz, würde es nur darum gehen, dass der VN seinen eigenen Entgeltanspruch gegen den Dritten absichert. Die primäre Risikoumschreibung würde daher alle Ansprüche ausschließen, die im Ergebnis zu einer Absicherung des eigenen Anspruchs des VN führen.[234] Ein Ausschluss über die Gegenleistung hinaus, soll erst über die einschlägigen Risikoausschlüsse (wie bspw Art 7.1.3) erfolgen.[235]

In eine ähnliche Stoßrichtung gehend nahm zuletzt auch *Rubin* – konkret zur Erfüllungsklausel (Art 7.1.3)[236] – Stellung. Das Gegenleistungsrisiko des VN solle vom Versicherungsschutz ausgenommen werden.[237] Der VN dürfe sich durch den Erhalt der Versicherungsleistung nicht den wirtschaftlichen Gegenwert, welcher der vom VN versprochenen Leistung gegenübersteht, in seinem

---

der älteren L bei *v. Rintelen* in *Späte/Schimikowski*, AHB² Z 1 Rn 295; für Österreich OGH 19. 10. 1989, 7 Ob 37/89; vgl auch RIS-Justiz RS0029498, 11. 5. 2005, 7 Ob 32/05i und jüngst OGH 20. 12. 2017, 7 Ob 195/17b.

230 Vgl auch RIS-Justiz RS0029498, 11. 5. 2005, 7 Ob 32/05i und jüngst OGH 20. 12. 2017, 7 Ob 195/17b.

231 Ausgleich für die Substanzschädigung, welche durch die Einwirkung entstanden ist, *v. Rintelen* in *Späte/Schimikowski*, AHB² Z 1 Rn 296.

232 Vgl auch *Lorenz* in *Heiss/Lorenz*, Versicherungsvertragsgesetz² § 149 Rn 14 ff.

233 *Johannsen* in *Bruck/Möller*, VVG⁸ IV, G 260 f, mwN.

234 Das führt gewissermaßen auf den „Eigenschaden-Gedanken" zurück. Dieser Ansicht nach soll es nämlich um einen „Schaden" am Entgeltanspruch des VN gehen.

235 *Mecenovic*, Herstellungs- und Lieferklausel 159.

236 Der zweite Teil der „Erfüllungsklausel", der in Kapitel V. näher untersucht wird, wird dabei auch als Nichterfüllungsklausel bezeichnet. Wenn im Folgenden daher von Erfüllungs- oder Nichterfüllungsklausel gesprochen wird, ist immer Art 7.1.3 gemeint.

237 Als Beispiel für den wirtschaftlichen Gegenwert führt *Rubin*, NZ 2016, 53 die sekundären Gewährleistungsbehelfe an. Die Leistungskondiktion in Folge Preisminderung oder Wandlung ist aber ihrer Natur nach immer mit dem eigenen Entgeltanspruch des VN begrenzt.

Vermögen absichern. Den Ausschluss des Gegenleistungsrisikos bezeichnet *Rubin* dabei als „typische Zielsetzung" der Erfüllungsklausel.[238]

3. Stellungnahme und Zwischenfazit

Von den Argumenten zum wirtschaftlichen Zweck der Einschränkung auf „Schadenersatzverpflichtungen" ist letztlich nur der Ansatz zum Ausschluss der Gegenleistung weiter zu verfolgen. Die Argumente der fehlenden Ungewissheit (fehlende Planlücke) und die Gedanken zum (wirtschaftlichen) Eigenschaden sind dahingegen auf gesetzlicher Ebene angesiedelt, weshalb sie für die Auslegung der AHVB als solche ausscheiden und überdies nicht stichhaltig sind.

Der allgemeine Ausschluss der Gegenleistung kann dabei bei genauerer Betrachtung zu zwei im Detail unterschiedlichen Ergebnissen führen. Der Ausschluss des gesamten wirtschaftlichen Gegenwerts des Geschäfts kann nämlich den Ausschluss der versprochenen Gegenleistung (Entgelt) übersteigen. Im letzten Fall wäre der Ausschluss also mit dem Entgelt der Höhe nach begrenzt. Im Allgemeinen verfolgen aber beide Ansätze das Ziel, dass die Betriebshaftpflichtversicherung dem VN nicht die Gegenleistung als wirtschaftlichen Vorteil absichern soll.

Für die engere Interpretation (Begrenzung auf die Gegenleistung) spricht auf den ersten Blick, dass sich damit auf primärer Ebene eine klare Line abstecken lässt. Ausgeschlossen wäre damit immer die Absicherung des eigenen Entgeltanspruchs des VN.[239] Über die weitere Auslegung (Ausschluss des gesamten wirtschaftlichen Gegenwerts) würde die Gegenleistung zwar ebenso immer vom Versicherungsschutz ausgenommen werden. Sie wirft jedoch die zusätzliche Frage auf, ob jeder Schaden, der in Verbindung mit der versprochenen Leistung steht, von der primären Risikoumschreibung ausgeschlossen sein soll, weil ein Ersatz desselben aus Sicht des VN ebenso eine Schmälerung des wirtschaftlichen Werts des konkreten Geschäfts zur Folge hat. Das führt freilich wieder zu Abgrenzungsschwierigkeiten, weil nicht mehr klar abzustecken ist, wo die Grenze zu den – an sich unproblematischen – Begleitschäden (etwa Personenschaden durch eine explodierende Glasflasche) – liegt, deren Absicherung ein Hauptzweck der allgemeinen Haftpflichtversicherung ist.[240]

---

238 *Rubin*, NZ 2016, 53. Auf Grund der engen Verbindung zu Art 1.2.1.1, ist dieser Gedanke schon auf Ebene der primären Risikoumschreibung zu berücksichtigen. Art 7.1.3 wird im Verhältnis zu Art 1.2.1.1 nach üA nur deklarative Wirkung zugesprochen.

239 IdS wohl *Mecenovic*, Herstellungs- und Lieferklausel 159.

240 Zu § 1 AHB – der mit Art 1.2.1.1 vergleichbar ist – haben sich in DE ganz ähnliche Fragen gestellt. Im Besonderen ging es dort um die Einordnung, *„inwieweit neben dem Hauptanwendungsfall des gedeckten vertraglichen Schadenersatzanspruchs, dem Anspruch aus sog. positiver Vertragsverletzung (Schlechterfüllung), auch Schadenersatzansprüche wegen Nichterfüllung mitvert sind."*; vgl dazu *Johannsen* in

Bei einer Gesamtbetrachtung fällt dabei auf, dass mit dem Abstellen auf den Erhalt einer Gegenleistung der Blick von der Verantwortung für einen Nachteil beim Geschädigten, auf das Vermögen des VN gerichtet wird. Bisher hat sich zur Abgrenzung nämlich ergeben, dass darauf abzustellen ist, ob der VN für einen Nachteil der innerhalb, oder außerhalb der vertraglich versprochenen Leistung liegt, verantwortlich wird. Es wurde also anders auf einen Nachteil im Vermögen des Geschädigten (Anspruchsteller) abgestellt. Womit lässt sich ein solcher Blickwechsel also rechtfertigen?

Der Ausschluss der Gegenleistung ist einerseits kein Selbstzweck. Hinterfragt man – gerade im hier interessierenden vertraglichen Kontext – warum die Gegenleistung ausgeschlossen sein soll, kommt man wiederum zum „Unternehmerrisiko" und den damit in Verbindung stehenden verhaltenssteuernden Argumenten („Pfuscharbeit" und „Leistungsrisiko"). Der Sinn hinter dem Ausschluss der Gegenleistung kann iZd also nur darin bestehen, dem VN seinen Anreiz zum sorgfältigen Arbeiten nicht zu nehmen. Zum anderen lässt sich eine – argumentative – Parallele zum Eigenschaden-Gedanken erkennen. Hinter der „abzusichernden" Gegenleistung steht nämlich ein Anspruch des VN in seinem Vermögen, dessen Wert der VN selbst durch die mangelhafte Vertragserfüllung schmälert; er schädigt also sein eigenes Vermögen. Beide Ansätze – das Unternehmerrisiko per se und der Eigenschaden-Gedanke – haben sich in der bisherigen Untersuchung aber schon als unzureichend für die Auslegung herausgestellt.[241] Bei all diesen Überlegungen tritt zudem in den Hintergrund, dass der Umfang und Zweck der Versicherungsbedingungen für den VN objektiv erkennbar sein muss.

Der Kerngedanke des Gegenleistungs-Arguments, dass die Versicherungsleistung in der Betriebshaftpflichtversicherung nicht dazu dienen kann, dem VN einen Vorteil in seinem Vermögen abzusichern, erscheint dennoch plausibel. Er lässt sich – im Einklang mit den bisherigen Ergebnissen – aber auch auf anderem Weg begründen.

In Zusammenschau mit den bisherigen Ergebnissen zum Begriff der „gesetzlichen Haftpflichtbestimmung" und der Wortlautinterpretation des Begriffs „Schadenersatzverpflichtung" lässt sich nämlich folgendes Bild zeichnen: Für jeden VN klar erkennbar ist, dass die Erfüllung von Verträgen kein Teil der Betriebshaftpflichtversicherung ist. Das ergibt sich rechtsdogmatisch schon

---

Bruck/Möller, VVG[8] IV, G 58. Zur Diskussion um die Einordnung von § 635 aF BGB vgl statt vieler *Grunow*, Deckung vertraglicher Erfüllungs- und Surrogatansprüche 74 ff und *Späte*, AHB § 1 Rn 138 ff, mwN; krit *Littbarski*, Unternehmerrisiko 70 ff, mit einer Übersicht zum Meinungsstand. Zum Schadenersatz statt der Leistung heute *Späte*, AHB § 1 Rn 132, bei Rn 140 mit einer Übersicht zum Meinungsstand; *v. Rintelen* in *Späte/Schimikowski*, AHB[2] Z 1 Rn 447 mwN; zur Schuldrechtsreform insb *Beuck*, VersR 2003, 1097 (1097 ff); *Nickel/Eichel*, VW 2003, 195 (195); gegen eine Deckung *Graf von Westphalen*, NVersZ 2002, 241.

241 Zum Unternehmerrisiko in Kapitel III.B., zum Eigenschaden oben unter bb).

aus dem Gesetz und ist für den VN insb aus dem Wortlaut des Art 1.2.1.1 ableitbar.

Ausgehend davon wird der durchschnittliche VN – gerade auch mit Blick auf den Begriff „gesetzliche Haftpflichtbestimmung" – erkennen können, dass der Grund für seine Verantwortung dem Dritten gegenüber nicht in der Parteiabrede – also nicht in seinem vertraglichen Versprechen – liegen darf.[242] Das lässt sich auch bei einer systematischen Betrachtung der AHVB gut erkennen. Art 7.1.2 schließt etwa dahingehend „Ansprüche, soweit sie aufgrund eines Vertrages oder einer besonderen Zusage über den Umfang der gesetzlichen Schadenersatzpflicht hinausgehen" aus.[243]

Hinzu kommt das Wortlautverständnis des Begriffs „Schadenersatzverpflichtung": Bei der Pflicht zum Schadenersatz geht es wie oa für den VN erkennbar nicht darum, den Dritten in den *Genuss der geschuldeten Leistung*[244] zu bringen, sondern darum, einen beim Dritten eingetretenen Nachteil auszugleichen. Muss der VN also sein Vermögen dazu einsetzen, um einen von ihm herbeigeführten negativen Zustand wiederherzustellen, ist für ihn gegenteilig erkennbar, dass es sich dabei um eine gedeckte Verantwortung – um eine „Schadenersatzverpflichtung" – handelt.[245]

Um keinen Widerspruch in sich entstehen zu lassen, kommt es in Zusammenschau mit dem Begriff der „gesetzlichen Haftpflichtbestimmung" dann darauf an, dass der Nachteil des Geschädigten, für den der VN verantwortlich ist, außerhalb der im Austausch stehenden Leistungen liegen muss.

Die Verantwortung des VN dem Dritten gegenüber, die Leistung vertragsgemäß zu erbringen, oder noch genauer gesagt, die Verantwortung für den Nachteil des Dritten, der in der mangelhaften Leistung liegt, soll vom Versicherungsschutz hingegen ausgenommen sein. Damit ist die „Absicherung der Gegenleistung" des VN ebenso ausgeschlossen, ohne dass es auf einen Vermögensvergleich beim VN ankommt. Bei der hier interessierenden Verantwortung für die Schlechterfüllung von Verträgen ist das schon eine logische Konsequenz, weil der Leistung des VN im entgeltlichen Geschäft immer auch eine Gegenleistung gegenübersteht.

---

242 Vgl *Schimikowski* in *Rüffer/Halbach/Schimikowski*, VVG⁴ AHB § 1 Rn 6, nach dem es für den VN ersichtlich wäre, dass Ansprüche aus Gewährleistung nicht auf Schadenersatz gerichtet sind und *Jabornegg*, VR 1991, 230: Der VN darf " *(...) ohne besondere Zusagen wohl nicht erwarten [], daß ihm ein Versicherer die Vertragserfüllung als solche abnimmt.*"

243 Art 7.1.2 AHVB: „Ansprüche, soweit sie aufgrund eines Vertrages oder einer besonderen Zusage über den Umfang der gesetzlichen Schadenersatzpflicht hinausgehen." Das wird sich systematisch weiter unten bei der Aufarbeitung der Gewährleistungs- und Nichterfüllungsklausel noch einmal bestätigen.

244 *Rubin*, NZ 2016, 52; für DE *Nickel/Eichel*, VW 2003, 195: Das „*nach Vertrag ‚gesollte Verhalten' ist nicht Gegenstand der Deckung.*"

245 Vgl an dieser Stelle nur *Büsken* in *Langheid/Wandt*, MüKo VVG II² Z 300 Rn 48 mwN.

Über diesen Weg der Auslegung kann aber zugleich der Gefahr entgegengewirkt werden, dass der Ausschluss des „Gegenleistungs-Risikos" zu einem ähnlich pauschalen Argument wie der „Grundsatz des ausgeschlossenen Unternehmerrisikos" verkommt. Der „wahre Kern" beider Grundsätze lässt sich zudem in Einklang mit dem dargestellten Auslegungsergebnis bringen: Liegt der Nachteil des Geschädigten, für den der VN verantwortlich ist, außerhalb der versprochenen Leistung, greifen beide „Argumente" von Vornherein nicht Platz. Dann geht es nämlich weder um die Absicherung einer Gegenleistung, noch um das „Unternehmerrisiko".

Für den primären Risikoumfang kommt es zusammengefasst also ganz entscheidend darauf an, für welchen Nachteil, der im Vermögen des Geschädigten entstanden ist, der VN verantwortlich ist. Die Abgrenzung hat dementsprechend nicht formal anhand von Anspruchsgrundlagen, sondern materiell anhand des (vertraglichen) Anspruchsinhalts zu erfolgen.[246] Art 1.2.1.1 schränkt die versicherbare Verantwortung des VN (§ 149 VersVG) dahingehend auf solche Nachteile ein, die außerhalb der vertraglich versprochenen Leistung bei einem Dritten entstehen. Damit wird im Ergebnis die Verantwortung des VN für sein vertragliches Versprechen vom Versicherungsschutz ausgenommen.[247]

Dieses Ergebnis lässt dann die bereits angesprochene Parallele zur zivilrechtlichen Abgrenzung zwischen Mangelschaden und Mangelfolgeschaden erkennen: Mangelschäden liegen in der versprochenen Leistung, Mangelfolgeschäden realisieren sich im Vermögen des Geschädigten außerhalb des vertraglich Geschuldeten. Letztere wären damit grundsätzlich nach Art 1.2.1.1 gedeckt.

Mit dieser Erkenntnis werden im Folgenden noch einmal näher im Einzelnen die Haftungsrisiken aus der Schlechterfüllung eines Vertrags untersucht.

4. Ausschluss des Gewährleistungsrisikos (§ 932 ABGB)

Nach ganz hA sollen Ansprüche aus dem Titel der Gewährleistung nach der primären Risikoumschreibung nicht vom Versicherungsschutz umfasst sein. Sie sollen also bereits nach Art 1.2.1.1[248] bzw § 1 (Z 1) AHB von der Deckung ausgenommen sein.[249] Nicht versichert wäre demnach die Verantwortung für

---

246 Der VN ist letztlich auch nicht für einen bestimmten Anspruch „verantwortlich", sondern für den Nachteil, der beim Anspruchsteller entsteht. Die Anspruchsgrundlage bestimmt bloß Umfang und Voraussetzung des Ersatzes.

247 Vgl zu den AHB *Späte* in *Brendl*, Produkt- und Produzentenhaftung IV, Rn 13/5: *„Der [Versicherer] wolle eben Versicherungsschutz nur für solche Schadenersatzansprüche, die außerhalb der regelmäßigen Abwicklung eines Vertragsverhältnisses – einschließlich der zu vertretenden Leistungsstörungen – entstehen oder darüber hinausgehen, leisten. Das heißt, dass diejenigen Ansprüche, mit denen der geschädigte Dritte nur sein Interesse an einer ordnungsgemäßen Vertragserfüllung geltend mache, keine Schadenersatzansprüche iSd § 1 Ziff 1 AHB sind."*

248 Zu den AHVB etwa *Mecenovic*, Herstellungs- bzw Lieferklausel 109.

249 Statt vieler *Littbarski*, AHB § 1 Rn 40 und *Späte*, AHB § 1 Rn 153; jeweils mwN; aA wohl *Eiselt/Trapp*, NJW 1984, 901 ff.

Mängel an der Vertragsleistung, gedeckt sollen hingegen Schäden wegen der mangelhaften Leistung sein, die außerhalb der Vertragsleistung liegen.[250]

Nach üA[251] ergäbe sich der Ausschluss aller Ansprüche aus Gewährleistung daher jedenfalls schon aus der primären Risikoumschreibung, sodass etwaigen Risikoausschlüssen nur deklarative Wirkung zukommen soll.[252] Der Ausschluss von Vertragserfüllungsansprüchen, Leistungsstörungen und Ersatzleistungen war dabei schon vor Einführung der ausdrücklichen Ausschlüsse anerkannt.[253]

Inwieweit dies mit den bisherigen Ergebnissen zu Art 1.2.1.1 zusammenpasst, soll im Folgenden im Einzelnen untersucht werden.

a) Nacherfüllung

Mit den Nacherfüllungsansprüchen kann der Gewährleistungsgläubiger nach Annahme einer mangelhaften Leistung weiterhin auf die ordnungsgemäße Erfüllung des Vertrags dringen. Der vertragliche Erfüllungsanspruch wird allerdings durch die Gewährleistungsbestimmungen (§§ 922 ff ABGB) modifiziert.[254]

Nach § 932 Abs 2 ABGB kann der Gläubiger den Austausch der mangelhaften Kaufsache gegen eine vertragsgemäße (Neulieferung), oder die Verbesserung der mangelhaften Sache bzw die Nachbesserung der vertragswidrigen Werkleistung verlangen.[255] Zusammengefasst verfolgt der Gläubiger mit dem Nacherfüllungsanspruch also weiterhin seinen Vertragserfüllungsanspruch.[256]

Vor dem Hintergrund der versicherungsrechtlichen Einordnung besonders erwähnenswert ist, dass der Nachlieferungsanspruch im Kaufrecht und der Nachbesserungsanspruch im Werkvertragsrecht nach altem, deutschen Schuldrecht ausdrücklich nicht als Gewährleistungs-, sondern als Erfüllungsanspruch bezeichnet wurde.[257] Zudem ordnete § 634 Abs 1 aF BGB eine „nachträgliche"

---

250 Statt vieler *v. Rintelen* in *Späte/Schimikowski*, AHB[2] Z 1 Rn 494 mwN.
251 Statt vieler *Littbarski*, AHB § 1 Rn 37 mwN; zu den AHVB *Fenyves*, NZ 1991, 2; *Fenyves*, NZ 2001, 246 (254) und in FS Migsch 76 f: Erfüllungsansprüche und Gewährleistungsansprüche seien schon keine Schadenersatzansprüche iSd primären Risikobeschreibung, mwN zur hA in Österreich und Deutschland. In den heutigen AHB findet sich in Z 1.2. (1) ein ausdrücklicher Ausschluss für Erfüllungs- und Nacherfüllungsansprüche. In den AHVB 2005 schließen die Erfüllungs- und Gewährleistungsklausel solche Ansprüche dem Wortlaut nach aus. Zum Verhältnis zur primären Risikoumschreibung und dem Inhalt dieser Ausschlüsse weiter unten noch näher.
252 Vgl auch *Schimikowski* in *Rüffer/Halbach/Schimikowski*, VVG[4] AHB § 1 Rn 40 zu der – sehr wohl auch – praktischen Bedeutung (insb Beweislast) der Abgrenzung zwischen primärer Risikoumschreibung und Risikoausschlüssen.
253 *Schmalzl*, VersR 1956, 270 mwN.
254 Statt vieler *Koziol/Spitzer* in KBB[6] § 1412 Rz 1.
255 Für alle *Ofner* in *Schwimann/Kodek*, ABGB[4] § 932 Rz 1 ff.
256 Statt vieler *P. Bydlinski* in KBB[6] §§ 922 Rz 6 und 932 Rz 2.
257 Vgl *Grunow*, Deckung vertraglicher Erfüllungs- und Surrogatansprüche 58 und 83 mwN.

Erfüllung auch ausdrücklich für den Zeitpunkt vor Abnahme des Werks an. Dem Gläubiger wurde also auch vor Abnahme des Werks ein Anspruch auf „Nacherfüllung" eingeräumt. Das ist insofern von Interesse, als die Begründungen und Stellungnahmen für die AHVB zumeist auf die deutschen Bedingungen und das deutsche Schrifttum zurückgehen.

Mit Blick auf die Stellungnahmen im deutschen Schrifttum ergibt sich damit an dieser Stelle auch eine schlüssige Erklärung dafür, warum sich zum Ausschluss der Nacherfüllungsansprüche die ganz allgemeine Begründung findet, dass „Erfüllungsansprüche keine Schadenersatzansprüche" (iSd Bedingungen) sind.[258] Der Anspruch auf Nacherfüllung wäre demnach insgesamt keine Schadenersatzpflicht kraft gesetzlicher Haftpflichtbestimmung.[259]

Die Begründungen für einen Ausschluss der Nacherfüllungspflicht laufen zudem im Wesentlichen auf zwei Argumente zusammen: Der Nacherfüllungsanspruch sei nach der zuvor erwähnten (deutschen) zivilrechtlichen Einordnung ein Erfüllungsanspruch, weshalb sich die Verantwortung nicht aus dem endgültigen Ausbleiben der Leistung, sondern aus dem Vertrag ergibt. Daneben würde dem Nacherfüllungsanspruch auch eine Gegenleistung gegenüberstehen.[260]

Dass der Nacherfüllungsanspruch ein Erfüllungsanspruch ist, ist zunächst für die AHVB als ein formales Argument einzuordnen, das als Begründung nicht ausreicht. Zudem stimmt die oa deutsche zivilrechtliche Besonderheit und Diktion nicht zur Gänze mit dem österreichischen zivilrechtlichen Begriffsverständnis zusammen. Es ergibt sich jedoch aus der haftungsrechtlichen Natur des Nacherfüllungsanspruchs, dass es um die Verantwortung des VN für die versprochene Leistung geht. Aus der Sicht des VN ist es deshalb auch erkennbar, dass er für den Ersatz eines innerhalb der Vertragsleistung liegenden Schadens verantwortlich ist. Mit dem Nacherfüllungsanspruch verlangt der Gewährleistungsgläubiger gerade die vereinbarte Leistung. Dieser gewährleistungsrechtlichen Verantwortung steht zudem – ebenso schon der Natur der Gewährleistung nach – eine Gegenleistung gegenüber,[261] was bestätigt, dass es sich um keine nach Art 1.2.1.1 gedeckte Verantwortung handelt.

Vor diesem Hintergrund ist grundsätzlich auch der Aufwand zur Nacherfüllung – unabhängig davon, ob er den Entgeltanspruch des VN übersteigt –, bereits auf primärer Ebene auszuscheiden, soweit er sich eben auf die Verantwortung für die versprochene Leistung zurückführen lässt.[262]

---

258 Statt vieler *Späte* in *Brendl*, Produkt- und Produzentenhaftung IV, Rn 13/5.
259 Statt vieler *Littbarski*, Haftungs- und Versicherungsrecht, Rn 363.
260 Statt vieler *Späte*, AHB § 1 Rn 152 mwN.
261 Es muss schließlich ein entgeltliches (synallagmatisches) Geschäft vorliegen (§ 922 Abs 1 ABGB); vgl auch *Nickel/Eichel*, VW 2003, 195 ff.
262 Welcher Aufwand dazu notwendig und somit nicht gedeckt ist, sorgt im Detail für Abgrenzungsprobleme. Das wird im Rahmen der Untersuchung der Gewährleistungsklausel weiter unten noch näher behandelt.

Für den Nacherfüllungsanspruch besteht daher im Ergebnis grundsätzlich keine Deckung in der Betriebshaftpflichtversicherung. Er ist keine Schadenersatzverpflichtung kraft gesetzlicher Haftpflichtbestimmung gem Art 1.2.1.1.

b) Preisminderung und Wandlung

Wählt der Gewährleistungsgläubiger den Umstieg auf die sekundären Gewährleistungsbehelfe, kann er entweder Preisminderung verlangen und damit die mangelhafte Leistung behalten und einen Teil seiner Gegenleistung – die nach Anpassung des Vertrags nicht mehr durch diesen gedeckt ist – zurückfordern.[263] Macht er dagegen Wandlung geltend, wird der gesamte Vertrag aufgehoben, was zur Folge hat, dass die im Austausch stehenden Leistungen jeweils zurückzustellen sind.[264]

Der deckungsrechtliche Ausschluss solcher bereicherungsrechtlichen Rückforderungsansprüche ist dabei im Detail umstritten. Nach üA sollen diese als „modifizierte Vertragserfüllungsansprüche" schon auf Ebene der primären Risikoumschreibung ausgeschlossen sein, weil sie keine Schadenersatzverpflichtung sind.[265]

Im älteren versicherungsrechtlichen Schrifttum wurden die Bereicherungsansprüche in Folge Preisminderung und Wandlung – allen voran von *Schmalzl* – dahingegen als Erfüllungsersatzleistungen (Erfüllungssurrogat) erst über § 4 I 6 Abs 3 AHB (Art 7.1.3) ausgeschlossen.[266] Das lässt den Rückschluss zu, dass Rückforderungsansprüche nach *Schmalzl* von der primären Risikoumschreibung umfasst sein sollen. In diese Richtung gehend sieht auch *Brockmann* im Ausbleiben der Leistung einen Schaden des Gläubigers, den der VN durch die Rückzahlung des Kaufpreises ausgleichen soll; demzufolge müsse es sich bei der Rückzahlung auch um eine Schadenersatzpflicht iSd primären Risikoumschreibung handeln.[267]

Die Rückzahlungsansprüche hätten überdies gemeinsam, dass es nicht um die Restitution des Erfüllungsanspruchs („Durchführung der Erfüllungspflicht") gehe, sondern eine Entschädigung in Geld für das endgültige Ausbleiben der Leistung verlangt wird.[268]

---

263 Für alle *Zöchling-Jud* in *Kletečka/Schauer*, ABGB-ON[1.02] § 932 Rz 36 ff.
264 Für alle *Zöchling-Jud* in *Kletečka/Schauer*, ABGB-ON[1.02] § 932 Rz 39 f.
265 Statt vieler *v. Rintelen* in *Späte/Schimikowski*, AHB[2] Z 1 Rn 282 mwN; zum älteren Schrifttum *Johannsen* in *Bruck/Möller*, VVG[8] IV, G 58. AA wohl *Schmalzl*, VersR 1956, 273; *Schmalzl*, Berufshaftpflichtversicherung Rn 25; *Schmalzl* in FS Korbion 371 (372 f), der diese als Erfüllungsersatzleistung anspricht; vgl auch *Brockmann*, VersR 1955, 373 und *Wunderlich*, Deckungsumfang 39; jeweils mwN.
266 Vgl *Schmalzl*, VersR 1956, 273; *Schmalzl*, Berufshaftpflichtversicherung 25; die Rückforderung des Zahnarzthonorars in Folge einer schlechten Zahnbehandlung sei ein Erfüllungssurrogat; *Schmalzl* auch in FS Korbion 372 f; jeweils mwN.
267 *Brockmann*, VersR 1955, 373; vgl auch *Grunow*, Deckung vertraglicher Erfüllungs- und Surrogatansprüche 108.
268 Vgl schon bei *Schmalzl*, VersR 1956, 271 mwN.

Der Einschluss der Rückzahlungsansprüche in die primäre Risikoumschreibung ist im deutschen Schrifttum zudem wiederum auf deren haftungsrechtliche Einordnung zurückzuführen: Das Verstreichen einer Frist zur Nacherfüllung und damit überhaupt eine zwingende zweite Chance des Schuldners zur nachträglichen Vertragserfüllung war vor der Schuldrechtsmodernisierung in Deutschland nur im Werkvertragsrecht anerkannt.[269] Der Anspruch in Folge Preisminderung und Wandlung wurde deshalb als Erfüllungsersatzleistung – in Übereinstimmung zum gleichlautenden Risikoausschluss – bezeichnet[270] und damit im Ergebnis erst auf Ebene der sekundären Risikobegrenzung vom Versicherungsschutz ausgeschlossen.

Nach *Johannsen* und der heute üA[271] sollen Bereicherungsansprüche nach Preisminderung und Wandlung hingegen schon nicht als Schadenersatzverpflichtungen iSd § 1 AHB gelten und daher bereits auf Ebene der primären Risikoumschreibung vom Versicherungsschutz ausscheiden.[272]

Eine ausführliche Begründung dafür lieferte *Littbarski*. Er begreift die sekundären Behelfe zunächst ebenfalls überwiegend haftungsrechtlich und bezeichnet sie als solche, die den Schadenersatzansprüchen gegenüberstehen, weshalb sie auch keine Schadenersatzverpflichtung sein könnten. Gleichwohl läge aber auch kein Surrogat vor, weil mit dem Bereicherungsanspruch die Erfüllungsleistung nicht ersetzt werden würde.[273] Wandlung und Preisminderung wären aber nur *„besondere Folgen mangelhafter Vertragserfüllung"*. Inhaltlich gehe es daher nur darum, einen Vertrag rückgängig zu machen, oder in einem geringeren Umfang zu erfüllen. Damit könne aber in beiden Fällen keine Schadenersatzverpflichtung vorliegen.[274]

Die Begründung *Littbarskis* überzeugt. Das Ergebnis lässt sich auch mit den zum Begriff der „Schadenersatzverpflichtung kraft gesetzlicher Haftpflichtbestimmung" bisher gewonnenen Ergebnissen erzielen.

Im Unterschied zur Nacherfüllung geht es bei den Rückforderungsansprüchen in Folge Preisminderung und Wandlung zwar in der Tat nicht um die „positive" Durchführung eines Vertrags. Die – dem Gewährleistungsrecht der Preis-

---

269 Vgl *Grunow*, Deckung vertraglicher Erfüllungs- und Surrogatansprüche 84. Mit der Schuldrechtsmodernisierung wurde das Prinzip der zweiten Chance für das gesamte Gewährleistungsrecht anerkannt; dazu statt vieler *Faust* in *Bamberger/Roth/Hau/Poseck*, BeckOK BGB[58] § 439 Rn 1 ff.

270 Vgl statt vieler Vgl *Grunow*, Deckung vertraglicher Erfüllungs- und Surrogatansprüche 84.

271 Statt vieler *Grunow*, Deckung vertraglicher Erfüllungs- und Surrogatansprüche 74; *Wussow*, AHB § 1 Anm 68.

272 Statt vieler *Johannsen* in *Bruck/Möller*, VVG[8] IV, G 58; *Späte*, AHB § 1 Rn 152 f und im neueren Schrifttum *v. Rinteln* in *Späte/Schimikowski*, AHB[2] Z 1 Rn 283; jeweils mwN.

273 *Littbarski*, Unternehmerrisiko 33 mwN.

274 *Littbarski*, AHB § 1 Rn 39 mwN; s auch *Wussow*, AHB[8] § 1 Anm 71.

minderung und Wandlung vorangehende – Gewährleistungspflicht lässt sich aber dennoch ebenso auf den Parteiwillen zurückführen. Der Vermögensaufwand des VN dient nicht dem Ausgleich eines außerhalb der vertraglichen Erfüllungspflicht liegenden Nachteils, sondern der Rückzahlung dessen, was er nicht mehr in seinem Vermögen behalten darf, weil der Rechtsgrund – der Vertrag – dafür nachträglich weggefallen ist. Die Verantwortung des VN liegt also ebenso im Ausbleiben der versprochenen Leistung. Der auszugleichende Nachteil beim Gläubiger des VN liegt im – für die mangelhafte Leistung – zu viel bezahlten Entgelt.

Das Ergebnis lässt sich wiederum mit dem wirtschaftlichen Zweck bestätigen, wonach der VN seinen eigenen Entgeltanspruch nicht abgesichert wissen soll. Die Leistungskondiktion ist ihrer haftungsrechtlichen Natur nach schon mit der versprochenen Gegenleistung begrenzt, sodass die Versicherungsleistung im Vermögen des VN immer nur dazu führen würde, dessen Entgeltanspruch abzusichern. Der Rückzahlungsanspruch betrifft eben immer nur das der Leistung des VN gegenüberstehende Entgelt.

Die Bereicherungsansprüche in Folge der Ausübung der sekundären Behelfe sind aus diesen Gründen nicht auf den Ausgleich eines Schadens beim Gläubiger des VN gerichtet, der außerhalb der versprochenen Leistung liegt. Sie scheiden deshalb bereits nach der primären Risikoumschreibung von der Deckung aus.[275]

c) Zwischenergebnis

Als Zwischenergebnis kann festgehalten werden, dass sowohl der Nacherfüllungsanspruch, als auch die Bereicherungsansprüche in Folge Preisminderung und Wandlung, nicht als Schadenersatzverpflichtungen kraft gesetzlicher Haftpflichtbestimmungen iSd Art 1.2.1.1 gelten. Beide scheiden daher grundsätzlich bereits auf Ebene der primären Risikoumschreibung von der Deckung aus.

5. Schadenersatz bei mangelhafter Leistung (§ 933a ABGB)

Neben dem gewährleitungsrechtlichen Haftungsrisiko ist die schadenersatzrechtliche Verantwortung des VN wegen der Schlechterfüllung zu beurteilen. Die versicherungsrechtliche Einordnung der Schadenersatzansprüche wegen der Schlechterfüllung eines Vertrags wird dahingehend auch als das *„wohl komplizierteste Gebiet"* der allgemeinen Haftpflichtversicherung beschrieben.[276]

---

275 Im Ergebnis auch *Mecenovic*, Herstellungs- bzw Lieferklausel 109.
276 *Schanz/Boche* in *Veith/Gräfe/Gebert*, Der Versicherungsprozess[4] § 15 Rn 293; *v. Rintelen* in *Späte/Schimikowski*, AHB[2] Z 1 Rn 428 ff beschreibt die Problemkreise iZm der Erfüllungsklausel – worunter auch die Schlechterfüllungsfolgen zählen – als das wohl umstrittenste Gebiet in der allgemeinen Haftpflichtversicherung; vgl auch *Rubin*, NZ 2016, 49.

In Österreich betrifft dies allen voran den Schadenersatzanspruch bei mangelhafter Leistung gem § 933a ABGB. Im Unterschied zu den Ansprüchen aus dem Titel der Gewährleistung, liegt nunmehr eine begriffliche Deckung zwischen Haftungsrecht (Schadenersatzanspruch) und Haftpflichtversicherungsrecht (Schadenersatzverpflichtung gem Art 1.2.1.1) vor. Da haftungsrechtliche Begrifflichkeiten und die formale Einordnung von Haftungsansprüchen für das Versicherungsrecht aber nicht allein ausschlaggebend sind, darf auch bei den Schadenersatzansprüchen bei mangelhafter Leistung nicht ohne Weiteres auf Grund der begrifflichen Übereinstimmung von einer Deckung ausgegangen werden; eine rein formale Argumentation verbietet sich auch hier. Selbst bei einem gleichlautenden Begriffsverständnis kann der Wortlaut nur der Ausgangspunkt der Auslegung sein. Die Deckung ist daher wiederum im Einzelnen anhand des materiellen Anspruchsinhalts zu prüfen.

a) Schadenersatzrechtlicher Nacherfüllungsanspruch

§ 933a ABGB beschränkt den Schadenersatzanspruch des Übernehmers zunächst auf den Austausch und die Verbesserung. Damit werden das Nacherfüllungsrecht und der Schadenersatzanspruch harmonisiert und so verhindert, dass der Gläubiger das Recht der zweiten Chance des Schuldners über das Schadenersatzrecht unterlaufen kann. Dem Gläubiger soll damit seine zweite Chance zur Erfüllung gewahrt werden.[277] Dieser Vorrang betrifft dabei nur den Ersatz des Mangelschadens, nicht aber den Ausgleich für Mangelfolgeschäden.[278]

Das österreichische Schuldrecht gibt dem Übernehmer mit § 933a ABGB also einen schadenersatzrechtlichen Anspruch auf (Nach)Erfüllung des Vertrags.[279] Das Anspruchsbegehren deckt sich dabei mit den primären Gewährleistungsbehelfen gem § 932 ABGB.[280]

Bei einem rechtsvergleichenden Blick in das deutsche Haftungsrecht zeigt sich dahingehend erneut ein bedeutsamer Unterschied zum dortigen Schadenersatz bei mangelhafter Leistung. Nach § 281 Abs 4 BGB ist die Nacherfüllung ausdrücklich ausgeschlossen, „(...) sobald der Gläubiger statt der Leistung Schadenersatz verlangt hat."[281] Der Gläubiger muss dem Schuldner also gleichermaßen wie in Österreich eine angemessene Frist zur Nacherfüllung setzen. Nach Ablauf der Frist, wandelt sich der Primärleistungsanspruch allerdings in einen Schadenersatzanspruch.[282] Der Anspruch auf Leistung ist damit – nach

---

277 Statt vieler *B. Jud*, Schadenersatz bei mangelhafter Leistung 199 f.

278 Statt vieler *Zöchling-Jud* in *Kletečka/Schauer*, ABGB-ON[1.02] § 933a Rz 5 ff.

279 Ohne dabei auf die Diskussion zu § 1323 ABGB und § 933a ABGB näher einzugehen; dazu va *B. Jud*, Schadenersatz bei mangelhafter Leistung 139 ff und 146 f und *Reischauer* in *Rummel*, ABGB[3] § 1323 Rz 2 a.

280 Unterschiede bestehen etwa hinsichtlich der Anspruchsvoraussetzungen und der Verjährungsfristen.

281 Vgl auch statt vieler *Schulze* in *Schulze*, BGB[10] § 281 Rn 1 ff.

282 *Lorenz* in *Bamberger/Roth/Hau/Poseck*, BeckOK BGB[53] § 281 Rn 2–3.

§ 281 Abs 4 BGB auch ausdrücklich – ausgeschlossen, sobald der Gläubiger Schadenersatz statt der Leistung verlangt. § 281 Abs 4 BGB ist daher nicht mit § 933a ABGB vergleichbar.[283]

Das ist auch für die versicherungsrechtliche Einordnung insoweit relevant, als die im deutschen Schrifttum geführte Diskussion um den Ausschluss von Schadenersatzansprüchen wegen Nichterfüllung damit nicht auf den schadenersatzrechtlichen Nacherfüllungsanspruch gem § 933a ABGB gespiegelt werden kann.

Das schwierige Abgrenzungsproblem zur Deckung der Nichterfüllungsschäden stellt sich überdies an dieser Stelle beim schadenersatzrechtlichen Nacherfüllungsanspruch gem § 933a ABGB noch gar nicht.[284] Die deckungsrechtliche Einordnung lässt sich mit den bisher zu Art 1.2.1.1 gewonnenen Erkenntnissen gut lösen.

Mit dem schadenersatzrechtlichen Anspruch auf Nacherfüllung gem § 933a ABGB verlangt der Gläubiger nämlich materiell die Durchführung des Vertrags; die versprochene Leistung bleibt also nicht endgültig aus. Es bestehen somit nur formelle Unterschiede zum gewährleistungsrechtlichen Nacherfüllungsanspruch, die zu keiner unterschiedlichen Deckung führen können. Die haftungsrechtliche Einordnung als Schadenersatzanspruch ändert daran auch nichts. Für den schadenersatzrechtlichen Nacherfüllungsanspruch gem § 933a ABGB müssen daher dieselben Begründungen wie zum Ausschluss des Gewährleistungsrisikos auf primärer Ebene greifen.[285]

Die von *Zankl*[286] und *Ziegler*[287] anlässlich der Judikaturwende 1990 – nach welcher ein Ausgleich für den Mangelschaden erstmals über das Schadenersatzrecht verlangt werden konnte – geäußerten Bedenken greifen bei § 933a Abs 2 S 1 ABGB damit nicht Platz.[288] Es bedarf keines Rückgriffs auf die in Art 7.1.1 oder Art 7.1.3 geregelten Risikoausschlüsse, um den schadenersatzrechtlichen Nacherfüllungsanspruch vom Versicherungsschutz auszunehmen.[289]

Löst man sich von der formalen Einordnung und Kongruenz zwischen Haftungsrecht und Haftpflichtversicherungsrecht zeigt sich damit, dass auch eine

---

283 Damit wurde das aus der RL (alt) entstammende Recht der zweiten Chance des Gewährleistungsschuldners in DE in anderer Form als in Österreich umgesetzt.
284 Zur Deckung der Nichterfüllungsschäden weiter unten noch näher (Kapitel IV. und V.).
285 Vgl Kapitel III.C.
286 *Zankl*, ecolex 1990, 278.
287 *Ziegler*, Produktehaftpflichtdeckung 25f.
288 Zum Zeitpunkt der Stellungnahme von *Zankl* gab es § 933a ABGB – der erst mit dem GewRÄG 2001 eingeführt wurde – freilich noch nicht.
289 Vgl *Mecenovic*, Herstellungs- bzw Lieferklausel 159, der vor dem GewRÄG ebenso zu dem Ergebnis kommt, dass der geänderte Rechtsgrund der Leistung – vom Gewährleistungs- zum Schadenersatzrecht – keinen Einfluss auf die deckungsrechtliche Beurteilung haben kann.

Judikaturwende nicht zwangsläufig zu deckungsrechtlichen Problemen führen muss. Der schadenersatzrechtliche Nacherfüllungsanspruch ist bereits nach Art 1.2.1.1 von der Deckung in der Betriebshaftpflichtversicherung ausgeschlossen, weil der VN – gleich wie bei den Nacherfüllungsansprüchen (§ 932 ABGB) – dabei für einen Nachteil verantwortlich ist, der innerhalb der versprochenen Leistung (Mangel) liegt. Die beiden Ansprüche (§ 933a ABGB und § 932 Abs 2 ABGB) sind dahingehend inhaltlich ident. Sie unterscheiden sich nur in ihrer Anspruchsgrundlage.

b) Geldersatz

Liegen die Voraussetzungen für einen Umstieg auf die sekundären Behelfe vor (§ 933a Abs 2 ABGB), kann der Gläubiger Geldersatz als Ausgleich für den Minderwert der erbrachten Leistung vom Übergeber verlangen bzw ist auf diesen beschränkt.[290] Im Detail bestehen hier aber – anders als bei der Nacherfüllung – inhaltliche Unterschiede zwischen der gewährleistungsrechtlichen Preisminderung/Wandlung und dem schadenersatzrechtlichen Geldersatz.[291]

Bei der schadenersatzrechtlichen Preisminderung („kleiner Schadenersatz") behält der Übernehmer die mangelhafte Sache und verlangt vom Übergeber die Wertdifferenz zwischen geschuldeter und erbrachter Leistung; der Mangelschaden liegt in dieser Vermögensdifferenz.[292] Die Berechnung erfolgt dabei nach schadenersatzrechtlichen Grundsätzen, weshalb der Ersatz des Minderwerts im Unterschied zur relativen Berechnungsmethode bei der gewährleistungsrechtlichen Preisminderung der Höhe nach anders ausfallen kann.[293]

Bei der „schadenersatzrechtlichen Wandlung" („großer Schadenersatz") wird nach hA der frustriert bezahlte Kaufpreis oder Werklohn ersetzt.[294]

Anknüpfend an die Verletzung der Erfüllungspflicht, steht dem Geschädigten grundsätzlich der Ersatz des gesamten Erfüllungsinteresses[295] (positives Vertragsinteresse) zu. Der Schuldner hat also den Nichterfüllungsschaden zu ersetzen.[296] Der Ersatz des Erfüllungsinteresses kann den Mangelschaden damit regelmäßig übersteigen.[297] Der Mangelschaden ist somit – neben dem Mangelfolgeschaden – nur ein *„Teilaspekt des Nichterfüllungsschadens".*[298]

---

290 Für alle *Zöchling-Jud* in *Kletečka/Schauer*, ABGB-ON[1.02] § 933a Rz 11 ff.
291 *B. Jud*, Schadenersatz bei mangelhafter Leistung 222 ff, mwN.
292 Vgl statt vieler *B. Jud*, Schadenersatz bei mangelhafter Leistung 287 ff.
293 Statt vieler *P. Bydlinski* in KBB[6] § 933a Rz 8.
294 Statt vieler *Zöchling-Jud* in *Kletečka/Schauer*, ABGB-ON[1.02] § 933a Rz 26f. Nach aA kann der Übernehmer nicht das Entgelt selbst zurückverlangen, sondern den vollen Nichterfüllungsschaden nach Rückstellung der Sache. Das soll hier nicht weiter vertieft werden.
295 *R. Welser*, Schadenersatz statt Gewährleistung 33.
296 *B. Jud*, Schadenersatz bei mangelhafter Leistung 223f, mwN.
297 Vgl *B. Jud*, Schadenersatz bei mangelhafter Leistung 223f, mwN.
298 *Reischauer*, JBl 2002, 137 (160f).

Aus versicherungsrechtlicher Perspektive wird beim schadenersatzrechtlichen Geldanspruch bei mangelhafter Leistung daher ein Teil des gedeckten und nicht gedeckten Bereichs in einem Anspruch vermengt. Es kommt hier erstmals zu der angesprochenen, schwierigen Problemstellung, welche Teile des Nichterfüllungsschadens von der primären Risikoumschreibung ausgeschlossen sein sollen.

Bei der deckungsrechtlichen Beurteilung des schadenersatzrechtlichen Geldersatzes bei Schlechterfüllung (§ 933a ABBG) ist das Folgende zu beachten: Macht der Gläubiger den „kleinen" Schadenersatz geltend, behält er also die mangelhafte Leistung und verlangt eine Wertdifferenz für den mangelhaften Anteil, besteht der Unterschied zur (von der Deckung ausgeschlossenen) Preisminderung nur in der Berechnung der Anspruchshöhe. Der VN ist hier ebenso nur für die (das Ausbleiben der) vertraglich versprochenen Leistung verantwortlich; es geht ebenso nur um einen Ausgleich für die mangelhafte Leistung und damit um die Verantwortung für den Mangel an der geschuldeten Leistung selbst. Die haftungsrechtliche Berechnungsmethode kann aber keinen Unterschied für die deckungsrechtliche Beurteilung machen. Eine differenzierte Deckung ist versicherungstechnisch und wirtschaftlich betrachtet nicht überzeugend. Der schadenersatzrechtliche Preisminderungsanspruch gem § 933a ABGB ist daher ebenso keine Schadenersatzverpflichtung iSd primären Risikoumschreibung, weshalb er bereits nach Art 1.2.1.1 von der Deckung ausscheidet.[299]

Beim schadenersatzrechtlichen Wandlungsanspruch stellt sich hingegen das oben angedeutete Problem, dass der gesamte Nichterfüllungsschaden ersetzt verlangt wird. Diese Problemstellung ist bereits aus dem deutschen Recht – dort zum Schadenersatz wegen Nichterfüllung (insb § 480 Abs 1 und § 635 aF BGB) – bekannt.[300]

Für die Deckung ist anhand der erarbeiteten Kriterien nach dem materiellen Anspruchsinhalt zu differenzieren: Jener Teil des Anspruchs, mit dem der Gläubiger Ersatz für die mangelhafte Leistung verlangt, ist nach Art 1.2.1.1 nicht vom Versicherungsschutz umfasst. Die Verantwortung des VN ergibt sich dort nämlich wiederum nur aus seiner eingegangenen Verpflichtung; der zu ersetzende Schaden liegt dabei in der mangelhaften Leistung. Der VN ist

---

299 AA *Mecenovic*, Herstellungs- und Lieferklausel 159, der den Ausschluss mit der Höhe des dem VN versprochenen Entgelts begrenzen will. Geht der Schadenersatzanspruch darüber hinaus, soll der das Entgelt übersteigende Teil erst über die Erfüllungsersatzklausel ausgeschlossen sein.

300 Zur versicherungsrechtlichen Problemstellung *Späte*, AHB § 1 Rn 133 mwN. Mit einer Übersicht zum damaligen Meinungsstand in L und Rsp *Littbarski*, Unternehmerrisiko 139 ff; *Littbarski*, VersR 1982, 915 (915 ff); vgl auch *Eiselt/Trapp*, NJW 1984, 899; *Kuwert*, Haftpflichtversicherung[4] Rn 1037 und 4206 ff; *Thürmann* in *Schmidt-Salzer*, Produkthaftung[2] IV/1 Rn 8.067 ff; *Zavelberg*, VersR 1989, 671 (671 ff).

also immer noch materiell für den Mangel verantwortlich.[301] Insoweit besteht kein Unterschied zum kleinen Schadenersatzanspruch und zum ausgeschlossenen Gewährleistungsrisiko.

Umfasst der Nichterfüllungsschaden außerhalb des Mangelschadens liegende Nachteile, ist dieser Teil grundsätzlich gem Art 1.2.1.1 gedeckt. Ein etwaiger Ausschluss kann also erst auf Ebene der Risikoausschlüsse erfolgen.[302] An dieser Stelle treffen also Mangelschaden und Mangelfolgeschaden in einem Anspruch zusammen.

c) Mangelfolgeschaden

Die außerhalb der Vertragsleistung liegenden Nachteile werden im Haftungsrecht als Mangelfolgeschaden bezeichnet.[303] Sie sind grundsätzlich ausschließlich über das Schadenersatzrecht, bei Vorliegen eines ausreichenden Zurechnungsgrundes[304], auszugleichen.[305]

An diesem Punkt decken sich die haftungsrechtliche Unterscheidung zwischen Mangelschaden und Mangelfolgeschaden und die deckungsrechtlichen Abgrenzungskriterien zu Art 1.2.1.1. Mangelfolgeschäden sind – anders als Mangelschäden – grundsätzlich in der Betriebshaftpflichtversicherung gedeckt, weil sie im Vermögen des VN, außerhalb der geschuldeten Vertragsleistung, entstehen.[306] Der Vermögensaufwand des VN dient damit dem Nachteilsausgleich, der sich auf das Gesetz und nicht auf den Parteiwillen zurückführen lässt. Ein Zusammenhang zur vertraglichen Abrede besteht nur in der Pflichtverletzung der vertraglichen Erfüllungspflicht.[307] Solche vertraglichen Schadenersatzansprüche gelten aber ebenso als Schadenersatzverpflichtungen iSd primären Risikoumfangs.[308]

Die Kongruenz zwischen Haftungs- und Versicherungsrecht beim Ersatz von Mangel- und Mangelfolgeschaden führt damit zu dem Sonderproblem der Aus- und Einbaukosten im Kaufrecht.

---

301 Es ist noch einmal festzuhalten, dass es weder auf die Anspruchsgrundlage, noch formal auf die vertragliche Pflicht ankommt. Die Abgrenzung hat materiell an der Verantwortung für den jeweils zu ersetzenden Nachteil anzusetzen.

302 Dem wird sich weiter unten bei der Gewährleistungs- (Kapitel IV.) und Nichterfüllungsklausel (Kapitel V.) noch näher zugewandt.

303 Für alle *Zankl*, ecolex 1990, 278 mwN.

304 Grundlegend dazu *Koziol*, Haftpflichtrecht I[4] 1 ff.

305 Statt vieler *Karner/Koziol*, JBl 2012, 142 mwN. Zur Unterscheidung zwischen Mangelschaden und Mangelfolgeschaden insb auch *Reischauer*, JBl 2002, 160 ff.

306 Vgl auch *Nickel/Eichel*, VW 2003, 195 mwN.

307 Aus diesem Grund wird auch der Ersatz eines Vertrauensschadens nach Art 1.2.1.1 grundsätzlich versichert sein.

308 Vgl Kapitel III.C.

6. Sonderproblem: Aus- und Einbau im Kaufrecht

a) Problemstellung

Der Verkäufer verpflichtet sich im Rahmen eines Kaufvertrags für gewöhnlich nur zur Lieferung einer mangelfreien Kaufsache; deren Montage wird nicht vertraglich übernommen. Der Käufer kann die Kosten für den Ausbau einer von ihm eingebauten mangelhaften und den Wiedereinbau einer mangelfreien Kaufsache vom Verkäufer deshalb regelmäßig nur über das Schadenersatzrecht als Mangelfolgeschaden ersetzt verlangen.[309] Sie entstehen dem Abnehmer als Folge aus der mangelhaften Leistung und liegen außerhalb des vertraglich Geschuldeten.[310] Als Mangelfolgeschaden wären sie nach dem bisher Gesagten deshalb nach Art 1.2.1.1 vom Versicherungsschutz umfasst.[311]

Im Verbrauchergeschäft[312] hat der Verkäufer darüber hinaus für den Aus- und Einbau auch gewährleistungsrechtlich einzustehen. Das ist insofern beachtlich, als mit der Gewährleistung bloß bezweckt wird, das gestörte vertragliche Synallagma wiederherzustellen.[313] Das gelingt oftmals, indem die mangelhafte Kaufsache als Grund für die Störung nachgebessert, oder gegen eine mangelfreie ausgetauscht wird. Der Nacherfüllungsanspruch ist dabei naturgemäß mit der vertraglich übernommenen Erfüllungspflicht begrenzt;[314] der Aus- und Einbau im Kaufrecht gehört regelmäßig also nicht zur Erfüllungspflicht. Als Teil des Nacherfüllungsaufwands, wären sie nach dem bisher Gesagten vom Versicherungsschutz daher ausgeschlossen.[315]

Die haftungsrechtliche Verschiebung der Aus- und Einbaukosten in das Gewährleistungsrecht wirft damit die Frage auf, ob diese Einfluss auf die Einordnung unter die primäre Risikoumschreibung hat (Art 1.2.1.1).

Bevor auf die deckungsrechtliche Einordnung eingegangen wird, sind in einem ersten Schritt noch haftungsrechtliche Details zum Ersatz des Aus- und Einbauaufwands aufzuarbeiten.

b) Haftungsrechtliche Einordnung

aa) Nacherfüllung

Macht der Gewährleistungsgläubiger Nacherfüllung (Austausch oder Verbesserung) geltend, schlägt sich die Aus- und Einbaupflicht im Verbrauchergeschäft

---

309 Statt vieler *Zöchling-Jud* in ABGB-ON[1.02] § 932 Rz 13.
310 Zum Begriff des Mangelfolgeschadens im Detail unten noch näher.
311 Vgl Kapitel III.C.
312 Zur gespaltenen Auslegung OGH 25. 3. 2014, 9 Ob 64/13x mit einer Übersicht zum Meinungsstand; *W. Faber*, Aus- und Einbaukosten 105 ff; *Perner*, EvBl 2014/98, 615 f; eher krit *P. Bydlinski*, ÖJZ 2011, 898 f.
313 Statt vieler *Karner/Koziol*, Mangelfolgeschäden in Veräußerungsketten 29.
– 314 Grundlegend *F. Bydlinski* in *Gschnitzer/Klang*[2] IV/2, 153 ff; OGH 2. 6. 1999, 9 Ob 342/98 d und in jüngerer Zeit OGH 26. 6. 2014, 8 Ob 75/13 g [T 5].
315 Vgl Kapitel III.C.

darin nieder, dass die vom Gläubiger eingebaute mangelhafte Kaufsache auszubauen und eine neue oder verbesserte Kaufsache wiedereinzubauen ist. In
diesem Umfang wird die vertragliche Erfüllungspflicht (Lieferung) also in natura gesetzlich erweitert.[316]

Der Austauschanspruch setzt nach üA dabei nicht voraus, dass die mangelhafte
Kaufsache Zug um Zug gegen eine vertragsgemäße ausgetauscht werden muss.
Die Rückgabe der mangelhaften Ware ist vielmehr unabhängig von der Neulieferung.[317] Deshalb soll der Austauschanspruch bereits mit Neulieferung einer
mangelfreien Sache erfüllt sein.[318]

Ist die eingebaute Kaufsache ein Einzelstück und damit eine Speziesschuld,
scheidet eine Nacherfüllung durch Austausch von Vornherein aus. Der Nacherfüllungsanspruch ist dann auf die Nachbesserung der mangelhaften Kaufsache begrenzt.[319] Auch dabei wäre der Gewährleistungsschuldner grundsätzlich nicht verpflichtet, die mangelhafte Kaufsache zur Nachbesserung auf seine
Kosten auszubauen. Im Verbrauchergeschäft ist auch dies spätestens seit der Rs
Weber/Putz anders zu sehen[320] und nunmehr in § 13 VGG auch ausdrücklich
geregelt.

In § 8 Abs 3 KSchG findet sich für das Verbrauchergeschäft darüber hinaus
eigens und ausdrücklich geregelt, dass der Gewährleistungsschuldner die zur
Nacherfüllung notwendigen Kosten zu tragen hat. Die Kosten richten sich dabei – schon nach den allgemeinen Regeln – nach dem Umfang der Gewährleistungspflicht.[321]

Der Gewährleistungsgläubiger soll aus § 8 Abs 3 KSchG nach üA aber auch
einen Kostenersatzanspruch für die Aus- und Einbaukosten ableiten können.
Dem Gläubiger soll damit ein Wahlrecht eingeräumt werden. Er soll also ent-
scheiden können, ob er den Aus- und Einbau vom Schuldner in natura vornehmen lassen oder alternativ die Kosten dafür verschuldensunabhängig ersetzt verlangen möchte.[322]

---

316 Über eine Analogie nach richtlinienkonformer Rechtsfortbildung; anders *P. Byd-
    linski,* ÖJZ 2011, 898 f, der den Begriff „Austausch" wohl weiter versteht.
317 *B. Jud,* Schadenersatz bei mangelhafter Leistung 175 ff, mwN; *Ofner* in *Schwimann/
    Kodek,* ABGB⁴ § 932 Rz 16; *Rabl,* Gefahrtragung 409; *Zöchling-Jud* in *Kletečka/
    Schauer,* ABGB-ON¹·⁰² § 932 Rz 10.
318 *Zöchling-Jud* in *Kletečka/Schauer,* ABGB-ON¹·⁰² § 932 Rz 9 will schon genügen
    lassen, dass dem Übernehmer eine wirtschaftlich gleichartige Ersatzlage verschafft
    wird. Zur Gegenmeinung mit Nachweisen *P. Bydlinski* in KBB⁶ § 932 Rz 3 und
    Ofner in *Schwimann/Kodek,* ABGB⁴ § 932 Rz 16.
319 Vgl statt vieler *Reischauer* in *Rummel/Lukas,* ABGB⁴ § 932 Rz 174 ff, mwN.
320 Ausf dazu *W. Faber,* Aus- und Einbaukosten 16 ff, mwN; OGH 10. 7. 2012, 4 Ob
    80/12m; 10. 2. 2017, 1 Ob 209/16 s.
321 ErläutRV 422 BlgNR 21. GP 16; für viele *R. Welser/B. Jud,* Die neue Gewährleis-
    tung § 8 KSchG Rz 10.
322 Ob dem Übernehmer ein solches Wahlrecht zusteht, ist durchaus strittig.
    P. Bydlinski, ÖJZ 2011, 898 f; *W. Faber,* Aus- und Einbaukosten 17 f, 67 mwN;

Dem VN als Gewährleistungsschuldner können die Aus- und Einbaukosten auf Ebene der primären Gewährleistungsbehelfe also entweder in natura bei Vornahme des Aus- und Einbaus bei Austausch- oder Verbesserung, oder in Form einer Kostenersatzleistung entstehen.

bb) Preisminderung und Wandlung

Dem Gewährleistungsgläubiger soll ein Ersatz der Aus- und Einbaukosten auch dann zu stehen, wenn er auf die sekundären Behelfe aus einem der in § 932 Abs 4 S 2 ABGB[323] genannten Gründe umsteigt.[324]

W. *Faber* gibt dahingehend aber zu Recht zu bedenken, dass mit Entfall der Nacherfüllungspflicht auch der Ersatz der Aus- und Einbaukosten zu entfallen habe.[325] Das muss gleichermaßen für den Fall gelten, dass die Nacherfüllung unmöglich ist.

Eine haftungsrechtliche Besonderheit ergibt sich dabei überdies für den Einwand der absoluten Unverhältnismäßigkeit (§ 932 Abs 2 S 1 ABGB). Nach alter Rechtslage konnte sich der Gewährleistungsschuldner im Verbrauchergeschäft nicht darauf berufen, dass ihn der Austausch oder die Verbesserung im Vergleich zu den sekundären Behelfen unverhältnismäßig teuer zu stehen kommt (absolute Unverhältnismäßigkeit).[326] Er hätte die Aus- und Einbaukosten also in jedem Fall zu tragen, sofern die Nacherfüllung nicht unmöglich ist.

Nach Art 13 Abs 3 der RL (neu) soll dem Gewährleistungsschuldner der Einwand der absoluten Unverhältnismäßigkeit hingegen ausdrücklich wieder offenstehen. Der Verkäufer kann die Nacherfüllung demnach verweigern, wenn *„sowohl Nachbesserung als auch Ersatzlieferung unter Berücksichtigung aller Umstände, einschließlich der in Absatz 2 Buchstaben a[327] und b[328] genannten (...), unverhältnismäßig hohe Kosten verursachen würden".*[329]

Kann sich der Gewährleistungsschuldner erfolgreich auf den Einwand der absoluten Unverhältnismäßigkeit stützen, soll dem Gläubiger kein Ersatz für den

---

W. *Faber*, JBl 2013, 151 (151 ff); *Karner/Koziol*, JBl 2012, 145; *Karner/Koziol*, Mangelfolgeschäden in Veräußerungsketten 28 ff; *Perner/Zoppel*, RdW 2011, 448; *Reif*, Zak 2014, 383 (383 ff); *Zöchling-Jud* in *Kletečka/Schauer*, ABGB-ON[1.02] § 932 Rz 13/1; OGH 10. 7. 2012, 4 Ob 80/12m; 10. 2. 2017, 1 Ob 209/16 s.

323 „Dasselbe gilt, wenn der Übergeber die Verbesserung oder den Austausch verweigert oder nicht in angemessener Frist vornimmt, wenn diese Abhilfen für den Übernehmer mit erheblichen Unannehmlichkeiten verbunden wären oder wenn sie ihm aus triftigen, in der Person des Übergebers liegenden, Gründen unzumutbar sind."

324 OGH 10. 7. 2012, 4 Ob 80/12 m.

325 W. *Faber*, JBl 2013, 158.

326 Statt vieler W. *Faber*, Aus- und Einbaukosten 10, 21 ff und 105 und *Reif*, Zak 2017, 284 (284 ff); jeweils mwN.

327 Wert der vertragsgemäßen Ware.

328 Bedeutung der Vertragswidrigkeit.

329 Zu den derzeit herrschenden Kriterien vgl W. *Faber*, JBl 2007, 519 (519 ff) und *Ofner* in *Schwimann/Kodek*, ABGB[4] § 932 Rz 20 ff; jeweils mwN.

Aus- und Einbau zustehen. Das gilt gleichermaßen für den Fall der voreiligen Selbstverbesserung.[330] Beides hatte der Gesetzgeber in Umsetzung der RL (neu) zu bedenken[331] und in § 12 VGG umgesetzt.[332] Im Unternehmergeschäft wird der Einwand des Schuldners ebenso weiterhin zulässig sein.

Für die weitere Untersuchung der Deckung kann daher festgehalten werden, dass der VN als Gewährleistungsschuldner auch dann für den Aus- und Einbauaufwand verantwortlich sein kann, wenn sein Gewährleistungsgläubiger Preisminderung oder Wandlung geltend macht. Das hängt entscheidend davon ab, aus welchem rechtlichen Grund der Umstieg auf die sekundären Behelfe erfolgt. Dieses Haftungsrisiko ist bei der deckungsrechtlichen Einordnung daher ebenso zu berücksichtigen.

cc) Schadenersatz statt Gewährleistung

Die Erweiterung der Gewährleistungspflicht um den Aus- und Einbau bringt auch für den Schadenersatz statt Gewährleistung gem § 933a ABGB Besonderheiten mit sich.

Der in § 933a Abs 2 S 1 ABGB geregelte Vorrang der Nacherfüllung und die damit einhergehende Einschränkung des Schadenersatzes hat zur Folge, dass der Schuldner für den Mangelschaden und die Verbesserungskosten nicht sofort Geldersatz verlangen kann. Für den Ersatz des Mangelfolgeschadens gilt diese Einschränkung hingegen nicht.[333]

Damit stellt sich die Frage, ob die Zuordnung des Ersatzes der Aus- und Einbaukosten im Verbrauchergeschäft zu den Verbesserungskosten Auswirkungen auf deren schadenersatzrechtliche Ersatzfähigkeit hat.

Der schadenersatzrechtliche Geldersatz der Verbesserungskosten setzt nämlich grundsätzlich voraus, dass der Gläubiger zum Geldersatz berechtigt ist, also der Schuldner mit der Verbesserung in Verzug ist oder diese berechtigterweise verweigert. Der Gläubiger kann andernfalls keinen Geldersatz für die Aus- und Einbaukosten verlangen, damit das Recht der zweiten Chance des Schuldners nicht über das Schadenersatzrecht umgangen werden kann. Das gilt wiederum für den Ersatz von Mangelfolgeschäden nicht; dort besteht eine solche Gefahr nämlich von Vornherein schon nicht.[334]

Mit der Einordnung der Aus- und Einbaukosten als gewährleistungsrechtliche Nacherfüllungskosten könnte damit einhergehen, dass der verbraucherische

---

330 Vgl *W. Faber*, Aus- und Einbaukosten 55f.

331 Dazu jüngst *G. Kodek/Leupold*, Gewährleistung NEU 55, 64.

332 ErläutRV 949 BlgNR 27. GP 26ff. Nach den Materialien soll der Einwand nach § 12 Abs 3 VGG gerade auch hinsichtlich der Aus- und Einbaukosten greifen können (S 29).

333 Statt vieler *P. Bydlinski* in KBB[6] § 933a Rz 10 und *W. Faber*, Handbuch 176; jeweils mwN.

334 Statt vieler *Zöchling-Jud* in *Kletečka/Schauer*, ABGB-ON[1.02] § 933a Rz 18ff, mwN.

Gläubiger erst dann zum Geldersatz für diese berechtigt ist, wenn die genannten Voraussetzungen für einen schadenersatzrechtlichen Geldersatz vorliegen. Die Ersatzfähigkeit der Aus- und Einbaukosten würde im Verbrauchergeschäft damit beschränkt und von den Voraussetzungen des § 933a ABGB abhängig gemacht werden. Außerhalb des Verbrauchergeschäfts wären die Aus- und Einbaukosten als Mangelfolgeschaden hingegen sofort und unabhängig von den Einschränkungen des § 933a ABGB in den Grenzen des § 1323 ABGB als Geldleistung zu ersetzen.

Das Problem ist dabei insb mit Blick auf die RL (neu) und § 12 VGG zu bedenken, nach welchen der Einwand der absoluten Unverhältnismäßigkeit wieder möglich ist.[335] Kann sich der Schuldner also (zukünftig) erfolgreich auf die Unverhältnismäßigkeit berufen oder ist die Nacherfüllung unmöglich, bliebe dem Gläubiger nach hA ebenso der schadenersatzrechtliche Ersatz für die Mangelbehebungskosten verwehrt.[336] Der Verbraucher könnte damit die Aus- und Einbaukosten auch dann nicht über das Schadenersatzrecht ersetzt verlangen.[337]

Die Zuordnung der Aus- und Einbaukosten zum Nacherfüllungsaufwand könnte damit im Ergebnis zu einer Schlechterstellung des Verbrauchers führen. Mit W. Faber spricht schon deshalb einiges dafür, den Ersatz der Aus- und Einbaukosten nicht auf § 933a ABGB „ausstrahlen" zu lassen.[338]

Die Aus- und Einbaukosten müssen demnach auch im Verbrauchergeschäft haftungsrechtlich weiterhin als Mangelfolgeschäden angesprochen und wie solche behandelt werden.[339] Das gilt unabhängig davon, ob sie gesetzlich im Rahmen der Nacherfüllungspflicht geschuldet werden. Die gesetzliche Erweiterung der Nacherfüllungspflicht und insb die Kostenersatzregel in § 8 Abs 3 KSchG ist deshalb materiell als ein verschuldensunabhängiger Ersatz der Aus- und Einbaukosten als Mangelfolgeschaden anzusehen; an der materiellen Natur der Aus- und Einbaukosten ändert die Ersatzfähigkeit (auch) über das Gewährleistungsrecht also nichts.

Darauf wird bei der versicherungsrechtlichen Einordnung noch einmal zurückzukommen sein. Bevor diese vorgenommen wird, soll noch ein Blick in das deutsche Haftungsrecht geworfen werden.

---

335 Art 15 RL (neu).
336 Kann der Gewährleistungsschuldner nicht umsteigen und besteht damit weiterhin seine Nacherfüllungspflicht, soll der Gewährleistungsgläubiger (Verbraucher) ohnehin Kostenersatz verlangen können. Die Kostenersatzpflicht entfällt aber mit Wegfall der Nacherfüllungspflicht.
337 Statt vieler W. Faber, JBl 2017, 374 (383).
338 W. Faber, JBl 2017, 383.
339 Damit entsteht das zu § 933a ABGB genannte Problem erst gar nicht; vgl W. Faber, Aus- und Einbaukosten 107.

c) Vergleich zur deutschen Rechtslage (§ 439 BGB)

Für Schäden, die außerhalb der Kaufsache an anderen Rechtsgütern des Käufers entstehen und auf die mangelhafte Leistung zurückzuführen sind, soll der Verkäufer auch nach deutschem Recht grundsätzlich nur aus dem Titel des Schadenersatzes haften.[340] Der Mangel sei grundsätzlich auch im Kaufrecht in der Form zu beseitigen, wie er *„bei Gefahrenübergang vorlag"*.[341]

Die gewährleistungsrechtliche Aus- und Einbaupflicht des Verkäufers bzw die Belastung des Schuldners mit den entsprechenden Kosten war deshalb auch in Deutschland nach üA abgelehnt worden.[342] Der Nacherfüllungsanspruch sollte den Verkäufer nicht über den ursprünglichen Erfüllungsanspruch hinaus verpflichten können. Der Aus- und Einbau oder die dafür notwendigen Kosten könnten demnach nur über das Schadenersatzrecht unter den Voraussetzungen des § 280 Abs 1 BGB als Schadenersatz neben der Leistung ersetzt verlangt werden. Der Ersatz war also grundsätzlich nicht von einer Fristsetzung (zweiten Chance) abhängig.[343]

Der Aus- und Einbauaufwand sei ein Schaden, der aus der Schlechterfüllung eines Vertrags resultiere. Es gehe dabei gerade nicht mehr um einen Aufwand, der zur (Wieder)Herstellung des vertraglich Geschuldeten notwendig ist.[344] Es handelte sich damit um keinen vertraglichen Erfüllungsaufwand, sondern um einen Schaden aus der Schlechterfüllung. Soweit herrschte ein zum österreichischen Gewährleistungsrecht übereinstimmendes Verständnis.

Lorenz hat dies in jüngerer Zeit dabei wie folgt auf den Punkt gebracht: Beim Aus- und Einbau gehe es *„(...) nicht mehr um die zur Wiederherstellung des vertragsgemäßen Zustandes der gekauften Sache erforderlichen Kosten, sondern um die Kosten der Wiederherstellung der sonstigen, durch die Lieferung der mangelhaften Sachen beeinträchtigten Rechtsgüter des Käufers.*"[345] Der Ausbau und damit eine Rücknahmepflicht des Verkäufers sei nur ein *„(...) künstliches Vehikel, nicht das Leistungsinteresse des Käufers, sondern sein Integritätsinteresse zu befriedigen"*.[346]

---

340 Statt vieler *Faust* in *Bamberger/Roth/Hau/Poseck*, BeckOK BGB[58] § 439 Rn 36.
341 Statt vieler *Faust* in *Bamberger/Roth/Hau/Poseck*, BeckOK BGB[58] § 439 Rn 33.
342 Für viele *Westermann* in *Säcker/Rixecker/Oetker/Limperg*, MüKo BGB[8] IV § 439 Rn 18 mwN; vgl heute *Faust* in *Bamberger/Roth/Hau/Poseck*, BeckOK BGB[58] § 439 Rn 37 ff, mwN.
343 Etwa *Lorenz*, NJW 2009, 1633 ff (1633 ff); *Skamel*, Nacherfüllung beim Sachkauf 124 f und 159 und *Terrahe*, VersR 2004, 680 (680 ff); *Thürmann*, NJW 2006, 3457 (3457 ff); jeweils mwN; BGH 15. 7. 2008, VIII ZR 211/07 NJW 2008, 2837; vgl auch *Mankowski*, JuS 2006, 481 (481 ff); zu einem Vergleich zwischen altem und neuem Recht aus Anlass der Schuldrechtsmodernisierung etwa *Bitter/Meidt*, ZIP 2001, 2114 (2114 ff).
344 *Lorenz*, NJW 2009, 1635 f.
345 *Lorenz*, NJW 2009, 1636.
346 *Lorenz*, NJW 2009, 1635.

Seit Anfang 2018 findet sich in § 439 Ab 3 BGB – ebenfalls vor dem Hintergrund der RL (alt) – nunmehr eine ausdrückliche gesetzliche Kostenersatzpflicht des Verkäufers für den Aus- und Einbauaufwand. Der deutsche Gesetzgeber wollte damit die oa Diskussionen um den Ersatz entschärfen und für Klarheit sorgen.[347] Eine Pflicht zur Vornahme des Aus- und Einbaus in natura ist darin nicht vorgesehen.[348] Dem Gewährleistungsgläubiger steht deshalb – anders als in Österreich – lediglich ein Aufwandersatzanspruch gegen seinen Schuldner zu.[349]

§ 439 Abs 3 BGB wurde dabei zentral im Kaufrecht umgesetzt, sodass die Regelung sowohl in- und außerhalb eines Verbrauchergeschäfts und gleichermaßen für den Austausch und die Verbesserung gilt.[350] Der verschuldensunabhängige Kostenersatzanspruch nach § 439 Abs 3 BGB steht dem Übernehmer zudem nur begrenzt im Fall der Nacherfüllung zu. Er scheidet hingegen aus, wenn sich der Gläubiger für den Rücktritt vom Vertrag entscheidet.[351]

Damit unterscheidet sich die deutsche Rechtslage zum einen in wesentlichen Punkten von der in Österreich; sie hat in jedem Fall den Vorteil einer ausdrücklichen und einheitlichen Regelung für sich. Das muss bei einem rechtsvergleichenden Blick in das versicherungsrechtliche Schrifttum wiederum beachtet werden. Zum anderen zeigen insb *Lorenz* und der in § 439 Abs 3 BGB geregelte Kostenerstattungsanspruch, dass der VN beim Ersatz der Aus- und Einbaukosten für den Ersatz eines Nachteils verantwortlich ist, der außerhalb der geschuldeten Leistung liegt und damit kein Teil der Verantwortung für die mangelhaft erbrachte Leistung (Mangelfolgeschaden im materiellen Sinn) ist. Das ist auch für das Verständnis der folgenden, versicherungsrechtlichen Einordnung von Bedeutung.

d) Versicherungsrechtliche Einordnung

Bei der versicherungsrechtlichen Einordnung des Aus- und Einbaus unter die primäre Risikoumschreibung stellt sich zunächst die Hürde, dass der Aus- und

---

347 Zur Problemstellung davor im Überblick auch bei *Stempfle* in *Höra*, Münchener Anwaltshandbuch Versicherungsrecht[4] § 15 Produkthaftpflichtversicherung, Rn 275 mwN.

348 Statt vieler *Westermann* in *Säcker/Rixecker/Oetker/Limperg*, MüKo BGB[8] IV § 439 Rn 19.

349 Vgl zur Neuregelung jüngst *Klüver*, VuR 2019, 176 (176 ff) mwN zur alten und neuen Rechtslage. Die Neuregelung als Aufwandersatzanspruch führt in Deutschland auch zu einer Regressmöglichkeit des Werkunternehmers, der zugekauftes und mangelhaftes Material verbaut hat und nun nach § 439 Abs 3 BGB einen Kostenersatzanspruch aus Gewährleistung gegen seinen Vormann geltend machen kann.

350 Dazu umfassend *Höpfner* in *Gsell/Krüger/Lorenz/Reymann*, BeckOGK BGB § 439 Rn 52 ff.

351 Statt vieler *Höpfner* in *Gsell/Krüger/Lorenz/Reymann*, BeckOGK BGB § 439 Rn 57.1 mwN.

Einbau in natura im Rahmen des grundsätzlich nicht gedeckten Nacherfüllungsanspruchs nach § 932 Abs 2 ABGB vorzunehmen ist.

Dabei darf für die Deckung aber wiederum nicht formal auf die Anspruchsgrundlage abgestellt, sondern muss jeweils auf den materiellen Anspruchsinhalt – den konkret zu ersetzenden Nachteil – geblickt werden. Der Deckung schadet es daher grundsätzlich nicht, wenn unter ein und demselben Anspruch, gedeckte und nicht gedeckte Nachteile ersetzt verlangt werden.

Bei genauerem Hinsehen ist daher – an die haftungsrechtliche Einordnung anknüpfend – darauf abzustellen, dass es sich bei der Aus- und Einbaupflicht um eine gesetzliche Erweiterung des vertraglichen Nacherfüllungsanspruchs handelt, weshalb die Argumente, die sonst gegen den Ausschluss der Deckung für den Nacherfüllungsanspruch sprechen, für den Aus- und Einbauaufwand im Besonderen nicht greifen. Der Aus- und Einbau ist nicht auf den Parteiwillen, sondern auf eine gesetzliche Pflicht zurückzuführen. Dass der Aus- und Einbau in Erfüllung einer vertraglichen Pflicht erfolgt, kann für die Deckung nach der primären Risikoumschreibung nicht schädlich sein. Der VN ist dabei für einen Nachteil verantwortlich, der außerhalb der vertraglich versprochenen Leistung liegt. Der VN wendet sein Vermögen also zur Erfüllung einer materiellen Schadenersatzpflicht auf.

Das deckt sich wiederum mit dem Ergebnis der haftungsrechtlichen Einordnung. Der Ersatz des Aus- und Einbauaufwands hat sich dort nämlich als Mangelfolgeschaden herausgestellt, der im Verbrauchergeschäft ausnahmsweise – unter dem Einfluss des Europarechts – verschuldensunabhängig ersetzt werden kann. Er lässt sich damit wiederum in Übereinstimmung mit der Abgrenzung zwischen nicht gedecktem Mangelschaden und gedecktem Mangelfolgeschaden als eine Schadenersatzpflicht iSd Art 1.2.1.1 feststellen, weil die Aus- und Einbaukosten grundsätzlich zu einem Nachteil des Geschädigten führen, der außerhalb der vertraglich versprochenen Leistung entsteht.[352]

Unabhängig davon, aus welchem Rechtsgrund der VN den Aus- und Einbauaufwand zu tragen hat, ist dieser als (materieller) Mangelfolgeschaden vom primären Umfang der Betriebshaftpflichtversicherung umfasst. Die Haftungsverschärfung im Gewährleistungsrecht hat daher auf Ebene der primären Risikoumschreibung keine Auswirkungen auf die deckungsrechtliche Beurteilung. Sofern der VN keine vertragliche Montagepflicht übernommen hat, besteht daher gem Art 1.2.1.1 für den Aus- und Einbauaufwand Versicherungsschutz.

D. Zwischenbilanz und Gang der weiteren Untersuchung

Nach der primären Risikoumschreibung der AHVB besteht im Ergebnis kein Versicherungsschutz für die Verantwortlichkeit des VN, die sich auf die mangelhafte Leistung selbst zurückführen lässt. Das Einstehenmüssen für die Man-

---

352 Das gilt, solange der VN keine Montagepflicht vertraglich übernommen hat.

gelhaftigkeit ist daher keine Schadenersatzverpflichtung kraft gesetzlicher Haftpflichtbestimmungen iSd Art 1.2.1.1. Für die Deckung kommt es entscheidend darauf an, ob der VN sein Vermögen aufwenden muss, um einen Nachteil zu ersetzen, der in der mangelhaften Leistung selbst liegt (keine Deckung), oder ob er für einen außerhalb der Vertragsleistung liegenden Nachteil (Deckung) verantwortlich wird. Nur im letzten Fall handelt sich um eine Schadenersatzverpflichtung iSd Art 1.2.1.1. Eine formale Abgrenzung nach Anspruchsgrundlagen (Rechtsgrund der Verantwortung) verbietet sich hingegen.

Im Allgemeinen hat sich dabei gezeigt, dass eine Parallele zwischen der haftungsrechtlichen Abgrenzung (Mangelfolgeschaden und Mangelschaden) und der Abgrenzung des Umfangs der primären Risikoumschreibung der AHVB besteht. Es kommt in beiden Fällen eben auf die Lokalität des Schadens und damit auf die Frage an, ob der Nachteil beim Gläubiger des VN außerhalb (gedeckter Mangelfolgeschaden), oder innerhalb (nicht gedeckter Mangelschaden) der im Austausch stehenden Leistung entsteht.

Für die Einordnung der Schlechterfüllungsfolgen in der Betriebshaftpflichtversicherung führt dies zu folgendem Ergebnis: Das Risiko wegen der Schlechterfüllung eines Vertrags gewährleistungsrechtlich in Anspruch genommen zu werden (Gewährleistungsrisiko), ist von der primären Risikoumschreibung der AHVB (Art 1.2.1.1) nicht gedeckt. Davon umfasst ist auch der Nacherfüllungsaufwand, soweit er sich auf die Verantwortung für die mangelhafte Leistung zurückführen lässt.

Die Aus- und Einbaukosten im Kaufrecht sind hingegen nach der primären Risikoumschreibung gedeckt, weil es sich materiell um Mangelfolgeschäden handelt, die außerhalb der versprochenen Leistung liegen. Es schadet auch nicht, wenn sie im Rahmen eines Nacherfüllungsanspruchs zu ersetzen sind, weil es für die Deckung nicht auf den formalen Anspruchsgrund, sondern auf den materiellen Anspruchsinhalt ankommt.

Der Schadenersatz bei mangelhafter Leistung (§ 933a ABGB) ist nach der primären Risikoumschreibung ebenso grundsätzlich vom Versicherungsschutz ausgenommen. Die schadenersatzrechtliche Nacherfüllung und der „kleine" Schadenersatz sind dem ausgeschlossenen gewährleistungsrechtlichen Nacherfüllungsanspruch und der Preisminderung inhaltlich dahingehend gleichzuhalten.

Deckungsrechtliche Abgrenzungsprobleme ergeben sich beim „großen" Schadenersatz (schadenersatzrechtliche Wandlung), mit welchem der VN für den gesamten Nichterfüllungsschaden in Anspruch genommen wird. Der VN ist dabei sowohl für die mangelhafte Leistung, als auch für Schäden außerhalb der Leistung verantwortlich. Da die Anspruchsgrundlage für die deckungsrechtliche Einordnung aber nicht entscheidend sein kann, kommt es auch dort im Einzelfall auf den materiellen Anspruchsinhalt an. Im Ergebnis ist daher nur jener Teil des Nichterfüllungsschadens gedeckt, der zu einem Nachteil im

Vermögen des Gläubigers des VN führt, der außerhalb der geschuldeten Leistung liegt.

Daran anknüpfend werden im folgenden Teil der Arbeit die Gewährleistungs-(Art 7.1.1) und Nichterfüllungsklausel (Art 7.1.3) untersucht. Dabei ist zu fragen, ob eine der beiden Klauseln zu einer Eingrenzung der Deckung für die an sich nach Art 1.2.1.1 versicherten Mangelfolgeschäden führt.

Die Rechtsnatur der Erfüllungs- und Gewährleistungsklausel und deren Verhältnis zur primären Risikoumschreibung ist dabei seit langem umstritten.

Die beiden Risikoausschlüsse wurden erstmals mit den AHVB 1986 eingeführt. Nach den historischen Erläuterungen soll beiden Ausschlüssen im Verhältnis zur primären Risikoumschreibung nur klarstellende Wirkung zukommen. Die Erfüllungs- und Gewährleistungsklausel würden also nur absichern, was sich ohnehin schon aus der primären Risikobeschreibung ergibt.[353] Im Einklang mit der historischen Begründung bezeichnet die hA die beiden Klauseln daher als deklarative Ausschlüsse.[354]

Dagegen will *Jabornegg* zumindest dem zweiten Teil der (Nicht)Erfüllungsklausel (Erfüllungsersatzleistung) eine konstitutive Wirkung zukommen lassen;[355] dafür sprechen im Ergebnis auch *Baumann*[356], *Mecenovic*[357] und in jüngerer Zeit *Rubin*.[358]

Der OGH erblickt in den beiden Risikoausschlüssen wiederum eine Absicherung des allgemeinen Grundsatzes der Unversicherbarkeit des Unternehmerrisikos.[359] Das kann bereits an dieser Stelle abgelehnt werden, weil ein solcher Grundsatz in dieser Allgemeinheit nicht besteht.[360]

Ob der Gewährleistungs- und Erfüllungsklausel eine deklarative oder konstitutive Wirkung zukommt, lässt sich dabei nur feststellen, wenn man den Umfang der primären Risikoumschreibung und den der Ausschlüsse gegenüberstellt und inhaltlich vergleicht. Für einen solchen Vergleich ist es aber logische Voraussetzung, dass auch der Inhalt der beiden Ausschlüsse bekannt sein muss.[361]

---

353 Vgl *Achatz et al/VVO*, AHVB 1978, 81.
354 Insb *Fenyves*, ZAS 1986, 9; *Fenyves*, VersR 1991, 1; *Fenyves*, NZ 2001, 246; *Fenyves* in FS Migsch 77; so auch *Fuchs/Grigg/Schwarzinger/VVO*, AHVB/EHVB 2005, 123 ff; *G. Kofler*, Haftpflichtversicherung 33 ff, 106 ff und *Maitz*, AHVB/EHVB 2005, 11 ff, 23 ff; *Reisinger* in *Fenyves/Perner/Riedler*, VersVG (2020) § 152 Rz 42 mwN.
355 *Jabornegg*, VR 1991, 230.
356 *Baumann* in *Honsell*, BK VVG § 149 Rn 57 mwN und einer Übersicht zum Meinungsstand.
357 *Mecenovic*, Herstellungs- und Lieferklausel 159.
358 *Rubin*, NZ 2016, 51.
359 Etwa OGH 11. 7. 2005, 7 Ob 111/05 g.
360 Vgl Kapitel III.B.
361 Vgl auch *Koch* in *Bruck/Möller*, VVG⁹ IV AHB 2012 Z 1 Rn 65: „*Deklaratorisch oder konstitutiv sind untaugliche Kriterien für die Zuordnung von Regelungen zu*

Ob es sich bei den beiden Risikoausschlüssen also „*um echte Risikoausschlüsse und nicht um bloße Klarstellungen*"[362] handelt, kann erst gesagt werden, wenn der Inhalt der beiden Klauseln feststeht; dazu bedarf es einer selbständigen Auslegung. Dass diesen nur deklarativer Charakter zukomme, weil es sich dabei um keine Schadenersatzverpflichtungen nach Art 1.2.1.1 handle, kann als Begründung nicht ausreichen.[363]

Erst im Anschluss an eine solche Auslegung können dann auch systematische Schlüsse gezogen werden.[364] Eine solche selbstständige Auslegung ist dabei schon methodisch geboten, weil nicht ohne Weiteres davon ausgegangen werden darf, dass einem Risikoausschluss keine eigenständige Bedeutung zukommt. Das wäre bei den beiden Risikoausschlüssen aber gerade dann der Fall, wenn ihnen nur eine deklarative Wirkung zuerkannt wird. Im Zweifel wäre den Ausschlüssen gerade gegenteilig ein eigenständiger Inhalt beizumessen.[365]

Die Auslegung der Erfüllungs- und Gewährleistungsklausel ist daher im Anschluss zu prüfen. Dort ist zu fragen, ob über die beiden Risikoausschlüsse eine Eingrenzung des Versicherungsschutzes für Mangelfolgeschäden über Art 1.2.1.1 hinaus erfolgt. Dabei liegt grundsätzlich wiederum ein rechtsvergleichender Blick nach Deutschland nahe, bei dem aber zu beachten ist, dass die AHB und die AHVB in entscheidenden Punkten voneinander abweichen.

Die AHB kannten lange Zeit keine Gewährleistungsklausel, sondern nur eine Erfüllungsersatzklausel (§ 4 I 6 Abs 3 AHB). Der Ausschluss für die Ersatzvornahme von Nacherfüllungsansprüchen wurde etwa deshalb als Untergruppe des Erfüllungsausschlusses bezeichnet.[366]

Zudem wurden die AHB anlässlich der Schuldrechtsmodernisierung zwischen 2002 und 2004 grundlegend neu strukturiert. Die genannten „Untergruppen" des Erfüllungsausschlusses sind nunmehr ausdrücklich in Z 1.2 AHB vom Versicherungsschutz ausgenommen.

Die in Z 1.2 AHB aufgezählten „Ausschlüsse" spiegeln dabei die praktisch besonders bedeutsamen und umstrittenen Problembereiche zum früheren Erfül-

---

    den verschiedenen Risikobegrenzungsebenen. Für die Zuordnung bedarf es vielmehr der Auslegung."

362 *Fenyves*, ZAS 1986, 9.

363 Siehe nur *Fenyves*, VersR 1991, 2: „*Daß der Anspruch auf Vertragserfüllung und die Gewährleistungsansprüche nicht gedeckt sind, ergibt sich hingegen bereits draus, daß es sich hierbei um keine „Schadenersatzansprüche" handelt. [D]ie betreffenden „Risikoausschlüsse" haben daher nur klarstellenden Charakter.*"

364 Vgl auch *Koch* in *Bruck/Möller*, VVG⁹ IV AHB 2012 Z 1 Rn 65.

365 Zur Auslegung von AVB ausf *Kath*, Rechtsfragen bei Verwendung allgemeiner Versicherungsbedingungen 1 ff.

366 Vgl *v. Rintelen* in *Beckmann/Matusche-Beckmann*, Handbuch-Versicherungsrecht³ § 26 Rn 35.

lungsausschluss (§ 4 I 6 Abs 3 AHB) wieder.[367] Vom Versicherungsschutz ausdrücklich ausgenommen sind danach ua Ansprüche aus der Nacherfüllung und der Selbstvornahme (Z 1.2 (1) AHB) und Ansprüche für Schäden, die verursacht werden, um die Nacherfüllung durchführen zu können (Z 1.2. (2) AHB).[368]

Auf diese in Z 1.2 AHB genannten, in der Praxis besonders bedeutsamen Problembereiche, wird im Folgenden bei der Aufarbeitung der Gewährleistungs- und Erfüllungsklausel ein besonderes Augenmerk gelegt.

Im Detail ist bei der Aufarbeitung der Gewährleistungsklausel zu fragen, ob diese mit der Nacherfüllung verbundene Kosten und Schäden über Art 1.2.1.1 hinaus vom Versicherungsschutz ausschließt. Bei der (Nicht)Erfüllungsklausel (Art 7.1.3) ist die deckungsrechtliche Einordnung für Ersatzansprüche in Folge Selbstverbesserung und den Nichterfüllungsschaden näher in den Blick zu nehmen. Die Untersuchung setzt dabei im Folgenden mit der Gewährleistungsklausel fort.

---

367 Bereits im älteren deutschen Schrifttum findet sich die Kritik, dass § 4 I 6 Abs 3 AHB eigentlich den Gegenstand der Haftpflichtversicherung beschreibe und deshalb dogmatisch zur primären Risikobeschreibung gehöre; vgl *Brockmann*, VersR 1955, 373; *P. Kramer*, JRPV 1927, 104; *Schmalzl*, VersR 1956, 270; *Schmalzl* in FS Korbion 371; *Schmalzl*, Berufshaftpflichtversicherung 100.

368 Zur Entwicklung des Erfüllungsausschlusses in DE s bei *v. Rintelen* in *Späte/Schimikowski*, AHB² Z 1 Rn 428 ff.

IV. Gewährleistungsklausel (Art 7.1.1)

A. Problemstellung

Nach dem Wortlaut des Art 7.1.1 sind *„insbesondere (...) Ansprüche aus Gewährleistung für Mängel"* vom Versicherungsschutz ausgenommen. Dass für Ansprüche aus dem Titel der Gewährleistung kein Versicherungsschutz besteht, ist nach dem bisher zur primären Risikoumschreibung Gesagten nichts Neues; sie wurden bereits nach Art 1.2.1.1 ausgeschlossen. Nach dem Wortlaut schließt die Gewährleistungsklausel auf den ersten Blick also nichts aus, was nicht ohnehin schon von der primären Risikoumschreibung nicht gedeckt ist.

Nach stRsp sind *„unter Ansprüche aus der Gewährleistung für Mängel im Sinne des Art 5 II lit c AHVB*[369] *[aber]nicht nur die Kosten der Behebung des Mangels an sich, sondern auch jene der vorbereitenden Maßnahmen, die zur Mängelbehebung erforderlich sind"* zu verstehen.[370] Was konkret als Mangelbehebungskosten und als Kosten für vorbereitende Maßnahmen zur Nacherfüllung ausgeschlossen sein soll, erschließt sich auf den ersten Blick dahingegen nicht. Es deutet sich aber an, dass die Gewährleistungsklausel nach diesem Verständnis über den bisherigen Ausschluss des Nacherfüllungsaufwands nach der primären Risikoumschreibung hinausgehen könnte.[371]

Der Versicherungsschutz für den Nacherfüllungsaufwand wurde nach Art 1.2.1.1 nämlich gerade nur dann ausgeschlossen, wenn es sich um die Verantwortung für den Mangel selbst handelt. Inwieweit das auch für „vorbereitende Maßnahmen" gilt, ist näher zu hinterfragen.

Vor diesem Hintergrund ist die Gewährleistungsklausel näher in den Blick zu nehmen. Im Detail ist im Folgenden also näher zu untersuchen, ob alle denkbaren Aufwände, die zur nachträglichen Erfüllung anfallen können, vom Versicherungsschutz ausgenommen sein sollen. Dabei ist im Besonderen wiederum auf die Aus- und Einbaukosten im Kaufrecht einzugehen, die auf Grund ihrer engen Verbindung zur Nacherfüllung möglicherweise als „notwendiger Aufwand" zur Nacherfüllung nach der Gewährleistungsklausel vom Versicherungsschutz ausgenommen sein könnten.

---

369 Gleichlautender Gewährleistungsausschluss zu Art 7.1.1 AHVB 2005.
370 RIS-Justiz RS0021974, OGH 24. 3. 1988, 7 Ob 9/88.
371 Vgl auch *Reisinger* in *Fenyves/Perner/Riedler*, VersVG (2020) § 152 Rn 43 mwN.

B. Meinungsstand

1. Lehre

Die wenigen Stellungnahmen im österreichischen Schrifttum zur Gewährleistungsklausel lassen gleichsam wie die zur Problemstellung angeführte stRsp vermuten, dass ein Ausschluss des Nacherfüllungsaufwands über den Umfang der primären Risikoumschreibung hinaus erfolgen könnte. Zudem erscheint es so, als würde der haftungsrechtlichen Zuordnung des Aufwands eine bedeutende Rolle beigemessen werden.

Wahle spricht diesbezüglich noch von einem Ausschluss der *„typischen"* Gewährleistungsansprüche.[372] *Zankl*[373] geht einen Schritt weiter. Er möchte über die Gewährleistungsklausel alle Kosten ausschließen, die dem Gewährleistungsrecht zuzuordnen sind und darüber hinaus auch solche *„Schäden, die zwangsläufig mit der Verbesserung sind"* vom Versicherungsschutz ausnehmen. Als Beispiel dafür führt *Zankl* an, dass Schäden an einer angrenzenden Liegenschaft, die zwangsläufig verursacht werden, um eine mangelhaft errichtete und in dessen Folge eingestürzte Montagehalle neu aufzubauen, vom Versicherungsschutz ausgeschlossen seien.[374]

Fenyves erkennt wiederum grundsätzlich die zivilrechtliche Zuordnung zum Erfüllungsbereich als Abgrenzungskriterium für die Deckung an. Dort, wo sich der zivilrechtliche Erfüllungsbegriff aber nicht mit dem versicherungsrechtlichen decken würde, käme es für den Versicherungsschutz darauf an, ob die Kosten oder Schäden solche wären, die typischerweise mit der Nacherfüllung verbunden sind.[375]

Nach den referierten Ansichten würde es damit zu einer Einschränkung des bisherigen Ergebnisses kommen, wonach ein Gleichlauf zwischen Mangelfolgeschaden und Deckung bestehen soll. Es sollen alle Kosten, aber auch Schäden, die in Verbindung mit der Nacherfüllung stehen, nach der Gewährleistungsklausel vom Versicherungsschutz ausgenommen sein. Damit wären auch Teile der Verantwortung des VN für solche Nachteile angesprochen, die außerhalb der vertraglich versprochenen Leistung liegen. Der Gewährleistungsausschluss könnte damit auch in doppelter Hinsicht für die Deckung der Aus- und Einbaukosten von Bedeutung sein. Sie könnten gleichermaßen als Kosten und Schäden zur Erfüllung der Gewährleistungspflicht vom Versicherungsschutz ausgenommen sein.

---

372 *Wahle*, ZVersWiss 1968, 364.
373 *Zankl*, ecolex 1990, 279.
374 Vgl auch *Schauer*, Versicherungsvertragsrecht[3] 400, der sich zur Erfüllungsklausel *Zankl*, ecolex 1990, 279 anschließt.
375 *Fenyves*, NZ 2001, 246 ff.

2. Rechtsprechung

In der Rsp finden sich neben den wenigen Stellungnahmen in der L[376] einige illustrative Entscheidungen,[377] anhand derer im Folgenden auszuloten ist, welche Kosten und Schäden als typische, mit der Nacherfüllung verbundene verstanden und deshalb nach der Gewährleistungsklausel ausgeschlossen sein sollen.

a) „Schwimmbadisolierungs-Fall" (Freilegungskosten)

Eine zentrale Entscheidung dazu erging bereits 1972 mit dem „Schwimmbadisolierungs-Fall".[378] Die Klägerin hatte auftragsgemäß die Isolierung eines Schwimmbeckens vorzunehmen. Die weiteren Schritte zur Fertigstellung des Schwimmbads wurden von einer dritten Firma erbracht; darunter auch das Anbringen eines Schutzbetons über der Isolierung und das Hochziehen einer Ziegelmauer, inkl Verkleidung mit Keramikfliesen, entlang der Schwimmbadwände. Erst nach Fertigstellung dieser Arbeiten stellte sich heraus, dass die von der Kl angebrachte Isolierung undicht war, was zu Durchnässungen in einem unter dem Schwimmbad liegenden Raum führte. Mehrere Verbesserungsversuche der Kl scheiterten, eine Abhilfe wurde erst durch eine von dritter Seite zusätzlich angebrachte Isolierung geschaffen. Zur Nachbesserung mussten der Schutzbeton und die Ziegelmauer inkl Keramikfliesen entfernt und wiederangebracht werden.

Das Erstgericht wies die Deckungsklage ab. Die Kosten, um an die Schadenstelle (Isolierung) zu gelangen, seien nicht vom versicherten Risiko umfasst. Die Kl sei zur Mängelbehebung auf Grund der Gewährleistung verpflichtet, welche aber nach Art 5 II lit c AHVB 1968 von der Deckung ausgeschlossen sei.

Das Berufungsgericht war hingegen der Ansicht, dass die Kl Deckung für einen Schadenersatzanspruch verlange, weil die Beschädigung im Zuge der Verbesserung an nicht von ihr zu bearbeitenden Sachen (Schutzbeton, Ziegelwand inkl Fliesen) erfolgte. Ausgeschlossen seien nur Kosten für die Verbesserung der mangelhaften Isolierung an sich, weshalb es sich um einen versicherten Rettungsaufwand handeln würde.

Der OGH verwarf die Ausführungen des Berufungsgerichts zum Rettungsaufwand und hielt zunächst fest, dass es sich bei der mangelhaften Isolierung um eine mangelhafte Herstellung eines Werks handle, weshalb die Kl aus dem Werkvertrag verpflichtet sei, eine mangelfreie (wasserdichte) Isolierung herzustellen.

---

376 Vgl auch die Übersicht zum österreichischen und deutschen Schrifttum und der Rsp bei *Fenyves*, NZ 2001, 246 ff.

377 Im Folgenden werden die für die angeführte Problemstellung zentralsten Entscheidungen aufgearbeitet.

378 OGH 11. 10. 1972, 7 Ob 214/72 VersR 1973, 873 f.

Der Verbesserungsanspruch nach Abnahme entspringe zivilrechtlich dem Werkvertrag und sei daher ein Gewährleistungs- und kein Schadenersatzanspruch. Vom Verbesserungsanspruch umfasst seien auch vorbereitende Maßnahmen, die notwendig wären, um eine Sanierung überhaupt erst zu ermöglichen, sowie die Kosten zur Wiederherstellung des im Zuge der Nachbesserung zerstörten Eigentums. Für den Ersatz der Kosten des Vorbereitungsaufwandes hafte die Klägerin daher aus dem Titel der Gewährleistung, auch dann, wenn ein Dritter die Verbesserung vorgenommen habe.[379]

Der OGH ortete die vom Versicherungsschutz ausgeschlossene vorbereitende Maßnahme damit im Freilegen der Werkleistung, um diese einer Nacherfüllung zugänglich zu machen. Die ebenfalls ausgeschlossenen Mangelbehebungskosten bestanden in der Verbesserung der mangelhaften Isolierung. Die Freilegungs- und Wiederherstellungskosten und die Verbesserung der Isolierung wären beide nach der Gewährleistungsklausel vom Versicherungsschutz ausgeschlossen, weil sie zivilrechtlich dem Gewährleistungsrecht – dem Werkvertrag – entspringen würden.[380] Die Begründung für den Ausschluss soll also im Wortlaut und daran anknüpfend in der zivilrechtlichen Einordnung als Gewährleistungskosten liegen.[381]

b) „Parkettboden-Fall" (vorbereitende Maßnahmen)

Im „Parkettboden-Fall"[382] hatte der Kl einen Parkettboden auf einen nicht ausgetrockneten Estrich verlegt. Dadurch kam es zu Aufwölbungen und Spaltbildungen, die eine Neuverlegung des Bodens notwendig machten. Der Auftraggeberin entstanden unter anderem Kosten für neuerliche Maler- und Tapezierarbeiten, Sachverständige und für den Ab- und Aufbau diverser Möbelstücke, für die sie den Kl aus Gewährleistung und Schadenersatz in Anspruch nahm. Der Kl begehrte dafür von der Bekl Deckung aus seiner Betriebshaftpflichtversicherung.

Das Höchstgericht ordnete die Kosten unter Verweis auf die bisherige Rechtsprechung als ausgeschlossene Gewährleistungskosten ein und führte begründend dazu aus, dass das Unternehmerrisiko nicht auf den Versicherer überwälzt werden soll, weshalb die bedungene Leistung vom Versicherungsschutz ausgenommen werden muss. Zur Absicherung dieses Grundsatzes würden die Haftungsausschlüsse des Art 7 dienen. Darunter auch der Ausschluss für Ansprüche aus Gewährleistung für Mängel, worunter *„(…) nicht nur die Kosten der Behebung des Mangels an sich, sondern auch jene der vorbereitenden Maß-*

---

379 Zur Einordnung der Ersatzansprüche in Folge Selbstverbesserung weiter unten bei der Aufarbeitung der (Nicht)Erfüllungsklausel (Kapitel V.) noch näher.

380 Zur zivilrechtlichen Einordnung in dieser E krit *Apathy*, wbl 1991, 279 (281), dazu unten noch näher.

381 Vgl auch OGH 24. 3. 1988, 7 Ob 9/88. Zu dieser E in Kapitel IV.D noch näher.

382 OGH 27. 8. 2008, 7 Ob 114/08 b.

nahmen, die zur Mangelbehebung erforderlich sind, sowie Erfüllungssurrogate" fallen würden.[383]

Der OGH ließ es im Anschluss daran damit genügen, die Deckung für die angeführten Kosten auszuschließen, weil es sich um nicht versicherte, bloße Vermögensschäden handle. Eine konkrete Subsumtion der Schadenpositionen unter den Gewährleistungsausschluss blieb also offen. Mit der Entscheidung schrieb der OGH aber seine bisherige Linie zum Gewährleistungsausschluss stehsatzartig fort: Ausgeschlossen seien sowohl die Kosten der Behebung des Mangels an der Vertragsleistung selbst, als auch vorbereitende Kosten, die zur Behebung erforderlich sind.

c) „Boiler-Fall" (Mangelfeststellungskosten)

Eine weitere einschlägige Entscheidung[384] erging 1988 im „Boiler-Fall"[385]. Die Kl hatte ua einen Heizungsboiler zu liefern und in einem Wohnhaus zu installieren. In der Folge kam es im Keller des Wohnhauses zu Durchfeuchtungen am Boden und an den Wänden. Deshalb wurde die Kl beauftragt, innerhalb ihrer Installation nach der Ursache für die Durchfeuchtung zu suchen. Dabei ging diese unfachmännisch vor, weshalb der Fehler im Boiler nicht entdeckt wurde und stattdessen der Fehler aufwändig in einer Sperrbetonwanne gesucht, aber nicht gefunden wurde. Erst ein beauftragter Sachverständiger erkannte, dass die Ursache für die Durchfeuchtungen im Boiler lag. Die Kl wurde deshalb aus dem Titel des Schadenersatzes für die *„Folgeschäden"* aus der schuldhaft sorglosen Überprüfung des Boilers in Anspruch genommen, wofür sie von der Beklagten Deckung aus dem Haftpflichtversicherungsschutz begehrte. Die Beklagte lehnte die Deckung mit der Begründung ab, dass es sich um einen nicht gedeckten Nachbesserungsschaden handeln würde. Die Vorinstanzen gaben dem Klagebegehren hingegen statt, weil es sich um Mangelfolgeschäden iSd Schadenersatzrechts handeln würde.

Der OGH führte in seiner rechtlichen Beurteilung wiederum aus, dass für *„reine Gewährleistungsansprüche"* anders als für Schadenersatzansprüche kein Versicherungsschutz bestehe.

Vom Versicherungsschutz ausgeschlossen wären Erfüllungsansprüche und deren Surrogate. Zu letzteren würden auch *„(...) Ansprüche auf die Kosten der Mängelbehebung"* gehören. Über die Mängelbehebungskosten hinausgehende Schäden wären ebenso ausgeschlossen, wenn sie zwangsläufig mit der Verbesserung in Verbindung stünden. Zur Begründung stützte sich das Höchstgericht dabei auf einen Nachweis zur deutschen Literatur.[386]

---

383 Diese Ausführungen wiederholend auch in OGH 2. 7. 2008, 7 Ob 128/08 m.
384 Daneben s OGH 20. 11. 1975, 7 Ob 242/75 VersR 1977, 98.
385 OGH 24. 3. 1988, 7 Ob 9/88.
386 *Johannsen* in *Bruck/Möller*, VVG[8] IV, G 72.

Im konkreten Fall ordnete der OGH die Schäden aus der frustrierten Mangelsuche aber nicht als zwangsläufig mit der Verbesserung des Werks in Verbindung stehend ein, weshalb auch die Deckungsablehnung nicht erfolgreich auf die Gewährleistungsklausel gestützt werden konnte.

Daneben war für die Entscheidung wiederum wesentlich, ob die Suchkosten zivilrechtlich als Gewährleistungskosten einzuordnen sind. Das wurde im konkreten Fall verneint, weil es sich weder um Mangelbehebungskosten, noch um zwangsläufig damit verbundene Kosten handeln würde. Im Umkehrschluss dazu hat der OGH die Kosten als Mangelfolgeschaden eingeordnet und Deckung zugesprochen.[387]

d) „Ausgleichsbecken-Fall" (Mangelsuchkosten)

Im „Ausgleichsbecken-Fall" hatte die Kl ein Ausgleichsbecken mit einer wasserdichten Folie auszukleiden. Die Arbeit erledigte die Kl mangelhaft, sodass es zu einem Wasseraustritt kam. Der Kl fielen Kosten zur Leckortung und zur Errichtung eines provisorischen Ausgleichbeckens an, für die sie Ersatz aus ihrer Betriebshaftpflichtversicherung begehrte.[388]

Der OGH hatte die Revision als unzulässig zurückgewiesen und in der Sache begründet, dass es bei der Einordnung der Kosten zur Leckortung darauf ankäme, ob es sich bei diesen um rein vorbereitende Maßnahmen zur Mangelbehebung handle. In diesem Fall wäre nach stRsp keine Deckung gegeben.

Mit seiner bisherigen stRsp[389] hält der OGH dazu fest, dass grundsätzlich alle Kosten ausgeschlossen seien, die ausschließlich der Verbesserung der mangelhaften Leistung dienen würden. Sind aus der mangelhaften Leistung bereits Folgeschäden entstanden, seien diese gedeckt und soll nur ausgeschlossen werden, was für die Beseitigung des Mangels selbst aufgewendet werden müsse. Im konkreten Fall hat es an dazu notwendigen Feststellungen gefehlt.

e) „Faltschachtel-Fall" (Transportkosten)

Im „Faltschachtel-Fall"[390] hatte die Kl Faltschachteln an eine dritte Firma zu liefern, welche die Schachteln mit Haferflocken und Hundefutter befüllte und so ihre Produkte an ihre Kunden auslieferte. Im Jahr 2002 lieferte die Kl eine mangelhafte Tranche an Schachteln, deren Stabilität beeinträchtigt war. Am Transport entstanden ihrer Kundin deshalb Schäden an den in den Schachteln

---

387 Auffällig ist überdies, dass der OGH den Ausschluss über die Erfüllungsklausel begründete und ihn nicht wie im „Schwimmbadisolierungs-Fall" auf die Gewährleistungsklausel stützte. Darauf wird, ebenso wie auf die Abgrenzung zwischen Erfüllungsschaden, Gewährleistungskosten und Mangelfolgeschaden, bei Aufarbeitung der Erfüllungsklausel noch einmal zurückzukommen sein.

388 OGH 24. 5. 2018, 7 Ob 222/17 y.

389 RIS-Justiz RS0131237, OGH 25. 1. 2017, 7 Ob 190/16 s.

390 OGH 11. 7. 2005, 7 Ob 111/05 g.

transportieren Produkten. Zudem musste die Abnehmerin der Kl insgesamt fünf LKW-Ladungen zurückholen, wodurch ihr neben den Schäden an den Produkten zusätzliche Kosten für das Abladen, Neuverpacken und wieder aufladen entstanden sind. Die Kl hatte ihrer Kundin für die mangelhaften Kartons neue, mangelfreie Schachteln geliefert. Sie begehrte nur für die darüber hinaus zu ersetzenden Frachtkosten, den Materialverlust (auszuliefernde Produkte) und den Arbeitsaufwand Deckung aus ihrer Haftpflichtversicherung.

Das Erstgericht gab dem Klagebegehren statt. Die Kl hafte für Mangelfolgeschäden aus der Lieferung mangelhafter Kartonagen. Für solche Schadenersatzverpflichtungen stehe ihr Versicherungsschutz aus der Betriebshaftpflichtversicherung zu. Das Berufungsgericht schloss sich der rechtlichen Beurteilung des Erstgerichts an. Es ergänzte, dass es sich bei dem von der Kl begehrten Ersatz nicht um Kosten für den Austausch der Kartonagen und damit auch nicht um Kosten zur Nacherfüllung handle. Die Kl begehre vielmehr Deckung für den Ersatz von Mangelfolgeschäden, die als Folge der mangelhaften Erfüllung bei ihrer Kundin entstanden seien.

Der OGH führte einleitend wiederum aus, dass die vertraglich versprochene Leistung grundsätzlich nicht in der Betriebshaftpflichtversicherung versichert sei. Die in Art 7 festgeschriebenen Risikoausschlüsse würden den – diesem Gedanken zugrundeliegenden – allgemeinen Grundsatz, dass das Unternehmerrisiko nicht auf den Versicherer überwälzt werden soll, absichern.[391] Deshalb seien Gewährleistungsansprüche ausgeschlossen, wozu nicht nur die Behebung des Mangels selbst, sondern auch alle vorbereitenden Maßnahmen, die zur Nacherfüllung notwendig sind, zählen würden.

Nach Art 7.1.1 seien auch Schadenersatzansprüche, die an die Stelle der Gewährleistung treten, von der Deckung ausgeschlossen.[392] Um genau solche Ansprüche soll es sich im vorliegenden Fall handeln: Die geforderten Aufwendungen würden der Mängelbehebung vorausgehen, weil der Rücktransport notwendig gewesen sei, um die Kartonagen überhaupt austauschen zu können. Von der eigentlichen Mangelbehebung umfasst sei auch der Aufwand zur Neuverpackung der in den Kartonagen transportierten Inhaltsbeutel. Außerdem sei der Austausch gegen eine schadenfreie Ware zufolge gesetzlicher Gewährleistungspflicht ausgeschlossen.

Zur „Faltschachtel-Entscheidung" lässt sich an dieser Stelle festhalten, dass diese – anders als die bisherigen Fälle – im Kaufrecht und nicht im Werkvertragsrecht spielt. Die klagende VN schuldete ihrem Käufer die Lieferung von Faltschachteln, lieferte aber instabile und damit mangelhafte Kartonagen. Zu den vorbereitenden Maßnahmen zur Nacherfüllung zählte der OGH die Kosten für die Rücklieferung vom Belegenheitsort der Kartonagen zum Firmensitz der

---

391 Vgl auch OGH 2. 7. 2008, 7 Ob 128/08 m.

392 Trotz Schadenersatzanspruch beruft sich der OGH hier also wieder – anders als im „Boiler-Fall" – auf die Gewährleistungs- und nicht auf die Erfüllungsklausel.

Kundin als (Nach)Erfüllungsort. Sie seien erforderlich gewesen, um den Austausch der mangelhaften Kartonagen gegen vertragsgemäße (Mangelbehebung) vornehmen zu können. Als vorbereitende Maßnahmen seien sie deshalb ebenso wie der Austausch der Kartonagen vom Versicherungsschutz ausgenommen; beide würden also als Anspruch aus Gewährleistung iSd Art 7.1.1 nicht gedeckt sein. Das Erst- und Berufungsgericht sahen dahingegen in den Vorbereitungskosten ersatzfähige Mangelfolgeschäden.

Zu dieser Entscheidung findet sich überdies eine Anmerkung von *Reisinger*[393], demnach die Differenzierung zwischen Mangelfolgenschaden und nicht gedecktem Gewährleistungsanspruch in der Praxis nicht immer ganz einfach sei. Er schließt sich der rechtlichen Beurteilung des OGH an. Im Ergebnis soll es also für die Deckung auch nach *Reisinger* darauf ankommen, ob sich die Kosten zivilrechtlich als Mangelfolgeschaden einordnen lassen.

3. Stellungnahme und Zwischenfazit

Nach stRsp sollen zusammengefasst sowohl Mangelbehebungskosten als auch zur Nacherfüllung notwendige vorbereitende Maßnahmen als Ansprüche aus Gewährleistung gem Art 7.1.1 vom Versicherungsschutz ausgeschlossen sein.

Unter Mangelbehebungskosten seien all jene zu verstehen, die unmittelbar zur Beseitigung der mangelhaften Leistung aufgewendet werden müssen. Dazu wird etwa der Austausch schadhafter Kartonagen gegen neue, oder die Verbesserung einer mangelhaften Isolation durch das stellenweise Anbringen von mangelfreiem Isolationsmaterial gezählt.

Die Gruppe der Mangelbehebungskosten lässt sich dabei schon nach Art 1.2.1.1 vom Versicherungsschutz ausschließen. Sie sind unmittelbar auf die Verantwortung für die mangelhafte Leistung zurückzuführen. Es geht dabei immer unmittelbar um einen Ausgleich für die mangelhafte Leistung selbst.

Unter dem Schlagwort der „vorbereitenden Maßnahmen" nimmt die stRsp aber auch Kosten und Schäden aus, die der Mangelbehebung unmittelbar vorangehen und für diese notwendig sind. Danach werden sowohl Transportkosten für den Rücktransport der mangelhaften Kartonagen an den Erfüllungsort, um diese dort austauschen zu können, als auch das Freilegen der mangelhaften Isolation durch Wegstemmen einer nach Abnahme des Werks aufgezogenen Wand und deren Wiederaufbau (Freilegungskosten), verstanden.

Der Ausschluss solcher „vorbereitenden Maßnahmen" ist deckungsrechtlich näher in den Blick zu nehmen. Im Besonderen würde dabei der Ausschluss von Schäden, die dem Gläubiger zur Nacherfüllung notwendig zugefügt werden müssen, nach dem bisher zu Art 1.2.1.1 Gesagten zu einer Einschränkung des Versicherungsschutzes führen.

---

393 *Reisinger*, RdW 2006, 269 (269 f).

Zum Ausschluss solcher „vorbereitender Maßnahmen" finden sich in L und Rsp zusammengefasst die folgenden Begründungsstränge: Zum einen soll das Wortlautverständnis des Art 7.1.1 („Ansprüche aus Gewährleistung") und damit die zivilrechtliche Einordnung der in Frage stehenden vorbereitenden Maßnahmen ausschlaggebend sein. Was zivilrechtlich dem Gewährleistungsrecht entspringt, soll von Art 7.1.1 also ausgenommen werden.[394] Dabei wird an sich ebenso – gleich wie zu Art 1.2.1.1 herausgearbeitet – auf eine Kongruenz zwischen Mangelfolgeschaden und Deckung abgestellt. Der zivilrechtlichen Einordnung der dargestellten Fallgruppen (Freilegungs- und Wiederherstellungskosten, Transportkosten etc) muss daher in einem ersten Schritt näher nachgegangen werden.

Daneben soll es für die Gewährleistungsklausel aber auch entscheidend darauf ankommen, ob es sich bei den vorbereitenden Maßnahmen um zwangsläufig mit der Gewährleistung verbundene Kosten oder Schäden handelt. Eine solche enge Verbindung soll über die zivilrechtliche Einordnung hinaus einen Ausschluss rechtfertigen. Ob eine solche Kausalität allein einen Ausschluss rechtfertigen kann, ist im Anschluss an die zivilrechtliche Aufarbeitung noch näher zu untersuchen.

Die in der Rsp geführte Überlegung, dass die in Art 7.1 geregelten Ausschlüsse gemeinsam das Ziel verfolgen würden, das Unternehmerrisiko vom Versicherungsschutz auszuschließen, kann dahingegen bereits an dieser Stelle als zu pauschal abgelehnt werden.[395]

C. Ausschluss vorbereitender Maßnahmen

Im Folgenden ist dem Ausschluss der im Vorkapitel dargestellten vorbereitenden Maßnahmen über Art 7.1.1 im Einzelnen näher nachzugehen. Die angesprochenen Kosten und Schäden sollen dabei in Fallgruppen untersucht werden. Begonnen wird mit den Freilegungs- und Wiederherstellungskosten im Werkvertragsrecht, die zugleich die größte und in der Praxis bedeutsamste Gruppe bilden.

1. Freilegungs- und Wiederherstellungskosten im Werkvertragsrecht

Die enge Verbindung zwischen Haftungsrecht und Haftpflichtversicherungsrecht erfährt bei der versicherungsrechtlichen Einordnung der Freilegungskosten im Werkvertragsrecht gewissermaßen ihren Höhepunkt: Im „Schwimmbadisolierungs-Fall" als einer der Leitentscheidungen des OGH macht dieser seine versicherungsrechtliche Beurteilung maßgeblich von der haftungsrechtlichen Einordnung abhängig. Darüber hinaus schielt das Höchstgericht bei

---

394 Vgl auch die Ausführungen der Vorinstanzen zu OGH 10. 5. 1972, 7 Ob 77/72.
395 Siehe dazu Kapitel III.B.

seiner versicherungsrechtlichen Beurteilung auf die zivilrechtliche Einordnung in Deutschland, die dort wiederum ihren Ursprung in versicherungsrechtlichen Entscheidungen gefunden hat.[396]

Dabei ist noch ein weiteres Detail besonders bemerkenswert: Die zivilrechtliche Einordnung der Freilegungskosten im Werkvertragsrecht findet sich in der öRsp zentral im Rahmen versicherungsrechtlicher Entscheidungen.[397] Das legt den Verdacht nahe, dass mit Übernahme der versicherungsrechtlichen Begründung aus Deutschland, die deutsche zivilrechtliche Einordnung mit importiert wurde. Diese Verquickung macht eine rechtsvergleichende Aufarbeitung sowohl im Haftungs- als auch im Versicherungsrecht notwendig.

In einem ersten Schritt soll ein Blick auf die haftungsrechtliche Einordnung der Freilegungskosten geworfen werden, weil sie zugleich eine der Hauptbegründungslinien des OGH für den Deckungsausschluss dieser Kosten ist. Dabei wird behauptet, dass es sich um „Gewährleistungskosten" und nicht um Mangelfolgeschäden handelt, weshalb – der zivilrechtlichen Einordnung folgend – dafür keine Deckung bestehen würde.

a) Haftungsrecht

aa) Deutschland

Die im „Schwimmbadisolierungs-Fall" angeführten Nachweise zur zivilrechtlichen Einordnung der Freilegungs- und Wiederherstellungskosten führen zu Stellungnahmen von *Ballerstedt*[398] und *Thomas*[399] zum deutschen Haftungsrecht.

Der Nachbesserungsanspruch des Werkbestellers wird dort als eine „*gesetzliche Ausgestaltung des Erfüllungsanspruchs*" bezeichnet; der Werkunternehmer habe den Vertrag noch nicht entsprechend erfüllt.[400] Die Nacherfüllungspflicht umfasse dabei nicht nur die nochmalige Erfüllung, sondern ebenso die Behebung jener Schäden an von der Werkleistung verschiedenen Sachen, die „*notwendig*" vom Werkbesteller bei der Vorbereitung zur Mangelbehebung verursacht wurden.[401]

---

396 Vgl auch *Apathy*, wbl 1991, 281.
397 Vgl auch *Fenyves*, NZ 2001, 246 ff; zur Unterscheidung der Verbesserungskosten zwischen Mangelschaden und Mangelfolgeschaden nach § 932 Abs 1 aF ABGB etwa OGH 19. 7. 1962, 5 Ob 143/62 JBl 1963, 317 (317 ff); OGH 30. 3. 1971, 4 Ob 511/71 JBl 1972, 205 (205 ff); OGH 31. 8. 1978, 6 Ob 687/78 JBl 1979, 259 (259 ff) und insb *R. Welser*, JBl 1976, 127 (135 f); *R. Welser*, Schadenersatz statt Gewährleistung 1 ff.
398 *Ballerstedt* in *Soergel/Siebert*, BGB[10] III § 633.
399 *Thomas* in *Palandt*, BGB[31] § 633.
400 *Ballerstedt* in *Soergel/Siebert*, BGB[10] III § 633 Rn 1.
401 *Ballerstedt* in *Soergel/Siebert*, BGB[10] III § 633 Rn 23; *Thomas* in *Palandt*, BGB[31] § 633 Rn 2; vgl auch *Peters* in *Staudinger*, BGB[12] II § 633 Rn 173.

Beide berufen sich dazu wiederum auf einen im deutschen versicherungsrechtlichen Schrifttum zentralen Fall („Kloakrohrleitungs-Fall")[402] des BGH, der zum deutschen Erfüllungsausschluss (§ 4 I 6 Abs 3 AHB) erging. Die angesprochene „Verquickung" zwischen Schuldrecht und Versicherungsvertragsrecht zeigt sich dort noch einmal besonders deutlich.

Die Kl hatte auftragsgemäß Kloakrohrleitungen in einem Mehrparteien-Miethaus zu verlegen. Nach Einzug der Mieter wurden die Leitungen auf Grund deren mangelhafter Verlegung undicht, was einen Wasseraustritt und Beschädigungen an im Keller eingelagerten Sachen zur Folge hatte. Zur Sanierung der Rohrleitungen war es notwendig, die Badezimmerwände aufzuschlagen. Nach der Nachbesserung der Leitungen hatte der Kl die Wände wiederherzustellen. Die dafür notwendigen Kosten wollte dieser von seinem Versicherer ersetzt bekommen.

Im Wesentlichen begründete der BGH seine Entscheidung damit, dass die Kosten zur Wiederherstellung dem Nachbesserungsanspruch zuzuordnen wären, der ein echter vertraglicher Erfüllungsanspruch sei. Darunter fielen auch die Vorbereitungsmaßnahmen, die notwendig sind, um die Nachbesserungsarbeiten überhaupt erst zu ermöglichen. Das ergebe sich aus § 633 aF BGB, wonach der Werkunternehmer den „gesamten Arbeitsaufwand zu tragen habe, den die Beseitigung des Werkmangels voraussetzt". Das Freilegen der Rohrleitungen sei damit eine vertragliche Erfüllungspflicht. Zur Nacherfüllungspflicht würden aber nicht nur die Freilegungskosten, sondern auch der danach notwendige Wiederherstellungsaufwand zählen. Dies ließe sich ebenfalls über die in § 633 aF BGB angeordnete Kostentragung des Werkunternehmers begründen und damit, dass die Nachbesserung ohne wirtschaftliche Belastung und ohne bleibende Eingriffe in das Eigentum des Werkbestellers erfolgen müsse.[403]

Im Grunde gleichgelagert war der zur selben Zeit ergangene „Abflussleitungs-Fall"[404], auf welchen Ballerstedt und Thomas ebenfalls verweisen. Der Kl hatte auftragsgemäß Siel- und Abflussleitungen zu verlegen, was er mangelhaft tat. Anders als im „Kloakrohrleitungs-Fall" verweigerte der Kl jedoch die Nachbesserung, weshalb der Werkbesteller die Rohre durch einen anderen Unternehmer auswechseln lies. Die ihm dadurch entstandenen Kosten erhielt der Werkbesteller aus dem Titel des Schadenersatzrechts zugesprochen.

Der BGH entschied wiederum, dass alle Leistungen, die der Kl auf Grund des Nacherfüllungsanspruchs erbringen müsse, als eine echte vertragliche Erfüllungspflicht anzusehen wären, wozu auch die Vorbereitungsmaßnahmen, die untrennbar mit der Pflicht zur Nachbesserung verbunden wären, zählen wür-

---

402 BGH 13. 12. 1962, II ZR 196/60 NJW 1963, 805 f.
403 Krit zu diesem Argument schon damals *Grunow*, Deckung vertraglicher Erfüllungs- und Surrogatansprüche 88 f.
404 BGH 13. 12. 1962, II ZR 196/60 NJW 1963, 805 f.

den. Die Begründungen dazu sind ansonsten gleich zu denen im „Kloakrohrleitungs-Fall".

Beide Fälle zur gewährleistungsrechtlichen Einordnung von Freilegungskosten ergingen damit im Rahmen einer versicherungsvertragsrechtlichen Entscheidung. In beiden Fällen stützte der BGH den Deckungsausschluss auf die zivilrechtliche Zuordnung der Freilegungs- und Wiederherstellungskosten zum Gewährleistungsrecht. Im Ergebnis wurden die zur Freilegung notwendigen Kosten deshalb – der haftungsrechtlichen Einordnung folgend – von der Deckung ausgenommen.[405]

An dem haftungsrechtlichen Verständnis hat sich bis heute – auch nach der Schuldrechtsmodernisierung – nichts geändert. Dem Werkunternehmer wird weiterhin das volle wirtschaftliche Risiko der Nacherfüllung zugewiesen. Er hat auf seine Kosten alle vorbereitenden Maßnahmen zu treffen, die notwendig sind, um die Mangelbehebung durchführen zu können und danach alle Maßnahmen zu setzen, um das Eigentum des Werkbestellers eingriffsfrei zu hinterlassen.[406]

Dass der Unternehmer alle Aufwände für den zweiten Erfüllungsversuch tragen soll, wird dabei aus der allgemeinen Verpflichtung zur mangelfreien Leistung abgeleitet. Die in § 635 Abs 2 BGB eingeführte Kostentragungsregel habe deshalb nur klarstellende Bedeutung.[407] „Der Risikosphäre des Unternehmers zugewiesen sind im Grundsatz alle kausal mit der Nacherfüllung verbundenen Aufwendungen".[408]

Zusammengefasst umfasst die Nacherfüllungspflicht des Werkunternehmers in Deutschland also auch die Freilegung der mangelhaften Werkleistung und die anschließend notwendige Wiederherstellung aller Schäden, die durch die Freilegung verursacht wurden. Diese Pflichten werden aus dem vertraglichen Erfüllungsanspruch – dem Werkvertrag – abgeleitet; sie gelten damit als „echte" Nacherfüllungspflicht Die Wiederherstellung im Besonderen wird aus der gewährleistungsrechtlichen Konsequenz abgeleitet, dass der Besteller keinen wirtschaftlichen Nachteil aus der Nacherfüllung erleiden dürfe.

Zivilrechtlich sind die Freilegungs- und Wiederherstellungskosten in Deutschland daher in der Tat nicht als Mangelfolgeschäden anzusprechen. Ob diese

---

405 Siehe die Nachweise oben und *Soergel* in *Rebmann/Säcker*, MüKo BGB² § 633 Rn 101, der die Rsp des BGH bestätigt. Dagegen allgemein abl etwa *Grimm*, NJW 1968, 14 (14 ff) mwN. Er sieht nicht die Kausalität der Kosten zur Nacherfüllung, sondern die Lokalität des Schadens als ausschlaggebend an. Entscheidend für die Nacherfüllungspflicht sei, ob es sich um einen Schaden an der Vertragsleistung, oder um einen außerhalb davon liegenden Schaden handle. Dem ist zuzustimmen. Im Detail dazu noch weiter unten.

406 *Busche* in *Säcker/Rixecker/Oetker/Limperg*, MüKo BGB⁸ VI § 635 Rn 12; OLG Düsseldorf 16. 6. 2017, I-22 U 14/17 NJW 2018, 627.

407 *Busche* in *Säcker/Rixecker/Oetker/Limperg*, MüKo BGB⁸ VI § 635 Rn 15 ff.

408 *Busche* in *Säcker/Rixecker/Oetker/Limperg*, MüKo BGB⁸ VI § 635 Rn 16.

Einordnung auch für das österreichische Haftungsrecht zutreffend ist, ist nunmehr weiter zu untersuchen.

bb) Österreich

Zur haftungsrechtlichen Einordnung der Freilegungskosten im Werkvertragsrecht finden sich in Österreich nur wenige Stellungnahmen.

Gegen die in Deutschland geführten Begründungen für einen Ersatz der Freilegungs- und Wiederherstellungskosten als Gewährleistungspflicht hat sich in der Vergangenheit *Apathy* ausdrücklich ausgesprochen: *„Die apodiktische Behauptung des BGH, die Beseitigung des Werkmangels dürfe zu keiner wirtschaftlichen Belastung des Bestellers führen, geht unzweifelhaft zu weit und ist in dieser Allgemeinheit unhaltbar.“*[409]

Aus den Gefahrtragungsregeln und einem Vergleich mit dem objektiven Schuldnerverzug leitet *Apathy* gegenteilig ab, dass die Verbesserungspflicht und die dafür notwendigen Kosten des Werkunternehmers auf die von ihm erbrachte Werkleistung beschränkt sein müssen. Das lasse sich auch mit der anerkannten Abgrenzung von Mangelschaden und Mangelfolgeschaden in Einklang bringen. Der Werkunternehmer hafte verschuldensunabhängig nur für die Verbesserung am geleisteten Gegenstand als Mangelschaden (Nachteil am Werk) und für die dazu notwendigen Verbesserungskosten, nicht aber für Nachteile, die aus der mangelhaft erbrachten Werkleistung an anderen Vermögenswerten entstehen. Das Risiko für Eingriffe in andere Teile außerhalb der geschuldeten Werkleistung sei damit dem Werkbesteller aufzulasten, solange den Werkunternehmer kein Verschulden treffe. Es könne nicht darauf ankommen, ob der Folgeschaden vor oder erst bei bzw durch die Nachbesserung eintritt. In beiden Fällen liegt ein ausschließlich über das Schadenersatzrecht zu ersetzender Mangelfolgeschaden vor, wenn der Schaden außerhalb der vertraglichen Erfüllungspflicht liegt.[410]

Die Kosten für die Wiederherstellung der durch die Freilegung beschädigten anderen (außerhalb der Werkleistung liegenden) Rechtsgüter soll damit zusammengefasst der Werkbesteller tragen, weil sich die Gefahrtragung des Werkunternehmers auf die von ihm geschuldete Werkleistung beschränke.[411]

Apathys Auffassung hat auch bei *Binder* und *Rebhahn* Gefolgschaft gefunden. *Binder* geht dabei ebenfalls von einer Risikoverteilung iS einer Gefahrtragung aus.[412] *Rebhahn* spricht von Nachteilen des Werkbestellers, weil der Werkunternehmer nicht mehr zu leisten hätte, als er ursprünglich geschuldet hat.[413] Mit dieser Begründung schließt sich dann auch *Fenyves*[414] an.

---

409 *Apathy*, wbl 1991, 282.
410 *Apathy*, wbl 1991, 282 f.
411 *Apathy*, wbl 1991, 282 f.
412 *Binder* in *Schwimann*, Praxiskommentar ABGB² § 932 Rz 49.
413 *Rebhahn* in *Schwimann*, Praxiskommentar ABGB² § 1167 Rz 49.
414 *Fenyves*, NZ 2001, 246 ff.

Zankl[415] folgt der in die Gegenrichtung lautenden deutschen Einordnung der Vorbereitungskosten als Gewährleistungspflicht des Werkunternehmers. Dies allerdings ohne eine eigenständige Begründung dafür anzuführen und ohne sich mit *Apathys* Meinung auseinanderzusetzen. Er verweist bloß auf den zum Versicherungsvertragsrecht ergangenen „Boiler-Fall"[416], in dem der OGH bei seiner rechtlichen Beurteilung wieder nur mit einem Verweis auf das deutsche Recht – dort sogar ausschließlich auf das Schrifttum zum deutschen Versicherungsvertragsrecht[417] – auskommt.

Die Stellungnahme von *Zankl* erging dabei ebenso im Rahmen eines Beitrags zum Versicherungsvertragsrecht. Sie ist daher auch vor diesem Hintergrund zu beurteilen. *Zankls* Anschluss an die dL bleibt soweit auch die Ausnahme.

Im Ergebnis hat sich damit *Apathys* Ansicht durchgesetzt, sodass nach heute hA[418] der Werkunternehmer „(...) *nicht zum Ausgleich von Nachteilen verpflichtet ist, die erst durch die Verbesserung an anderen Gütern des Bestellers eintreten."* Solche Schäden könne der Besteller eben nur über das Schadenersatzrecht als Mangelfolgeschaden ersetzt verlangen.[419]

cc) Stellungnahme

Der hA in Österreich, dass der Werkunternehmer nicht für die Wiederherstellung der durch die Nachbesserung entstandenen Eingriffe in die Güter des Bestellers aus dem Titel der Gewährleistung haften muss, ist zuzustimmen. Die von *Apathy* getroffene Unterscheidung zwischen Mangelschaden und Mangelfolgeschaden ist außerhalb des Werkvertragsrecht jedenfalls hA. Dabei sind keine besonderen Gründe ersichtlich, die für eine davon abweichende Beurteilung im Werkvertragsrecht sprechen.

Es erscheint überdies notwendig, zwischen Freilegungs- und Wiederherstellungskosten feiner zu differenzieren: Zur Nacherfüllung notwendige Kosten sind nur jene zur Freilegung der mangelhaften Werkleistung. Die Wiederherstellungskosten sind bloß Folge der Freilegung, aber nicht mehr zur Nacherfüllung notwendig. Das erkennt wohl auch der BGH, weshalb er versucht, dies mit der – von *Apathy* zu Recht als zu unscharf kritisierten – Begründung zu rechtfertigen, dass dem Besteller aus der Nacherfüllung keine zusätzlichen Kosten erwachsen dürften.

Der BGH spricht dem Werkbesteller für die Wiederherstellungskosten damit einen verschuldensunabhängigen Schadenersatz aus dem Titel der Gewährleis-

---

415 *Zankl*, ecolex 1990, 278.
416 OGH 24. 3. 1988, 7 Ob 9/88.
417 *Johannsen* in *Bruck/Möller*, VVG[8] IV G 72, 332 ff.
418 Statt vieler *Rebhahn/Kietaibl* in *Schwimann/Kodek*, ABGB[4] § 1167 Rz 57 f.
419 Vgl zuletzt auch *W. Faber*, JBl 2007, 524, anlässlich OGH 18. 12. 2006, 8 Ob 108/06z, der am Rande erwähnte, dass der Aufwand zum Aus- und Einräumen von Möbel zur Ermöglichung der Nachbesserung eines mangelhaft verlegten Fußbodens ein Folgeschaden sei, der über das Schadenersatzrecht ausgeglichen werden müsse.

tung zu. Das kann – wie schon *Apathy* dargelegt hat – für das österreichische Recht jedenfalls nicht überzeugen. Die Wiederherstellungskosten sind grundsätzlich als Mangelfolgeschaden zu qualifizieren, der nur über das Schadenersatzrecht zu ersetzen ist.

Das Gewährleistungsrecht zielt – anders als das Schadenersatzrecht – seinem allgemeinen Zweck nach darauf ab, die Störung des subjektiven Wertverhältnisses der Austauschleistungen nachträglich auszugleichen. Das Äquivalenzinteresse betrifft damit nur innerhalb der geschuldeten Leistung liegende Umstände und berücksichtigt außerhalb des Vertrags liegende grundsätzlich nicht.[420] Ein Ausgleich des Äquivalenzinteresses kann dabei durch die nachträgliche Verbesserung der mangelhaften Werkleistung erreicht werden.

Im Äquivalenzverhältnis stehen dabei der geschuldete Werkerfolg und der dafür versprochene Werklohn. Unterbleibt der versprochene Werkerfolg, kann der Werkbesteller gewährleistungsrechtlich die Nachbesserung vom Werkunternehmer verlangen. Der zur Nachbesserung notwendige Aufwand richtet sich dabei auch im Werkvertragsrecht nach dem vertraglich Geschuldeten.[421]

Ob die Freilegungs- und Wiederherstellungskosten vom Werkunternehmer zu tragende Nacherfüllungskosten sind, richtet also entscheidend danach, was der Werkunternehmer vertraglich schuldet.

Am Beispiel der mangelhaften Rohrleitungen kann dies wie folgt aussehen: Schuldet der Werkunternehmer bloß die Verlegung einer Rohrleitung in einen Rohbau, ohne dass er auch das Verschließen der Wand übernommen hat, muss er auch gewährleistungsrechtlich für nicht mehr einstehen. Der versprochene Werkerfolg beschränkt sich auf die ordnungsgemäße Verlegung von Rohrleitungen in der vom Werkbesteller bereitgestellten offenen Wand. Die notwendigen Freilegungskosten, um das mangelhafte Werk einer Verbesserung zugänglich zu machen (das Aufstemmen der nachträglich vom Besteller verschlossenen Wand), hat der Werkbesteller zu tragen. Daran anknüpfend sind auch die Kosten zur Wiederherstellung (das Wiederverschließen der Wand) vom Besteller zu tragen. Beides sind also Mangelfolgeschäden, die außerhalb der versprochenen Leistung liegen und nur bei Vorliegen eines ausreichenden Zurechnungsgrundes vom Werkunternehmer ersetzt werden müssen.

Schuldet der Werkunternehmer hingegen die Verlegung von Rohrleitungen und zusätzlich das anschließende Verschließen der Wand, besteht der vertraglich versprochene Werkerfolg darin, dass der Werkbesteller im Endzustand vertragsgemäß ordnungsgemäße Rohrleitungen hinter einer ordnungsgemäß verschlossenen Wand erhält. Die Rohrleitung ist dabei als ein Teil dieses ge-

---

420 Grundlegend dazu *F. Bydlinski* in *Gschnitzer/Klang*² IV/2; für viele heute *Welser/Zöchling-Jud*, Bürgerliches Recht II¹⁴ Rz 305.

421 Zur Verbesserung beim Werkvertrag ausf *Kurschel*, Gewährleistung beim Werkvertrag 58 ff.

schuldeten Gesamterfolgs zu sehen. Ist diese mangelhaft, hat der Werkunternehmer gewährleistungsrechtlich für den versprochenen Gesamterfolg einzustehen. Er muss also die Wand auf seine Kosten aufstemmen, die Rohrleitungen nachbessern und im Anschluss daran die Wand wiederverschließen. Dabei handelt es sich dann auch um Gewährleistungskosten des Werkunternehmers.

Das Gewährleistungsrisiko richtet sich also nach dem vertraglich versprochenen Werkerfolg. Betrachtet man die Situation dabei abschließend aus der Brille des Werkunternehmers, lässt sich die Belastung des Bestellers auch damit rechtfertigen, dass das Recht der Nacherfüllung („Prinzip der zweiten Chance") grundsätzlich (auch) ein Recht des Übergebers ist. Dem Übergeber soll im Vergleich zu den sekundären Behelfen eine wirtschaftliche Lösung geboten werden.[422] Aus der für den Unternehmer wirtschaftlicheren Lösung der Nacherfüllung würde in der Regel die unwirtschaftliche werden, würde man ihm die Freilegungs- und Wiederherstellungskosten auflasten. Dass der Besteller nur unter zusätzlichen Kosten weiterhin Erfüllung verlangen kann, lässt sich dagegen sachlich rechtfertigen.[423]

Nimmt man den Primat der zweiten Chance und die Rechtsnatur der primären Behelfe als fortwirkende Erfüllungsansprüche also ernst, könnte in Zusammenschau mit den Überlegungen zur Gefahrtragung im Allgemeinen und den §§ 1167 ff ABGB im Besonderen sogar vorsichtig behauptet werden, dass der Werkunternehmer ein Recht hat, die Nacherfüllung durch Vorbereitungsarbeiten auf Kosten des Werkbestellers überhaupt erst zu ermöglichen.

Die Begründungslinie des BGH, dass dem Werkbesteller kein Nachteil aus der Nacherfüllung erwachsen dürfe, erinnert zudem an die vom EuGH zum Aus- und Einbau im Kaufrecht (Rs *Weber/Putz*) vorgebrachte. Eine Ausdehnung auf das Werkvertragsrecht und damit eine Gleichstellung der Freilegungs- und Wiederherstellungskosten mit den Aus- und Einbaukosten – also ein verschuldensunabhängiger Ersatz im Verbraucherrecht, oder darüber hinaus – ist im Ergebnis aber eher abzulehnen. Die RL (alt) ist in ihrem sachlichen Anwendungsbereich auf das Kaufrecht beschränkt; das ist entsprechend beim historischen Umsetzungswillen zu berücksichtigen. Zudem ist schon der Ersatz der Aus- und Einbaukosten eine Systemwidrigkeit, die nicht ohne triftigen Grund ausgedehnt werden sollte. Dafür spricht, dass die Problemstellungen sachlich gleichgelagert sind und damit wertungsmäßig unsachliche Unterscheidungen

---

422 RIS-Justiz RS0120246; OGH 10. 7. 2012, 4 Ob 80/12m; statt vieler *Reischauer* in *Rummel/Lukas*, ABGB⁴ § 932 Rz 166 ff und *Welser/Zöchling-Jud*, Bürgerliches Recht II¹⁴ Rz 334; jeweils mwN.
423 Die Bedenken, die sonst gegen einen Umstieg auf die sekundären Behelfe bei einer durch den Besteller herbeigeführten Unmöglichkeit vorgebracht werden, konzentrieren sich meist darauf, dass der Übergeber nicht schlechter gestellt werden soll, wenn der Übernehmer die zweite Chance vereitelt; vgl auch *Rabl*, Gefahrtragung 261 mwN.

zwischen Kauf- und Werkvertragsrecht bestehen könnten. Zudem wollte der Gesetzgeber das Gewährleistungsrecht möglichst einheitlich regeln.[424]

dd) Zwischenergebnis

Die zivilrechtliche Einordnung der Freilegungs- und Wiederherstellungskosten weicht im österreichischen Haftungsrecht entscheidend vom deutschen Haftungsrecht ab. Nach deutschem Schuldrecht sind die Freilegungs- und Wiederherstellungskosten immer – also unabhängig vom versprochenen Werkerfolg – aus dem Titel der Gewährleistung zu ersetzen. Die weite Nacherfüllungspflicht wird aus der vertraglichen Erfüllungspflicht abgeleitet. Die dL und der BGH begründen den Ersatz der Wiederherstellungskosten über das Gewährleistungsrecht damit, dass dem Gewährleistungsgläubiger keine zusätzlichen Kosten aus der Nacherfüllung erwachsen dürfen.

Aus Sicht des österreichischen Zivilrechts, ist ein allgemeiner verschuldensunabhängiger Ersatz der Freilegungs- und Wiederherstellungskosten aus dem Titel des Gewährleistungsrechts abzulehnen. Für dessen Ersatz über das Gewährleistungsrecht kann nicht entscheidend sein, dass der Schaden erst mittelbar aus der Nacherfüllung und nicht unmittelbar aus der mangelhaften Leistung resultiert. Ob der Freilegungs- und Wiederherstellungsaufwand als Mangelfolgeschaden über das Schadenersatzrecht zu ersetzen ist, oder ob es sich dabei um Gewährleistungskosten handelt, muss sich im Einzelfall danach richten, welchen Gesamterfolg der Werkunternehmer vertraglich schuldet. Entgegen dem OGH können die Freilegungs- und Wiederherstellungskosten daher auch nicht pauschal – unter Nachweis auf die dL – als „Gewährleistungskosten" vom Versicherungsschutz ausgenommen werden.

b) Versicherungsrechtliche Einordnung

Die unterschiedliche schuldrechtliche Einordnung der beiden Länder schlägt sich damit auch auf die versicherungsrechtliche Beurteilung nieder: In Deutschland können die Freilegungs- und Wiederherstellungskosten schon dem Wortlaut nach von der Deckung ausgenommen werden. Es handelt sich dort eben um Ansprüche aus dem Titel der Gewährleistung.[425]

Für die Gewährleistungsklausel der AHVB lässt sich ein Ausschluss der Freilegungs- und Wiederherstellungskosten im Werkvertragsrecht als Gewährleistungskosten nicht ohne Weiteres dem Wortlaut nach begründen.[426] Diese sind

---

424 Vgl etwa *Karner/Koziol*, Mangelfolgeschäden in Veräußerungsketten 28 ff, die einer Ausdehnung im Allgemeinen krit gegenüberstehen; *P. Bydlinski*, ÖJZ 2011, 893 ff, ist dahingehend insgesamt eher offen; vgl auch *R. Welser/B. Jud*, Zur Reform des Gewährleistungsrechts 34 f.

425 Zumindest nach den heute geltenden Bedingungen. Der Ausschluss der vorbereitenden Maßnahmen ist dabei auch in Deutschland nicht gänzlich unbestritten. Dazu im Detail noch näher unten.

426 Krit auch *Fenyves*, NZ 2001, 246 ff.

haftungsrechtlich abhängig vom versprochenen Werkerfolg als Gewährleistungskosten oder als Mangelfolgeschaden einzuordnen.

Mit dieser zivilrechtlichen Einordnung einer geht aber auch, dass die Freilegungs- und Wiederherstellungskosten dann schon nach Art 1.2.1.1 vom Versicherungsschutz ausgenommen sind, wenn sie als Gewährleistungskosten zu ersetzen sind. Dann führt die Verantwortung nämlich auf den geschuldeten Werkerfolg zurück, womit eine ausgeschlossene Verantwortung für einen Nachteil innerhalb der geschuldeten Leistung vorliegt. Dahingehend kommt der Gewährleistungsklausel also nur deklarative Wirkung zu, wenn die Freilegungs- und Wiederherstellungskosten vom vertraglich geschuldeten Werkerfolg gedeckt sind.[427]

Weiterhin fraglich ist hingegen, ob die Freilegungs- und Wiederherstellungskosten von der Gewährleistungsklausel ausgeschlossen sind, wenn es sich um – über das Schadenersatzrecht zu ersetzende – Mangelfolgeschäden handelt. Diese wären dann grundsätzlich nach Art 1.2.1.1 vom Versicherungsschutz umfasst, weshalb es einer näheren Begründung für deren Ausschluss bedürfte.

Nach einer solchen Begründung ist im Folgenden wiederum zunächst im österreichischen und im Anschluss daran im deutschen versicherungsrechtlichen Schrifttum zu suchen. Danach wird abschließend zur deckungsrechtlichen Einordnung der Freilegungs- und Wiederherstellungskosten nach den AHVB Stellung genommen.

aa) Österreich

Im österreichischen versicherungsrechtlichen Schrifttum wurde das Problem der Freilegungs- und Wiederherstellungskosten im Werkvertragsrecht erstmals[428] von *Fenyves* im Jahr 2001, im Rahmen seiner einschlägigen Untersuchung zur Erfüllungs- und Gewährleistungsklausel, näher angesprochen.[429]

Fenyves sieht in der zivilrechtlichen Qualifikation dabei nur eine „*Indizwirkung*", die über teleologische Argumente zu korrigieren sei. Er führt dabei in Übereinstimmung mit den bisherigen Überlegungen an, dass sich die Begründung des OGH allein auf die zivilrechtliche Einordnung stützt, die sich im Versicherungsrecht fälschlicherweise nach deutschem Haftungsrecht[430] richtet.[431]

Im Anschluss an *Johannsen*[432] sieht *Fenyves* den wirtschaftlichen Zweck der Gewährleistungsklausel darin,[433] dass das eigentliche Leistungsrisiko beim VN

---

427 Insoweit besteht auch kein Begründungsbedarf über die haftungsrechtliche Zuordnung zum Gewährleistungsrecht, wie dies der OGH aber meint.
428 Zuvor *Zankl*, ecolex 1990, 279, der das Thema nur am Rande und implizit, ohne nähere Begründung, behandelt.
429 *Fenyves*, NZ 2001, 246.
430 Wonach es sich bei den Freilegungs- und Wiederherstellungskosten eben um Gewährleistungskosten handelt.
431 *Fenyves*, NZ 2001, 249 ff.
432 *Johannsen* in *Bruck/Möller*, VVG⁸ IV, G 60, 332 und G 258, 469 f.

belassen werden solle.[434] Davon umfasst seien aber nicht nur das vertragliche *„Leistungs- und Lieferobjekt"*, sondern auch die Mangelnebenkosten. Der VN hätte nämlich typischerweise und oft in Rechtsgüter Dritter einzugreifen, um die Verbesserung durchführen zu können. Der Eingriff sei zwangsläufig mit der Nacherfüllung verbunden und typisch für eine Nachbesserung im Werkvertragsrecht.[435]

Fenyves wiederholt seine Ausführungen ein weiteres Mal 2004, wobei er dort bereits von einer hM[436] spricht, wonach, „(...) *auch jene Schäden durch die „Erfüllungsklausel" (bzw die „Gewährleistungsklausel") ausgeschlossen sind, die zwangsläufig mit der Verbesserung der geschuldeten Leistung des VN einhergehen.*"[437]

Im Ergebnis stellt *Fenyves* damit Kausalitätsüberlegungen an, nach denen es – über die zivilrechtliche Einordnung hinaus – zu einem Ausschluss aller „typischen" und eng mit der mangelhaften Leistung verbundenen Schäden und Kosten kommen soll. Die Freilegungs- und Wiederherstellungskosten wären also auch dann als Mangelfolgeschaden von der Deckung ausgenommen, wenn sie in einer solchen engen Verbindung zur mangelhaften Leistung stünden. Zudem spricht *Fenyves* vom „eigentlichen Leistungsrisiko", wozu auch die Mangelbeseitigungsnebenkosten zählen würden.[438] Der Begriff erinnert wiederum an das fälschlicherweise pauschal ausgeschlossene Unternehmerrisiko.[439]

In eine ähnliche Richtung hat in jüngerer Zeit auch *L.-M. Wagner*[440] Stellung genommen. Sie sieht den Ausschluss von Mangelbeseitigungskosten ebenfalls darin begründet, dass diese ausschließlich der Verbesserung dienen würden und im Falle der Deckung andernfalls „(...) *dem Versicherer das unternehmerische Risiko übertragen werden"* würde.[441]

Nach *Maitz* komme es ebenfalls darauf an, ob der Aufwand der Beseitigung eines Mangelfolgeschadens oder der Vertragserfüllung diene.[442]

---

433 *Fenyves* spricht zwar von der Erfüllungsklausel. Das lässt sich aber wiederum damit erklären, dass er auf *Johannsen*, aaO Bezug nimmt und die damaligen AHB keinen Gewährleistungsausschluss kannten.

434 Vgl auch *Zankl*, ecolex 1990, 278.

435 Von einer „faktischen" Verbindung als versicherungstechnisches Kriterium muss wohl auch für *Reisinger*, RdW 2006, 269 f ausgegangen werden, sofern man ihm keine zivilrechtliche Fehlbeurteilung unterstellen möchte; vgl dazu oben zum „Faltschachtel-Fall" (Kapitel IV. B.); vgl auch *Jabornegg*, VR 1991, 230. Gegen derartige Kausalitätsüberlegungen im Versicherungsrecht ausdrücklich schon *Grimm*, NJW 1968, 14 ff, mwN.

436 Als Nachweis für die hM dienen seine früheren Beiträge und die dort angeführten Nachweise.

437 *Fenyves* in FS Migsch 75.

438 Vgl auch *Fenyves*, VersR 1991, 2 mwN und oben.

439 Siehe Kapitel III.B.

440 *L.-M. Wagner*, ZVB 2017, 257 (258 f).

441 Vgl auch *Fitsch*, bauaktuell 2010, 154 (155).

442 *Maitz*, AHVB/EHVB 2005, 110 f.

Was die besonders schwierige Abgrenzung zum Mangelfolgeschaden betrifft, möchte G. *Kofler* darüber hinaus darauf abstellen, ob durch die mangelhafte Leistung selbst ein versicherter Sachschaden an der Verbauung entstanden sei, oder dieser dem Besteller erst durch die Nacherfüllung zugefügt wird. Im zweiten Fall ergebe sich die Behebung aus der Gewährleistungspflicht, weshalb keine Deckung bestehe.[443] Damit stellt G. *Kofler* auch in Frage, ob es sich bei den Schäden im Zuge des Eingriffs überhaupt um einen gedeckten Mangelfolgeschaden handeln kann, weil er nicht unmittelbar aus der mangelhaften Leistung resultiere.[444]

Dem österreichischen Schrifttum lassen sich damit zusammengefasst die folgenden Überlegungen entnehmen: Die Grundüberlegung für den Ausschluss vorbereitender Maßnahmen besteht darin, dass diese eng und unmittelbar mit der Gewährleistungspflicht in Verbindung stehen würden, weshalb sie – unabhängig von der haftungsrechtlichen Einordnung – als deren typische Folge von der Deckung ausgenommen werden müssen. Der Ausschluss vorbereitender Maßnahmen ergebe sich zudem aus dem allgemeinen Zweck der in Art 7.1 geregelten Ausschlüsse, wonach das Leistungs- bzw Unternehmerrisiko grundsätzlich nicht vom Versicherungsschutz umfasst sein soll.

In den Kommentierungen des Versicherungsverbands zu den AHVB findet sich dagegen folgende Erläuterung: Wenn „(...) *die Verpflichtung, Schäden zu beheben, die dadurch eintreten, da[ss] zur Vorbereitung der Nachbesserungsarbeiten Sachen des Bestellers beschädigt werden müssen auch zu den „Erfüllungspflichten"* gehöre, bestehe keine Deckung.[445] Mangelfolgeschäden wären ansonsten grundsätzlich gedeckt.[446] Das Abstellen auf „Erfüllungspflichten" führt also wiederum zur zivilrechtlichen Einordnung und der Frage, ob die Freilegungs- und Wiederherstellungskosten vom geschuldeten Werkerfolg mitumfasst sind. Ein Ausschluss als Mangelfolgeschaden über Art 1.2.1.1 ließe sich damit – wie gezeigt – aber gerade nicht begründen.

bb) Deutschland

In Deutschland reicht die Diskussion um die Deckung von Freilegungs- und Wiederherstellungskosten unter dem Schlagwort der „Mangelbeseitigungsnebenkosten" deutlich weiter als in Österreich zurück; entsprechend umfangreicher und dichter sind die literarischen Äußerungen. Mit der folgenden Aufarbeitung sollen die wesentlichen Argumente und unterschiedlichen Begründungen kompakt dargestellt werden, um sie im Anschluss daran ge-

---

443 G. *Kofler*, Haftpflichtversicherung 109.
444 Vgl auch *Fitsch*, bauaktuell 2010, 155.
445 *Achatz et al/VVO*, AHVB 1993, 93 f; die Abgrenzung erfolgt dort im Bereich der Erfüllungsklausel.
446 So auch in der aktuellen Kommentierung *Fuchs/Grigg/Schwarzinger/VVO*, AHVB/ EHVB 2005, 171 ff.

meinsam mit den Stellungnahmen im österreichischen Schrifttum einer Würdigung unterziehen zu können.

Das am häufigsten gegen die Deckung von Mangelbeseitigungsansprüchen vorgebrachte Argument ist die bereits aufgearbeitete haftungsrechtliche Einordnung der Freilegungs- und Wiederherstellungskosten als Gewährleistungskosten.[447]

Bereits 1968 – im Anschluss an die Entscheidung des BGH zum oa „Kloakrohrleitungs-Fall"[448] – äußerte auch *Grunow* in ihrer einschlägigen Dissertation, dass die Kosten als Teil des Nacherfüllungsanspruchs (§ 635 aF BGB) nicht gedeckt sein könnten, weil sie damit in Verantwortung einer vertraglichen Erfüllungspflicht zu erbringen wären. Die Kosten würden „*(...) ihre rechtliche Grundlage in der Verpflichtung des Unternehmers zur Herstellung des versprochenen Werks*" finden. Die Freilegungs- und Wiederherstellungskosten wären zwangsläufig mit dieser Pflicht verbunden. Ohne diesen Aufwand könnte der Unternehmer seiner Pflicht zur Nacherfüllung erst gar nicht nachkommen.[449]

Daran anschließend meint auch *Johannsen*, dass der Ausschluss für Mangelbeseitigungsnebenkosten sowohl im Rahmen eines echten Nacherfüllungsanspruchs, als auch als Schadenersatz über das Erfüllungssurrogat gelte;[450] dem folgt auch *Wussow*[451].[452]

In der Folge äußerte sich *Späte* dahingehend, dass alles ausgeschlossen werden müsse, was der nachträglichen Erbringung der vertraglichen Erfüllungsleistung diene.[453] Die Wiederherstellungskosten schließt er als Teil des Nachbesserungsanspruchs bereits gem § 1 AHB aus, weil es sich um Kosten für eine Erfüllungspflicht handeln würde.[454] Für den Unternehmer bliebe lediglich ein finanzieller Eigenschaden in Form der Mehrkosten für die Freilegung und Wiederherstellung über.[455] Es bestünde also gar kein versicherbarer Anspruch eines Dritten, den § 1 AHB aber voraussetze.[456]

---

447 Zur schuldrechtlichen Einordnung oben näher.
448 BGH 13. 12. 1962, II ZR 196/60 NJW 1963, 805 f; auch in BGH 13. 12. 1962, II ZR 197/60 NJW 1963, 811 f wird darauf abgestellt, dass es sich bei der Freilegung und Wiederherstellung um eine vertragliche Erfüllungspflicht handeln würde.
449 *Grunow*, Deckung vertraglicher Erfüllungs- und Surrogatansprüche 89 f und 107 f.
450 *Johannsen* in *Bruck/Möller*, VVG[8] IV G 59, 321 und G 259, 469 f.
451 *Wussow*, AHB[8] § 1 Anm 72.
452 In der Folge auch *Kuwert*, Haftpflichtversicherung[4] Rn 4230 ff und *Thürmann* in *Schmidt/Salzer*, Produkthaftung[2] IV/1 Rn 8.092; umfassend *Littbarski*, Haftungs- und Versicherungsrecht, Rn 372 ff und *Schmalzl*, Berufshaftpflichtversicherung, Rn 463 f; jeweils mwN.
453 *Späte*, AHB § 1 Rn 133 und 154 ff; *Späte* in *Brendl*, Produkt- und Produzentenhaftung IV 13/105.
454 Siehe auch *Baumann* in *Honsell*, BK VVG § 149 Rn 58 und 104 mwN zur hA.
455 *Späte* in *Brendl*, Produkt- und Produzentenhaftung IV 13/5; das gelte auch für das eingesetzte Arbeitsmaterial zur Neuherstellung.
456 *Späte*, AHB § 1 Rn 155.

Der Eigenschadengedanke lässt sich dabei auf eine Stellungnahme der Versicherungsaufsicht (BAV) zur damaligen Mangelbeseitigungsnebenkostenklausel zurückführen. Die Klausel wurde von einigen Versicherern, welche die wirtschaftliche Notwendigkeit der Absicherung des Vorbereitungsaufwands erkannt hatten, als Reaktion darauf eingeführt. Die Versicherung solcher Schäden als Haftpflichtversicherung wurde ihnen allerdings von der BAV als Aufsichtsbehörde mit der Begründung untersagt, dass es keinen geschädigten Dritten gebe, wenn der VN als Gewährleistungsschuldner die Kosten im Rahmen der Nacherfüllung – bei Vornahme in natura – zu tragen habe.[457] Die Ansicht traf auf Kritik[458] im Schrifttum.[459]

Für eine grundsätzliche Deckung aller Nachbesserungsbegleitschäden traten hingegen *Eiselt/Trapp* ein. Die Wiederherstellungskosten würden sich aus der Verletzung einer Erfüllungspflicht ergeben, weshalb sie als Folgeschaden grundsätzlich vom Versicherungsschutz der AHB umfasst seien.[460] *Eiselt/Trapp* gehen zwar ebenfalls davon aus, dass es sich bei der Freilegung- und Wiederherstellung schuldrechtlich um (Nach)Erfüllungspflichten handle. Für deren Ausschluss würden aber die sonst gegen die Versicherung von Erfüllungspflichten sprechenden Argumente nicht greifen. Zudem bestehe im Versicherungsrecht eine eigenständige Begriffsbildung zur Erfüllungspflicht. Alle Schäden, die an anderen Gütern außerhalb der Vertragsleistung entstehen, müssten deshalb gedeckt werden. Für diese Schäden würde der VN gerade keine Gegenleistung erhalten und seien diese auch nicht vorhersehbar und unkalkulierbar. Im Ergebnis handle es sich damit um eine versicherte Folge von Pfuscharbeit.[461]

Der Ausschluss von Mangelbeseitigungsnebenkosten wäre *Eiselt/Trapp* zu Folge also nicht mit seiner schuldrechtlichen Natur zu begründen. Ausgeschlossen sei nur, was vertraglich geschuldet ist und darüber hinaus jener Mehraufwand, der zur nachträglichen Erfüllung des Vertrags notwendig sei.[462]

---

457 Krit dazu *Baumann* in *Honsell*, BK VVG § 149 Rn 107.

458 Kritikwürdig ist sicherlich, dass es sich um keinen rechtlichen Eigenschaden iSd Versicherungsrechts handelt. Es ist aber auch nicht zu übersehen, dass der Geschädigte tatsächlich keinen Anspruch gegen den VN auf Ersatz der Freilegungs- und Wiederherstellungskosten hat, wenn man diese den Gewährleistungskosten zuordnet. Lässt man diese im Gewährleistungsanspruch aufgehen, könnte daher von einem „wirtschaftlichen Eigenschaden" des VN gesprochen werden, weil ihm das Haftungsrecht diese Kosten zuweist und dafür keine Deckung besteht. Das führt aber freilich im Kern wiederum nur auf die Frage zurück, für welche Ansprüche Deckung in den AHB besteht. Der Begriff Eigenschaden sollte daher insgesamt besser vermieden werden.

459 Statt vieler *Baumann* in *Honsell*, BK VVG § 149 Rn 110; *Honsell* in FS Reimer Schmidt 717 (730 ff) und *Eiselt/Trapp*, NJW 1984, 899 ff.

460 *Eiselt/Trapp*, NJW 1984, 899.

461 *Eiselt/Trapp*, NJW 1984, 902.

462 *Eiselt/Trapp*, NJW 1984, 903.

Die Ansicht von *Eiselt/Trapp* wurde von der hL zum Teil scharf kritisiert.[463] Insb *Littbarski*[464] setzte sich mit dem Beitrag von *Eiselt/Trapp* auseinander.[465] Er entgegnete, dass es an einem für die AHB notwendigen Schaden eines Dritten fehle[466] und bloß ein Erfüllungsanspruch vorliege.[467] Zudem würde damit eine von ihm abgelehnte Abwälzung des *„jedem Vertrag immanenten Vertragsrisiko[s], bei einer fehlerhaften Leistung mit u. U. erheblichem Kostenaufwand verbessern zu müssen"* auf die Versichertengemeinschaft einhergehen.[468]

In der Folge wurde im Zuge der Novellierung der AHB zur Klarstellung ein ausdrücklicher Ausschluss für *„Schäden, die verursacht werden, um die Nacherfüllung durchführen zu können"* in Z 1.2 (2) AHB der Musterbedingungen eingeführt.[469]

Nach heute hA soll diesem Ausschluss dabei bloß klarstellende Bedeutung zukommen; er sei bloß der praktischen Relevanz des Themas geschuldet. Der gesamte Aufwand, der zur Mangelbeseitigung notwendig ist, sei schon als Teil der ausgeschlossenen Nacherfüllungsansprüche nicht versichert.[470] Der Mängelbeseitigungsaufwand und jener der Nachbesserungsbegleitschäden müsse dabei von den gedeckten Mangelfolgeschäden, das sind solche, die durch die mangelhafte Vertragsleistung unmittelbar herbeigeführt werden, abgegrenzt werden.[471] Damit unterscheidet sich die heute hA nicht von der damaligen und steht im Gegensatz zur Auffassung von *Eiselt/Trapp*.

Koch sieht in Z 1.2 (2) AHB hingegen eine konstitutive Bestimmung, die Z 1.1 AHB ergänzt, weil sie einen Sachverhalt beträfe, *„in dem das Erfüllungsinteresse das Integritätsinteresse mit umfass[e]."*[472]

Büsken differenziert ganz ähnlich zwischen Kosten zur Nacherfüllung und Folgeschäden. Unter den Kosten versteht er dabei die mit der Nacherfüllung einhergehenden Kosten. Dahingegen seien unter Schäden, die anders als die Aufwendungen zur Nacherfüllung unter Z 1.2 (2) AHB fallen würden, Freilegungskosten, Nutzungsentfall oder Schadenersatz wegen Auf- und Abbaukosten zu subsumieren.[473] Das Problem bestehe darin, dass die Nachbesse-

463 Zum Meinungsstand bei *Späte*, AHB § 1 Rn 154 und *Thürmann* in *Schmidt/Salzer*, Produkthaftung² IV/1 Rn 8.092 Fn 85.
464 *Littbarski*, Haftungs- und Versicherungsrecht, Rn 372 ff.
465 Vgl auch *Schmalzl* in FS Korbion 385 f.
466 Das geht wiederum auf die haftungsrechtliche Einordnung als Gewährleistungskosten zurück.
467 *Littbarski*, Haftungs- und Versicherungsrecht, Rn 362, 375.
468 *Littbarski*, Haftungs- und Versicherungsrecht, Rn 375.
469 Abgedruckt in *Späte/Schimikowski*, AHB² 51.
470 Statt vieler *v. Rintelen* in *Späte/Schimikowski*, AHB² Z 1 Rn 512 ff, mwN.
471 Statt vieler *Lücke* in *Prölss/Martin*, VVG³¹ AHB Z 1 Rn 54 und *v. Rintelen* in *Späte/Schimikowski*, AHB² Z 1 Rn 494 und 512 ff; jeweils mwN.
472 *Koch* in *Bruck/Möller*, VVG⁹ IV AHB 2012 Z 1 Rn 77.
473 *Büsken* in *Langheid/Wandt*, MüKo VVG II² Z 300 Rn 64.

rungsbegleitschäden nicht immer einem Schadenersatzanspruch zugeordnet werden könnten, weshalb ihnen auch die versicherungsvertragsrechtliche Grundlage zur Deckung fehle.[474]

Dagegen trennt *v. Rintelen* überhaupt nicht zwischen Schäden, die zur Nacherfüllung erforderlich sind und sonstigen Aufwendungen zur Nacherfüllung.[475]

Zuletzt ist noch die Ansicht von *Schanz* zu nennen, wonach sich der VN *„(…) mit dem versprochenen Werklohn auch das Risiko weit höherer Aufwendungen für erforderliche Nacherfüllungsmaßnahmen bezahlen"* lassen würde.[476]

Zusammengefasst lässt sich damit festhalten, dass im deutschen Schrifttum allen voran die zivilrechtliche Einordnung von Bedeutung für den Ausschluss ist. Die Schwierigkeit besteht auch dort in der Abgrenzung zu den sonst gedeckten Mangelfolgeschäden. Dazu wird auch im deutschen Schrifttum erkannt, dass es sich bei den Freilegungs- und Wiederherstellungskosten versicherungsrechtlich an sich um einen Folgeschaden handeln könnte; dafür spricht gerade die Ansicht, dass es sich bei der Freilegung um einen Eingriff in das Integritätsinteresse handle.

Für eine Deckung als Folgeschaden iS versicherungsrechtlicher Diktion sprechen sich soweit ersichtlich aber nur *Eiselt/Trapp* aus, obwohl sie ebenso davon ausgehen, dass es sich schuldrechtlich um eine vertragliche Erfüllungspflicht handelt. Die Gründe, die sonst gegen den Ausschluss einer solchen sprechen, würden sich aber nicht auf die Nachbesserungsbegleitschäden übertragen lassen. Dagegen spricht gerade *Schanz*, der im Werklohn eine Gegenleistung für dieses Risiko sieht.

Daneben wird gleich wie zum Teil auch in Österreich die Begründung geführt, dass es sich um ein immanentes Vertrags- oder Leistungsrisiko (Unternehmerrisiko) des VN handeln würde, das generell nicht versichert sei. Der Ausschluss der Freilegungs- und Wiederherstellungskosten würde sich dementsprechend auch über die enge Verbindung zur vertraglichen Erfüllung (dem vertraglich Versprochenen) begründen lassen.

Die jüngeren Entwicklungen in der betrieblichen Haftpflichtversicherung und der Produkthaftpflichtversicherung zeigen allerdings, dass die Versicherung von Nachbesserungsbegleitschäden (Freilegungs- und Wiederherstellungskosten) keinesfalls generell ausgeschlossen ist. Für derartige Schäden wird ein immer weitergehender Versicherungsschutz angeboten.[477] Sie widerlegen damit, dass das „Unternehmerrisiko" eine taugliche Hürde und ein valides Auslegungsargument ist.

---

474 *Büsken* in *Langheid/Wandt*, MüKo VVG II² Z 300 Rn 65.
475 *V. Rintelen* in *Beckmann/Matusche-Beckmann*, Versicherungsrechts-Handbuch³ § 26 Rn 41; *V. Rintelen* zuvor schon in *Späte/Schimikowski*, AHB² Z 1 Rn 512f.
476 *Schanz* in *Veith/Gräfe/Gebert*, Der Versicherungsprozess³ Rn 363f.
477 Siehe zur jüngeren Entwicklung etwa *Lübben*, VersR 2020, 1226 (1226ff).

cc) Stellungnahme

Die Aufarbeitung der haftungsrechtlichen Situation hat gezeigt, dass die Freilegungs- und Wiederherstellungskosten in Österreich – anders als in Deutschland – aus zivilrechtlicher Sicht nicht ohne Weiteres als Gewährleistungskosten angesprochen werden können. Damit lässt sich nicht schon allein über den Wortlaut des Art 7.1.1 begründen, dass es sich um ausgeschlossene Kosten handelt, die dem VN aus „dem Titel der Gewährleistung" entstehen.

Überdies hat die Aufarbeitung zu Art 1.2.1.1 gezeigt, dass die formale Anspruchsgrundlage für sich allein nicht ausreichend ist, um eine Deckung oder einen Ausschluss zu begründen. Es kommt auf den materiellen Anspruchsinhalt und dort auf die Lokalität des Nachteils, für den der VN verantwortlich ist, an. Mangelfolgeschäden sind dabei grundsätzlich gedeckt, weil mit ihnen ein außerhalb der vertraglich versprochenen Leistung liegender Nachteil im Vermögen des Geschädigten entsteht.

In Zusammenschau mit der Untersuchung zur primären Risikoumschreibung und der haftungsrechtlichen Einordnung lässt sich für die Freilegungs- und Wiederherstellungskosten – wiederum am Beispiel der mangelhaften Rohrleitung – daher Folgendes festhalten: Schuldet der VN die Verlegung einer Rohrleitung und zusätzlich die anschließende Verschließung der Wand, sind die Freilegungs- und Wiederherstellungskosten vom versprochenen Werkerfolg umfasst. Diese Kosten entstehen dem VN als Gewährleistungsschuldner daher in Verantwortung für sein vertragliches Versprechen. Sie sind deshalb bereits nach Art 1.2.1.1 ausgeschlossen, weil es sich dabei um keine Schadenersatzverpflichtung iSd primären Risikoumschreibung handelt.[478] Insofern kommt der Gewährleistungsklausel nur deklarative Wirkung zu.

Schuldet der VN nur die Verlegung einer Rohrleitung, handelt es sich bei dem Freilegungs- und Wiederherstellungsaufwand nicht um Gewährleistungskosten. Das vertragliche Versprechen des VN – der versprochene Werkerfolg – ist eben auf die Verlegung einer Rohrleitung in die offene Wand beschränkt. Die Freilegungs- und Wiederherstellungskosten sind daher Nachteile, die außerhalb der Vertragsleistung liegen. Der VN hat sie deshalb als Mangelfolgeschaden nur über das Schadenersatzrecht zu ersetzen.[479] Dem folgend sind sie von der primären Risikoumschreibung grundsätzlich umfasst. Die Verantwortung ist nicht auf das vertragliche Versprechen zurückzuführen. Dem Mehraufwand steht auch grundsätzlich keine Gegenleistung gegenüber. Ein Ausschluss über die Gewährleistungsklausel bedarf daher einer näheren Begründung.

---

478 Vgl insb Kapitel III.C.

479 An dieser Stelle könnte auch wiederum an einen „Eigenschaden" gedacht werden. Übernimmt der VN die Freilegungs- und Wiederherstellungskosten ohne dafür zu haften – etwa, weil es an einem Verschulden fehlt – zieht er sich damit einen „Eigenschaden" zu. Er hat dann gegen seinen Schuldner einen Aufwandersatzanspruch, der nicht von der Haftpflichtversicherung gedeckt ist.

Dabei ist zu bedenken, dass der Ersatz der Freilegungs- und Wiederherstellungskosten aus haftungsrechtlicher Perspektive im letzten Fall grundsätzlich auch nur noch über das Schadenersatzrecht in Frage kommt. Die Gewährleistungsklausel spricht aber nur „Ansprüche aus dem Titel der Gewährleistung" an. In diesen Fällen hat der Ausschluss der Freilegungs- und Wiederherstellungskosten also auch den Wortlaut gegen sich.

Für die Risikoausschlüsse gilt methodisch aber gleichermaßen das zur primären Risikoumschreibung Gesagte: Grundsätzlich kann die versicherungsrechtliche Begriffsbildung von den zivilrechtlichen Begriffen abweichen, soweit der versicherungstechnische Zweck ein abweichendes Verständnis erfordert.[480] Den aufgearbeiteten versicherungstechnischen Zwecken ist daher weiter nachzugehen.

Nach dem Ansatz von *Fenyves* soll die eigenständige Begründung für den Ausschluss der Freilegungs- und Wiederherstellungskosten darin liegen, dass es sich bei den Freilegungsschäden um zwangsläufige und bei der Nachbesserung von Werken typischerweise eintretende Schäden handle, die der Versicherer nicht übernehmen wolle.[481]

Eine solche Kausalitätsüberlegung ist für die Versicherungsbedingungen aber abzulehnen,[482] weil diese im Ergebnis für die Deckung auf eine – unstrittig abzulehnende – formale Abgrenzung nach Anspruchsgrundlagen zurückführt. Stehen die fraglichen Kosten und Schäden haftungsrechtlich in einem Zusammenhang mit der Gewährleistungspflicht des VN, würden diese pauschal vom Versicherungsschutz ausgeschlossen werden.

Das Kriterium eines „typischen Schadens" ist überdies zu unbestimmt, um eine Ausnahme von der Deckung rechtfertigen zu können. Für den VN ist es zum Zeitpunkt des Vertragsabschlusses nicht erkennbar, wofür er in der allgemeinen Haftpflichtversicherung Schutz genießt. Was „typische" und „nicht typische" Folgeschäden sind, lässt sich objektiv nicht feststellen.[483]

In diesem Fall ist daher der primären Risikoumschreibung methodisch der Vorrang zu geben. Dem Risikoausschluss als sekundäre Begrenzung (Ausnahmetatbestand) lässt sich über das Argument des „typischen" Schadens nämlich kein hinreichend bestimmter Inhalt geben.[484] Der Gewährleistungsausschluss ist nach stRsp daher eng auszulegen. Risikoeinschränkende Klauseln besitzen in dem Maße überhaupt keine Vertragskraft, als deren Verständnis von einem VN ohne juristische Vorbildung nicht erwartet werden kann.[485] Sie dürfen

---

480 Für alle *Fenyves* in *Fenyves/Perner/Riedler*, VersVG (2020) Vor § 1 Rz 38 mwN.
481 Beiläufig auch *Jabornegg*, VR 1991, 230.
482 So schon *Grimm*, NJW 1968, 14 ff, mwN.
483 Die Kausalitätsüberlegung würde dabei insb beim Ersatz der Aus- und Einbaukosten wiederum zu einem unsachlichen Ausschluss führen.
484 Es gilt § 915 ABGB.
485 RIS-Justiz RS0112256, OGH 26. 11. 2014, 7 Ob 191/14k.

demnach nicht weiter ausgelegt werden, als es der Sinn unter Betrachtung ihres wirtschaftlichen Zwecks und der gewöhnlichen Ausdrucksweise sowie des Regelungszusammenhangs erfordert.[486]

Im Ergebnis kann es für die Deckung der Freilegungs- und Wiederherstellungskosten daher nicht – in Abweichung zu Art 1.2.1.1 – darauf ankommen, ob sie in „enger Kausalität" zur vertraglichen Leistung stehen; entscheidend ist die Lokalität der zu ersetzenden Nachteile und damit die Frage, ob sie vom vertraglichen Versprechen mitumfasst sind.[487] Damit lässt sich – im Unterschied zu den Kausalitätsüberlegungen – eine einheitliche und für den VN objektiv erkennbare Abgrenzung treffen.

Ein davon abweichendes Ergebnis kann auch auf Ebene der Gewährleistungsklausel nicht mit dem Argument des „Unternehmerrisikos" begründet werden. Wie sich bereits bei der Untersuchung zur primären Risikoumschreibung gezeigt hat, sind nämlich weder der Begriff des Unternehmerrisikos, noch die dahinter stehenden Argumente (Pfuscharbeit und Leistungsrisiko) tauglich, um das übernommene Risiko zuverlässig einzugrenzen.[488] Im Zuge der Aufarbeitung hat sich darüber hinaus gezeigt, dass die zum Unternehmerrisiko vorgebrachten Bedenken überhaupt nur dann Platz greifen, wenn es um einen Nachteil geht, der innerhalb der vertraglich versprochenen Leistung liegt. Aus diesem Grund können diese auch nicht für den Ausschluss der Freilegungs- und Wiederherstellungskosten als Mangelfolgeschaden über Art 1.2.1.1 ins Treffen geführt werden, weil diese dann gerade kein Teil des vertraglich versprochenen Werkerfolgs sind.

Betrachtet man die in Art 7.1 geregelten Risikoausschlüsse – wozu auch der Gewährleistungsausschluss zählt – abschließend noch systematisch, zeigt sich ebenso, dass alle drei dort genannten Ausschlüsse auf die vertraglich geschuldete Leistung abstellen. Art 7.1.1 spricht eben den Ausgleich für einen Mangel an, Art 7.1.2 stellt auf Schadenersatzansprüche auf Grund vertraglicher Zusagen, die über den gesetzlichen Umfang hinausgehen, ab und Art 7.1.3 bestimmt einen Ausschluss für die Erfüllung von Verträgen und Ersatzleistungen, die an Stelle des vertraglich Geschuldeten treten. Die systematische Betrachtung spricht im Ergebnis also ebenso gegen eine Ausweitung des Ausschlusses über die Verantwortung für das vertragliche Versprechen hinaus.

Dieses Ergebnis steht auch in Einklang mit den Erläuterungen zu den AHVB bei Einführung der Gewährleistungsklausel, wonach der Gewährleistungsklausel eben nur deklarative (zu Art 1.2.1.1 klarstellende) Bedeutung zukommen

---

486 RIS-Justiz RS0107031, OGH 31. 10. 2018, 7 Ob 197/18y.

487 Zu berücksichtigen ist freilich die in Art 1.2.1.1 vorgenommene Eingrenzung des Versicherungsschutzes auf Personen- und Sachschäden, sowie unechte Vermögensschäden. Der Versicherungsschutz wird aber regelmäßig auf den Ersatz bloßer Vermögensschäden – gegen eine erhöhte Prämie – erweitert.

488 Vgl Kapitel III.B.

soll. Mit Art 7.1.1 soll also gerade kein Ausschluss über Art 1.2.1.1 hinaus erfolgen. Man wollte mit der Gewährleistungsklausel nur Rechtssicherheit schaffen und ausdrücklich anführen, was ohnehin schon nach Art 1.2.1.1 nicht vom Versicherungsschutz umfasst ist. Damit bestätigt die Gewährleistungsklausel in diesem Punkt zugleich auch das zu Art 1.2.1.1 gewonnene Ergebnis.

c) Zwischenergebnis

Können die Freilegungs- und Wiederherstellungskosten nicht auf das vertragliche Versprechen zurückgeführt werden, handelt es sich um Folgeschäden, die außerhalb der vertraglich geschuldeten Leistung liegen und über das Schadenersatzrecht zu ersetzen sind. Als solche besteht für sie grundsätzlich Versicherungsschutz in den AHVB. Die Gewährleistungsklausel schließt sie dann auch nicht vom Versicherungsschutz aus.[489] Es kommt daher bei der Beurteilung der Deckung der Freilegungs- und Wiederherstellungskosten entscheidend auf deren Lokalität, nicht aber auf deren Kausalität zum geschuldeten Erfolg an. Der Gewährleistungsklausel kommt dahingehend nur deklarative Wirkung zu.

Im Folgenden werden die – bei Einordnung der Freilegungs- und Wiederherstellungskosten im Werkvertragsrecht – gewonnenen Erkenntnisse zum Gewährleistungsausschluss auf die Aus- und Einbaukosten im Kaufrecht und daran anschließend auf die weiteren, bereits angesprochenen Gewährleistungsaufwände (Transportkosten, Mangelfeststellungs- und Mangelsuchkosten) umgelegt.

Vor der versicherungsrechtlichen Einordnung erfolgt dabei wiederum jeweils eine haftungsrechtliche Einordnung. Es ist wiederum zu fragen, ob die Kosten und Schäden als ein Teil der vertraglich versprochenen Leistung gelten und ob der Gewährleistungsklausel für diese Kosten – im Verhältnis zu Art 1.2.1.1 – konstitutive Wirkung zukommt.

2. Aus- und Einbau im Kaufrecht

a) Haftungsrecht

Die werkvertragsrechtliche Problematik der Freilegungs- und Wiederherstellungskosten bei Nachbesserung der mangelhaften Leistung stellt sich parallel im Kaufrecht bei Veränderung (Verarbeitung) der Kaufsache nach Übergabe durch den Käufer.[490]

Die haftungsrechtliche Einordnung der Aus- und Einbaukosten wurde dabei bereits weiter oben – zum primären Risikoumfang – ausführlich aufgear-

---

489 Ob die Erfüllungsklausel dies tut, wird weiter unten noch näher untersucht.
490 Vgl *Faust* in *Bamberger/Roth/Hau/Poseck*, BeckOK BGB[58] § 439 Rn 37 ff.

beitet.[491] An dieser Stelle sind die dort gewonnen Ergebnisse daher nur noch einmal kurz in Erinnerung zu rufen, um daran anknüpfen zu können.

Das deutsche und das österreichische (Kauf)Gewährleistungsrecht sind sich in ihren Grundzügen ähnlich.[492] Der Nacherfüllungsanspruch ist als modifizierter Erfüllungsanspruch mit dem Umfang des Primäranspruchs grundsätzlich begrenzt. Die Nacherfüllungspflicht richtet sich daher grundsätzlich nach dem vertraglich Geschuldeten. Der Aus- und Einbau wäre demnach also kein gewährleistungsrechtlicher Nacherfüllungsaufwand.

Spätestens seit der Entscheidung des EuGHs in der Rs *Weber/Putz*, hat der Gewährleistungsschuldner in beiden Ländern die Aus- und Einbaukosten aber verschuldensunabhängig zu ersetzen. Dies ist nunmehr in Umsetzung der RL (neu) ausdrücklich in § 13 VGG geregelt.

Trotz des verschuldensunabhängigen Ersatzes der Aus- und Einbaukosten aus dem Titel der Gewährleistung, ist er materiell als ein Nachteil, der dem Gläubiger außerhalb der Vertragsleistung entsteht, einzuordnen. Es handelt sich also um einen verschuldensunabhängigen Ersatz eines Mangelfolgeschadens.[493] In Österreich hat – anders als in Deutschland (§ 439 Abs 3 BGB) – ein solcher verschuldensunabhängiger Ersatz derzeit nur im Verbrauchergeschäft zu erfolgen.

b) Versicherungsrechtliche Einordnung

aa) Österreich

Zur Auswirkung der Haftungsverschärfung im Gewährleistungsrecht durch die Erweiterung der Nacherfüllungspflicht um den Aus- und Einbau auf die Deckungssituation in der allgemeinen Haftpflichtversicherung findet sich in Österreich noch keine Stellungnahme und auch keine höchstgerichtliche Entscheidung.

Der „Faltschachtel-Entscheidung" – die zum Kaufrecht erging – kann lediglich entnommen werden, dass die Kriterien zum Ausschluss der werkvertragsrechtlichen Freilegungs- und Wiederherstellungskosten[494] allgemein für alle Kosten, die in Verbindung mit der Gewährleistung stehen, Geltung haben sollen, also auch für das Kaufrecht von Bedeutung sind.

bb) Deutschland

Zur Deckung der Aus- und Einbaukosten im Kaufrecht in der allgemeinen Betriebshaftpflichtversicherung finden sind auch in Deutschland kaum Stellung-

---

491 Kapitel III.C.
492 Im Detail unterscheiden sie sich wie ausgeführt va darin, dass sich in § 439 Abs 3 BGB eine ausdrückliche Regelung zum Ersatz der Aus- und Einbaukosten findet, nach welcher der Gewährleistungsschuldner auch außerhalb eines Verbrauchergeschäfts die Aus- und Einbaukosten verschuldensunabhängig zu ersetzen hat.
493 Vgl *Karner/Koziol*, Mangelfolgeschäden in Veräußerungsketten 31.
494 Vgl Kapitel IV.C.

nahmen. Das könnte zum einen darauf zurückzuführen sein, dass man auch dort die werkvertragsrechtlichen Überlegungen auf das Kaufrecht übertragen möchte.[495] Man nimmt also allgemein – auch außerhalb des Werkvertragsrechts – eine Kongruenz zwischen Nacherfüllungsanspruch und Deckungsausschluss an,[496] wie das lange Zeit zuvor bereits für den Schadenersatz wegen Nichterfüllung und dem Erfüllungsausschluss der Fall war.[497] Was also haftungsrechtlich dem Gewährleistungsrecht zugeordnet ist, soll aus der Deckung ausgenommen sein, weil die versicherungsrechtlichen Argumente für einen Ausschluss der Gewährleistungspflicht auf alle Gewährleistungskosten immer zutreffen würden.

Darüber hinaus findet sich in den deutschen Musterbedingungen in Z 1.2. (2) AHB – anders als in den AHVB – ein ausdrücklicher Ausschluss für Kosten zur Nacherfüllung und Schäden, die notwendig sind, um die Nacherfüllung vornehmen zu können.

Z 1.2 (2) AHB soll dabei keinen Unterschied zwischen Werkvertrags- und Kaufrecht[498] machen.[499] Zur versicherungsvertragsrechtlichen Konsequenz der Rs *Weber/Putz* für die Deckung in den AHB nimmt *Koch* dazu als einer der wenigen ausdrücklich[500] Stellung. Er möchte das Erfüllungsinteresse im Kaufrecht – allerdings beschränkt auf den Verbrauchsgüterkauf[501] – auch auf die Aus- und Einbaukosten erstrecken und damit dem Nachbesserungsbegleitschaden im Werkvertragsrecht gleichstellen.[502]

Damit stimmt im Ergebnis auch *Schimikowski* überein, wenn er zu Z 1.2. (2) AHB meint, dass die Aus- und Einbaukosten nach § 439 Abs 3 BGB nun ebenfalls zum Nacherfüllungsaufwand gehören würden.[503]

Dahingehend findet sich auch im älteren Schrifttum[504] bei *Thürmann* die ganz allgemeine[505] Feststellung, dass es keinen Unterschied mache, ob es sich um

---

495 Vgl *v. Rintelen* in *Späte/Schimikowski*, AHB[2] Z 1 Rn 495.

496 *V. Rintelen* in *Späte/Schimikowski*, AHB[2] Z 1 Rn 459, 463, für das ältere Schrifttum statt vieler *Kuntz* in *Kulmann/Pfister*, Produzentenhaftung V 12 ff und *Schlegelmilch*, Produkthaftpflicht[2] 27, 46, 116 f.

497 Vgl dazu oben und bei *Späte*, AHB Z 1 Rn 132.

498 Das kann ob der Formulierung des Z 1.2. (2) AHB und des Unterschieds zwischen einem reinen Kostenersatz nach § 439 Abs 3 BGB und einem Eingriff in Rechtsgüter außerhalb der Leistung bei Freilegung der Werkleistung durchaus in Zweifel gezogen werden. Kein Versicherungsschutz besteht demnach „*wegen Schäden, die verursacht werden, **um** die Nacherfüllung **vornehmen** zu können.*".

499 *Koch* in *Brück/Möller*, VVG[9] IV AHB 2012 Z 1 Rn 77.

500 Vgl auch *Kettler/Hamelmann*, VersR 2011, 1532 (1532 ff).

501 Der Beitrag erging im Jahr 2013 und damit noch vor Einführung des § 439 Abs 3 BGB.

502 *Koch* in *Brück/Möller*, VVG[9] IV AHB 2012 Z 1 Rn 74 f.

503 *Schimikowski* in *Rüffer/Halbach/Schimikowski*, VVG[4] AHB § 1 Rn 43.

504 Vgl auch LG Köln 9. 7. 1980, 19 S 17/80 VersR 1981, 177 f: Die Kl war Herstellerin von Öltanks, die sie an ihre Kunden auch selbst auslieferte. Einige der Öltanks wurden undicht, sodass ein Austausch notwendig wurde. Dazu mussten die Tanks

eine Nachbesserung nach Werkvertrags- oder Kaufrecht handle.[506] Die Ersatzlieferung im Kaufrecht sei ein Surrogat, das schon wegen der Art des Anspruchs als solches ausgeschlossen sei, soweit es sich nicht überhaupt um einen
Erfüllungsanspruch[507] handle.[508] Die notwendigen Nebenkosten der Nachbesserung seien insgesamt nicht gedeckt.[509] Damit erfolgt eine deckungsrechtliche
Gleichstellung zwischen Kauf- und Werkvertragsrecht.

Weiterführende Stellungnahmen unter ausdrücklicher Bezugnahme auf die
Aus- und Einbaukosten finden sich nur noch zur Produkthaftpflichtversiche-
rung. Im Besonderen nach deren Überarbeitung, im Zuge derer die Deckung
von Aus- und Einbaukosten auch bei gesetzlichen Vertragsansprüchen mit
Z 4.4.3 ProdHM optional eingeführt wurde; zuvor war eine Deckung nach
Z 4.4.2 ProdHM immer vom Vorliegen einer Schadenersatzpflicht abhängig.
Die Überarbeitung erfolgte dabei gerade als Reaktion auf die Haftungsverschär-
fung von Herstellern und Händlern durch Gesetz und Rsp.[510]

Dazu sollen nur zwei ausgewählte Stellungnahmen wiedergegeben werden, die
auch für den Ersatz der Aus- und Einbaukosten in der allgemeinen Haftpflichtversicherung von Bedeutung sind: Dabei ist zum einen *Stempfle* zu nennen, der
darauf hinweist, dass man mit Z 4.3.3 ProdHM[511] innerhalb einer Lieferkette
bestehende Deckungsdiskrepanzen abgeschafft habe. Auf der ersten Stufe –
also zwischen dem VN als Hersteller und seinem Vertragspartner – war regelmäßig kein Schadenersatzanspruch vorgelegen, sodass über Z 4.4.2 ProdHM
eine Deckung erst bei Regressansprüchen oder Schadenersatzansprüchen des
Endabnehmers gegeben war[512]; dieses Ergebnis sei unstimmig. An diesem
Punkt setzen dann auch *Bäcker/Ollik* an, die grundsätzlich in Zweifel ziehen,

---

ausgeleert und im Anschluss wieder befüllt werden. Wegen dem austretenden Öl
waren außerdem Reinigungsarbeiten angefallen. Die Reinigungsarbeiten qualifizierte das LG als gedeckten Mangelfolgeschaden. Den Austausch und die damit
verbundene Umfüllung hingegen als ausgeschlossenes Erfüllungssurrogat, weil die
Gewährleistungspflicht der Kl nicht nur das *„Hinstellen neuer Tanks"*, sondern
auch das Entfernen der alten Öltanks umfasse. Ob der Fall im Kauf- oder Werkvertragsrecht spielt und wie weit die vertragliche Verpflichtung des VN reiche, lässt
sich der Entscheidung allerdings nicht gesichert entnehmen.

505 Nicht im Speziellen auf die Aus- und Einbaukosten bezogen.

506 *Thürmann* in *Schmidt/Salzer*, Produkthaftung² IV/1 Rn 8.092.

507 Vgl auch *Littbarski*, Unternehmerrisiko 32 mwN.

508 *Thürmann* in *Schmidt/Salzer*, Produkthaftung² IV/1 Rn 8.089.

509 *Thürmann* in *Schmidt/Salzer*, Produkthaftung² IV/1 Rn 8.090.

510 Vgl *Krause*, NVersZ 2001, 103 (105) und zur Problemstellung *Schimikowski*, r + s
2002, 45 (45).

511 Wonach sich die Verpflichtung auch aus gesetzlichen Vertragsansprüchen ergeben
kann.

512 *Stempfle* in *Höra*, Münchener Anwaltshandbuch Versicherungsrecht § 15 Produkthaftpflichtversicherung, Rn 374 f; vgl auch *Lenz* in *van Bühren*, Handbuch
Versicherungsrecht⁷ § 12 Rn 125.

dass dem VN der unterschiedliche Ausschluss der Aus- und Einbaukosten – abhängig von der Anspruchsgrundlage – zu vermitteln sei.[513]

Dieses Sachproblem der (möglicherweise unsachlichen) differenzierten Deckung nach Anspruchsgrundlagen stellt sich gleichermaßen in der allgemeinen Betriebshaftpflichtversicherung. Zusammengefasst übernimmt man in Deutschland also die Begründung für die werkvertraglichen Freilegungs- und Wiederherstellungskosten auch für die Deckung im Kaufrecht. Bei einem Vergleich mit den österreichischen AHVB ist dabei ganz entscheidend zu berücksichtigen, dass sich in Z 1.2 AHB – im Unterschied zu den AHVB – ein ausdrücklicher Ausschluss von notwendigen Schäden und Kosten zur Nacherfüllung findet.

cc) Stellungnahme

Die Übertragung der Begründungen für den Ausschluss werkvertraglicher Freilegungs- und Wiederherstellungskosten auf die Aus- und Einbaukosten liegt schon auf den ersten Blick nahe und ist grundsätzlich nicht zu beanstanden. Im Detail sind dennoch einige Unterschiede zu beachten.

Was die Anlehnung an die haftungsrechtliche Einordnung betrifft, gilt für die AHVB das zu den Freilegungs- und Wiederherstellungskosten und auch schon zur primären Risikoumschreibung Gesagte. Die Verantwortung des VN besteht beim Ersatz der Aus- und Einbaukosten im Kaufrecht nicht in einem Teil des vertraglich versprochenen Erfolgs. Das gilt – gleich wie im Werkvertragsrecht – immer dann, wenn die Montage nicht vertraglich übernommen wurde. Übernimmt der Verkäufer eine Montagepflicht, besteht wiederum schon keine Deckung nach Art 1.2.1.1. Im anderen Fall handelt es sich hingegen materiell um einen Mangelfolgeschaden, der außerhalb der geschuldeten Leistung liegt und damit grundsätzlich nach Art 1.2.1.1 gedeckt ist. Der Gewährleistungsklausel kommt dahingehend bloß deklarative Wirkung zu.

Im Unterschied zum Werkvertragsrecht ist jedoch zu beachten, dass der Ersatz der Aus- und Einbaukosten auch als Mangelfolgeschaden im Verbrauchergeschäft immer auch aus dem Titel der Gewährleistung verlangt werden kann. Für diesen Teilausschnitt der Ansprüche besteht also ein formaler Unterschied zu den Freilegungs- und Wiederherstellungskosten, deren Ersatz – ohne entsprechende vertragliche Vereinbarung – nur über das Schadenersatzrecht angeordnet ist.

Bei den Freilegungs- und Wiederherstellungskosten im Werkvertragsrecht kann daher auch allgemein von einer Kongruenz zwischen Anspruchsgrundlage und Deckung gesprochen werden.[514] Muss der VN diese als Gewähr-

---

513 *Bäcker/Ollik* in *Veith/Gräfe/Gebert*, Der Versicherungsprozess⁴ § 16 Rn 125.
514 Vgl *Hartjes* in *Gisch/Koban/Ratka*, Haftpflichtversicherung, D&O-Versicherung und Manager-Rechtsschutz 25 (31): Der VN dürfe *„eine Kongruenz zwischen Haftung und Deckung erwarten."*

leistungskosten übernehmen, besteht kein Ersatz; es besteht also ein begrifflicher Gleichlauf zur Gewährleistungsklausel; ausgeschlossen sind eben Ansprüche „aus dem Titel der Gewährleistung". Insofern besteht auch eine Kongruenz zwischen Haftungsrecht und Haftpflichtversicherungsrecht. Im anderen Fall handelt es sich um gedeckte Mangelfolgeschäden, die nur über das Schadenersatzrecht zu ersetzen sind.

Beim Ersatz der Aus- und Einbaukosten im Verbrauchergeschäft entfällt eine solche Kongruenz (formaler Gleichlauf zwischen Rechtsgrund und Deckung). Da sich bei der Aufarbeitung der Gewährleistungsklausel anhand der Freilegungs- und Wiederherstellungskosten aber auch gezeigt hat, dass kein Ausschluss über Art 1.2.1.1 hinaus erfolgt, gilt auch hier das zu Art 1.2.1.1 Gesagte. Für die Deckung kommt es grundsätzlich nicht darauf an, auf welche Anspruchsgrundlage der Ersatz gestützt wird. Der Gewährleistungsklausel kommt also auch bei den Aus- und Einbaukosten nur deklarative Wirkung zu, weil sie – gleich wie Art 1.2.1.1 – nur die Verantwortung für das vertragliche Versprechen vom Versicherungsschutz ausnehmen möchte. Der Ersatz der Aus- und Einbaukosten ist also auch dann nicht von der Gewährleistungsklausel ausgeschlossen, wenn er aus dem Titel der Gewährleistung verlangt wird, ohne dass der VN als Verkäufer eine Montagepflicht vertraglich übernommen hat.[515]

Die Annahme einer Kongruenz zwischen Haftpflichtrecht und Haftpflichtversicherungsrecht findet hierin also eine Ausnahme. Dass eine solche auch nicht vorbehaltlos angenommen werden darf, zeigen dabei gerade die Aus- und Einbaukosten deutlich auf. Die unterschiedliche Verantwortung für diese lässt sich nur aus haftungsrechtlicher Perspektive – unter europäischen Vorzeichen – begründen. Eine unterschiedliche Deckung, abhängig davon, ob dem VN ein Verbraucher oder ein Unternehmer gegenübersteht, verbietet sich aber. Es wäre nämlich nicht einsichtig, dass dem VN für ein und dasselbe Verhalten und ein und dieselben Nachteile seines Gläubigers unterschiedlich Deckung gewährt werden würde.[516] Der Rechtsgrund der Verantwortung kann für die Deckung eben nicht entscheidend sein.

---

515 Nach der hier vertretenen Auffassung ließe sich demnach auch in Deutschland grundsätzlich eine Deckung der Aus- und Einbaukosten unter dem Aspekt des Ausschlusses der Gewährleistungsansprüche begründen. Anders als im Werkvertragsrecht, entspringt die Aus- und Einbaupflicht nämlich auch dort nur dann dem Vertrag, wenn der Verkäufer eine Montagepflicht übernommen hat. Die Deckungssituation in Deutschland ist seit der Novellierung der AHB freilich eine andere, weil mit Z 1.2 AHB ausdrücklich derartige Schäden (Kosten) ausgenommen werden sollen.

516 Darin bestehen auch beachtliche Unterschiede zum deutschen Recht. Die gewährleistungsrechtliche Pflicht für den Ersatz der Freilegungs- und Wiederherstellungskosten wird dort nämlich im Allgemeinen aus dem Werkvertragsrecht abgeleitet (vgl Kapitel IV.C). Die Aus- und Einbaukosten sind überdies auch außerhalb des Verbrauchergeschäfts gem § 439 Abs 3 BGB zu ersetzen.

c) Zwischenergebnis

Die haftungsrechtliche Einordnung der Aus- und Einbaukosten führt auf den ersten Blick zu Schwierigkeiten bei der deckungsrechtlichen Einordnung, sofern der VN den Aus- und Einbauaufwand aus dem Titel der Gewährleistung zu tragen hat. Es besteht jedoch auch in diesen Fällen Deckung, sofern der VN keine Montagepflicht vertraglich übernommen hat. Nur dann ist die Verantwortung des VN auf die mangelhafte Leistung zurückzuführen. Entscheidend ist eben nicht die formale Anspruchsgrundlage, sondern der materielle Anspruchsinhalt. Die Gewährleistungsklausel führt über Art 1.2.1.1 hinaus zu keinem Ausschluss der Aus- und Einbaukosten aus der Deckung. Ihr kommt im Ergebnis auch hier nur deklarative Wirkung zu.[517]

3. Transportkosten, Mangelfeststellungs- und Mangelsuchkosten

Neben den Freilegungs- und Wiederherstellungskosten im Werkvertragsrecht und den Aus- und Einbaukosten im Kaufrecht, können den VN als Gewährleistungsschuldner noch weitere, allgemeine Gewährleistungs(neben)kosten treffen. Im Fokus stehen hierbei die Transportkosten, die Mangelfeststellungs-[518] und die Mangelsuchkosten. Sie sollen wiederum zunächst haftungsrechtlich und im Anschluss daran versicherungsrechtlich eingeordnet werden.

a) Haftungsrecht

aa) Transportkosten

Die Transportkosten sind einer der wesentlichsten Gewährleistungskosten. Sie betreffen den Aufwand für den Transport der mangelhaften Ware zum Nacherfüllungsort. In Österreich herrscht dabei weitestgehend Einigkeit darüber, dass die Nacherfüllung als offengebliebener Erfüllungsanspruch am ursprünglichen Erfüllungsort zu erfolgen hat.[519]

Da der Gewährleistungsschuldner grundsätzlich die zur Nacherfüllung notwendigen Kosten zu tragen hat, richten sich die Transportkosten nach dem ursprünglichen Erfüllungsort. Diese allgemeine Kostentragungsregel wurde für das Verbraucherrecht in § 8 KSchG – in Umsetzung des Art 3 RL (alt) – ausdrücklich festgeschrieben,[520] der durch das GRUG keine wesentliche Veränderung erfahren hat.[521]

---

517 Das kann auch auf andere, vergleichbare Aufwendungen im Kaufrecht, wie Auf- und Abbaukosten von Möbelstücken zur Durchführung der Neuverlegung eines mangelhaften Parkettbodens, umgelegt werden.

518 Die zT auch als Mangelerhebungskosten bezeichnet werden.

519 Für alle *Zöchling-Jud* in *Kletečka/Schauer*, ABGB-ON[1.02] § 932 Rz 6. Zum Nacherfüllungsort vgl auch ausf *Reif* in FS Nowotny 171 (171 ff) mwN.

520 ErläutRV 422 BlgNR 21. GP 16; für viele *R. Welser/B. Jud*, Die neue Gewährleistung § 8 KSchG, Rz 10.

521 ErläutRV 949 BlgNR 27. GP 48.

Eine Ausnahme für das Verbrauchergeschäft besteht darin, dass der Gewährleistungsschuldner die notwendigen Transport- und Versendungskosten grundsätzlich immer zu tragen hat, weshalb den Verkäufer auch das Risiko der Ortsveränderung der mangelhaften Kaufsache trifft.[522] Zudem finden sich in § 8 Abs 1 Z 1 KSchG weitere verbraucherrechtliche Ausnahmen zum Nacherfüllungsort.[523] Der Verkäufer hat im Verbrauchergeschäft demnach die Kosten auch für eine Versendung an einen anderen als den vertraglich vereinbarten Erfüllungsort zu tragen,[524] sofern dies nicht untunlich ist.

Nach § 439 Abs 2 BGB und § 635 Abs 2 BGB – deren Grundlage ebenso Art 3 RL (alt) ist – hat der Gewährleistungsschuldner gleich wie gem § 8 KSchG[525] die für die Nacherfüllung notwendigen Kosten zu tragen.[526]

Welche Kosten zur Nacherfüllung notwendig sind, richtet sich demnach auch in Deutschland nach der Nacherfüllungspflicht des Schuldners.[527] *„Der Umfang der zur Nacherfüllung erforderlichen Aufwendungen wird [] durch den Umfang der Nacherfüllung bestimmt.“*[528]

Zum Ersatz der Transportkosten ist dabei strittig, ob die Nacherfüllung immer am Belegenheitsort der mangelhaften Leistung, oder am ursprünglichen Erfüllungsort vorzunehmen ist. Die im Vordringen begriffene Ansicht geht davon aus, dass sich der Nacherfüllungsort nach dem ursprünglichen Erfüllungsort richtet.[529] In allen Fällen hat der Verkäufer aber von Gesetzes wegen die Transportkosten für die mangelhafte Sache an den Erfüllungsort zu tragen.[530] Sie sind damit haftungsrechtlich als notwendige Nacherfüllungskosten einzuordnen.

bb) Mangelfeststellungs- und Mangelsuchkosten

Neben den Transportkosten ist der Ersatz der Mangelfeststellungkosten im Detail besonders strittig.[531] Eine tiefergehende Auseinandersetzung dazu findet sich insb bei *I. Welser.* Danach werden Mangelfeststellungskosten als solche

---

522 ErläutRV 422 BlgNR 21. GP 23 f. Zur Erstattungspflicht der Transportkosten im Verbrauchergeschäft *G. Kodek/Leupold,* Gewährleistung NEU 53 f und *Schwamberger/Klever,* wbl 2018, 357 (357 f); jeweils mwN.
523 Im Speziellen zum Erfüllungsort und zu den Versendungskosten *Krejci* in *Rummel,* ABGB³ § 8 KSchG, Rz 8 und ausf *I. Welser,* ÖJZ 2001, 745 (745 ff); jeweils mwN.
524 Zur Erstattungspflicht der Transportkosten im Verbrauchergeschäft jüngst *G. Kodek/Leupold,* Gewährleistung NEU 53 f, mwN.
525 Es handelt sich eben um eine europäische Vorgabe.
526 „Der Unternehmer/Verkäufer hat die zum Zwecke der Nacherfüllung erforderlichen Aufwendungen, insbesondere Transport-, Wege-, Arbeits- und Materialkosten zu tragen.“
527 Vgl für viele *Lorenz,* NJW 2009, 1635; *Skamel,* Nacherfüllung beim Sachkauf 155.
528 *Skamel,* Nacherfüllung beim Sachkauf 158 f.
529 Für viele *Skamel,* Nacherfüllung beim Sachkauf 127 ff, mwN.
530 *Faust* in *Bamberger/Roth/Hau/Poseck,* BeckOK BGB⁵⁸ § 439 Rn 31 f mit Übersicht zum Meinungsstand und zur jüngeren Ansicht insb *Lorenz,* NJW 2009, 1635 mwN.
531 Die RL (neu) behandelt diese Frage nicht; *Parapatits/Stabentheiner,* ÖJZ 2020, 101 (112).

verstanden, die dem Käufer erwachsen, um überhaupt die Mangelhaftigkeit der Leistung feststellen und behaupten zu können. Sie betreffen damit nicht die Frage, worin der Mangel konkret liegt (Mangelsuchkosten), sondern ob überhaupt eine mangelhafte Leistung vorliegt. Mangelfeststellungskosten würden deshalb jedenfalls nicht aus dem Titel der Gewährleistung zu ersetzen sein. Sie wären den Mangelbeseitigungskosten (Vorbereitungskosten) eine Stufe vorgelagert und würden die Beweislast betreffen, weshalb sie der Gewährleistungsgläubiger zu tragen hätte.[532]

Schwamberger/Klever[533] wollen die Mangelfeststellungskosten („*Mangelerhebung*") hingegen als notwendige Kosten zur Nacherfüllung dem Verbraucher als Gewährleistungsgläubiger auf Basis des § 8 Abs 3 KSchG im Lichte der Rs *Weber/Putz* verschuldensunabhängig zusprechen.[534] Es handle sich um solche Kosten, die *„einer erfolgreichen Nacherfüllung erst den Weg ebnen"*.[535]

Die beiden Autoren sprechen damit das vom EuGH ausgesprochene Unentgeltlichkeitsgebot an. Der Verbraucher soll im Gewährleistungsfall nicht mit zusätzlichen Kosten belastet werden. Das Unentgeltlichkeitsgebot ist dabei vor dem Hintergrund zu sehen, dass dem Verbraucher keine Hürden[536] in den Weg gestellt werden sollen, die ihn möglicherweise vor der Ausübung seiner Gewährleistungsrechte abhalten könnten.[537] Das Unentgeltlichkeitsgebot betrifft dabei grundsätzlich solche Kosten, die zur Nacherfüllung anfallen können. Die Mangelfeststellungskosten sind diesen – wie schon *I. Welser*[538] anführt – aber eine Stufe vorgelagert.

Dahingehend müssen zwei Unterscheidungen getroffen werden: Wird dem Verbraucher bereits im Vorhinein eine Untersuchungspauschale verrechnet, die er zu bezahlen hat, um sein Recht geltend zu machen, wird eine solche Vereinbarung im Lichte des oa Unentgeltlichkeitsgebots im Verbrauchergeschäft unzulässig sein. Die Vorschusspflicht des Verbrauchers kann nämlich durchaus geeignet sein, um diesen von der Wahrnehmung seiner Rechte abzuhalten.[539]

---

532 *I. Welser* in FS Welser 1169 (1180f); vgl auch *Zöchling-Jud* in *Kletečka/Schauer*, ABGB-ON[1.02] § 932 Rz 14.

533 *Schwamberger/Klever*, wbl 2018, 360ff.

534 Vgl auch *Schermaier*, JBl 2006, 62 (63), der von einem verschuldensunabhängigen Aufwandersatzanspruch (§ 1042 ABGB) des Übernehmers spricht, weil der Übergeber zur Qualitätskontrolle verpflichtet sei. Der Übernehmer würde mit der Mangelfeststellung also einen Aufwand tätigen, den der Übergeber schon dem Gesetz nach hätte machen müssen.

535 *Schwamberger/Klever*, wbl 2018, 361.

536 Art 3 Abs 3 und 4 RL (alt). Die Ersatzlieferung hat „unentgeltlich" und „ohne erhebliche Unannehmlichkeiten für den Verbraucher" zu erfolgen.

537 EuGH verb Rs C-65/09 und C-87/09, *Gebr. Weber*, ECLI:EU:C:2011:396 Rn 46 und C-404/06, *Quelle AG*, ECLI:EU:C:2008:231 Rn 33f.

538 *I. Welser* in FS Welser 1180f.

539 Jüngst ausführlich und überzeugend zur Unzulässigkeit von „Reklamationskostenklauseln" im Verbrauchergeschäft *Schweiger/Werderitsch*, VbR 2021, 89 (89ff); da-

Strittig sind hingegen jene Fälle, in denen der Verbraucher erst dann vertraglich zum Ersatz der Kosten verpflichtet wird, wenn sich im Nachhinein – nach der oft teuren Untersuchung – herausstellt, dass kein Mangel vorliegt. Die üA geht davon aus, dass derartige Vereinbarungen ebenso unzulässig sein sollen, weil sie den Verbraucher auch abhalten könnten, sein Gewährleistungsrecht geltend zu machen.[540]

Gegen diese Ansicht spricht, dass § 8 Abs 3 KSchG – das Unentgeltlichkeitsgebot – nur für jene Kosten eingreifen soll, die bei Ausübung der Gewährleistungsrechte entstehen können. Eine ernsthafte Hürde bei Ausübung stellt sich aber nur dann, wenn der Verbraucher in Vorleistung treten muss.[541] Bedenkt man zudem, dass die Mangelfeststellungskosten grundsätzlich dazu dienen, die Mangelhaftigkeit und damit das Vorliegen der Voraussetzungen für die Gewährleistung überhaupt festzustellen, könnte eine nachträgliche Kostenersatzpflicht des Verbrauchers – wenn sich herausgestellt hat, dass kein Mangel vorliegt – als zulässig erachtet werden.[542]

Dem Gewährleistungsschuldner würde es im Fall der Mangelfeststellungskosten nämlich freistehen, seine Gewährleistungspflicht mit der Begründung zu verweigern, dass gar keine mangelhafte Leistung vorliege. Damit läge es grundsätzlich in der Hand des Gläubigers, das Bestehen einer Mangelhaftigkeit zu beweisen.[543] Den Beweis dafür, ob die Sache mangelhaft ist, hat immer der Gewährleistungsgläubiger zu führen; hinsichtlich des Zeitpunkts greift § 924 ABGB ein.[544] Die dazu notwendigen Kosten (bspw Sachverständige) würden ebenso den Gläubiger gem § 40 ZPO treffen. Die Mangelfeststellungskosten unterscheiden sich also ihrer Natur nach von notwendigen Gewährleistungskosten (wie bspw die Transportkosten). Sie sind stets Prozess- und keine Gewährleistungskosten.[545] Deren Überwälzung auf den Gewährleistungsschuldner bedürfte daher einen triftigen Grund.

Dagegen hat der EuGH aber erst jüngst in der Rs *Fülla* gegen *Toolport*[546] eine Vorschusspflicht des Verkäufers selbst für Transportkosten mit dem Argument

---

für auch OGH 2. 11. 2020, 3 Ob 111/20z; dagegen wohl OGH 28. 1. 2021, 8 Ob 99/20x.
540 *Aichberger-Beig*, VbR 2018, 15 (15 ff); *G. Kodek/Leupold*, Gewährleistung NEU 48 f; *Schwamberger/Klever*, wbl 2018, 361 ff; jeweils mwN.
541 IdS wohl auch *Schwamberger/Klever*, wbl 2018, 361; vgl auch *Faust* in *Bamberger/Roth/Hau/Poseck*, BeckOK BGB[58] § 439 Rn 79, der – vor dem gemeinsamen Hintergrund des Art 3 RL (alt) – dies im Ergebnis ebenso vertritt.
542 In diesem Punkt unterscheiden sich auch die Vorschusskosten für den Transport, die immerhin Teil der Gewährleistungskosten sind. In beiden Fällen stellt sich freilich die Frage des nachträglichen Ersatzes unzulässiger Kosten.
543 Grundlegend zur Beweislast im Gewährleistungsrecht *Kaspar*, Beweislast im Gewährleistungsrecht 56 ff und 119 ff.
544 Statt vieler *Zöchling-Jud* in *Kletečka/Schauer*, ABGB-ON[1.02] § 924 Rz 4.
545 Vgl auch *Zöchling-Jud* in *Kletečka/Schauer*, ABGB-ON[1.02] § 924 Rz 14.
546 EuGH C-52/18, *Fülla*, ECLI:EU:C:2019:447.

abgelehnt, dass eine solche den Verkäufer zu stark belastet könnte. Das sei insb dann der Fall, wenn sich im Nachhinein herausstellt, dass die Ware mangelfrei war.[547]

Das Unentgeltlichkeitsgebot ist also nicht als Unentgeltlichkeitsmaxime zu verstehen, über die alle Kosten als notwendige Mangelbehebungskosten dem Gewährleistungsschuldner zugewiesen werden können. Nicht alle Kosten, die in Verbindung mit der Gewährleistung auftreten, sind zwangsläufig solche, die den Gläubiger von der Wahrnehmung seiner Rechte abhalten könnten.[548]

Im Lichte dessen erscheint eine vertragliche Vereinbarung im Verbrauchergeschäft, nach welcher der Gewährleistungsgläubiger zum Ersatz der Mangelfeststellungskosten verpflichtet ist, wenn sich nachträglich herausgestellt hat, dass kein Mangel vorlag, durchaus zulässig. Außerhalb des Verbrauchergeschäfts greift das Unentgeltlichkeitsgebot gar nicht ein, sodass selbst eine Vorschusspflicht denkbar wäre.

Es muss aber bedacht werden, dass ein nachträglicher Ersatzanspruch des Schuldners nur noch in den engen Grenzen für vorprozessuale Kosten möglich ist.[549] *Schweiger/Werderitsch* ist dahingehend zuzugestehen, dass das dispositive Recht keine verschuldensunabhängige Ersatzpflicht des Gewährleistungsgläubigers vorsieht, die ihn dazu verpflichten würde, Mangelfeststellungskosten zurückzuzahlen, sollte sich im Nachhinein herausstellen, dass kein Gewährleistungsfall vorliegt. Eine davon abweichende Vereinbarung über die Rückerstattung könnte mangels sachlicher Rechtfertigung insb gegen § 879 Abs 3 ABGB verstoßen.[550] Der OGH hat dies bisher nicht eindeutig beantwortet.[551]

Die Frage, ob die zur Feststellung der Mangelhaftigkeit notwendigen Kosten verschuldensunabhängig aus dem Titel der Gewährleistung (§ 439 Abs 2 BGB) zu ersetzen sind, ist ebenso in Deutschland umstritten. Dabei ist gleich wie in Österreich fraglich, ob sie „notwendige" Kosten der Nacherfüllung sind, weil sie dieser im eigentlichen Sinn vorgehen,[552] also der Gewährleistungspflicht vorgelagert sind. Dabei wird allen voran von *Faust* vertreten, dass dem Gewährleistungsgläubiger ein verschuldensunabhängiger Ersatz gem § 439 Abs 2 BGB nur dann zusteht, wenn sich herausgestellt hat, dass ein Mangel vorliegt.

---

547 AA *W. Faber*, JBl 2013, 151 ff.
548 Vgl auch *Leupold/Gelbmann*, VbR 2019, 138 (138 ff).
549 Zum nachträglichen Ersatz vgl auch *Fidler*, Schadenersatz und Prozessführung 273.
550 *Schweiger/Werderitsch*, VbR 2021, 89 (91 f).
551 Die beiden jüngeren Entscheidungen widersprechen sich zum Teil; dafür OGH 2. 11. 2020, 3 Ob 111/20z; dagegen wohl OGH 28. 1. 2021, 8 Ob 99/20x.
552 Vgl für einen Ersatz nunmehr insb *Faust* in *Bamberger/Roth/Hau/Poseck*, BeckOK BGB[58] § 439 Rn 79 ff, mwN zum Meinungsstand und BGH 30. 4. 2014, VIII ZR 275/13 NJW 2014, 2351 (2351 f) mit einer Darstellung zum Meinungsstand. Gegen einen verschuldensunabhängigen Ersatz etwa *Saenger* in *Schulze*, BGB[10] § 439 Rn 7 und *Westermann* in *Säcker/Rixecker/Oetker/Limperg*, MüKo BGB[8] IV § 439 Rn 22; jeweils mwN.

Das entspreche dem Grundgedanken der RL (alt), dass die Nacherfüllung unentgeltlich und ohne erhebliche Unannehmlichkeiten für den Gewährleistungsgläubiger zu erfolgen hat.[553] Das spricht im Ergebnis für die Ansicht, dass die Zulässigkeit des nachträglichen Ersatzes der Mangelfeststellungskosten davon abhängt, ob sich die Leistung als mangelhaft herausgestellt hat.[554]

Im Unterschied zu den Mangelfeststellungskosten fallen Mangelsuchkosten dafür an, um die Ursache innerhalb der mangelhaften Leistung – die bereits feststeht – ausfindig zu machen und zu beheben. Sie müssen also aufgewendet werden, um innerhalb einer (feststehenden) mangelhaften Leistung den konkreten Fehler zu finden, weshalb sie freilich in jedem Fall der Gewährleistungsschuldner als Gewährleistungskosten zu tragen hat.

cc) Zwischenergebnis

Vor dem europäischen Hintergrund der Diskussion (Art 3 RL [alt]) liegt es nahe, dass sich die Argumente für und wider gegen eine verschuldensunabhängige Ersatzpflicht der Mangelfeststellungskosten in Deutschland und Österreich gleichen. Gleichermaßen dreht sich die Frage des Ersatzes für Transportkosten an einen anderen als den (Nach)erfüllungsort um verbraucherschutzrechtliche Gedanken, die aus der RL (alt) – dem Unentgeltlichkeitsgebot – herrühren.

Die Kosten für den Transport der mangelhaften Sache an den Nacherfüllungsort oder die Wegkosten dorthin, hat im Verbrauchergeschäft nach beiden Rechtsordnungen grundsätzlich der Gewährleistungsschuldner zu tragen. Sie sind haftungsrechtlich als zur Nacherfüllung notwendige Kosten anzusprechen.

Die Kosten zur Feststellung der Mangelhaftigkeit der geschuldeten Leistung sind vom Gewährleistungsschuldner immer dann zu tragen, wenn sich herausgestellt hat, dass es sich tatsächlich um einen Mangel handelt. Der Schuldner darf diese Kosten im Verbrauchergeschäft aber nicht vorweg verrechnen, weil dem Gewährleistungsgläubiger damit eine Hürde in den Weg gestellt werden könnte, die ihn von der Geltendmachung seiner Rechte abhalten könnte. Ob der Schuldner die Kosten in diesem Fall jedoch im Nachhinein vom zurückverlangen kann, ist strittig. Das dispositive Recht kennt keine dahingehende verschuldensunabhängige Rückerstattungspflicht. Fehlt eine entsprechende vertragliche Abrede, ist daher auch fraglich, ob ein Ersatz nur in den engen Grenzen des Schadenersatzes für vorprozessuale Kosten möglich ist. Ob eine Vereinbarung, die einen solchen Ersatz regelt, zulässig ist, ist ebenso strittig.

Mangelsuchkosten sind dahingegen jedenfalls vom Gewährleistungsschuldner aus dem Titel der Gewährleistung zu tragen.

---

553 *Faust* in *Bamberger/Roth/Hau/Poseck*, BeckOK BGB[58] § 439 Rn 79. *"Er [der Käufer] trägt ohnehin das Risiko, dass die Untersuchung ergibt, dass kein Mangel vorliegt, und er deswegen ihre Kosten selbst tragen muss."*

554 Ausf zum Thema *Lorenz*, NJW 2014, 2319 (2319 ff) mwN.

b) Versicherungsrechtliche Einordnung

Zur versicherungsrechtlichen Einordnung der Transport, Mangelfeststellungs- und -suchkosten findet sich zu den AHVB noch keine Stellungnahme.[555]

In Deutschland wird zu den AHB dahingegen herrschend vertreten, dass sie allesamt Teil des ausgeschlossenen Aufwands, der zur Mangelbeseitigung notwendig ist, gehören. Sie wären deshalb gem Z 1.2 (2) AHB vom Versicherungsschutz ausgeschlossen.[556] Einen solchen Ausschluss kennen die AHVB nicht.

Bei der deckungsrechtlichen Einordnung dieser Gewährleistungsnebenkosten ist wie schon bei den Freilegungs- und Wiederherstellungskosten und dem Aus- und Einbau die Frage zu stellen, ob es sich um Kosten handelt, die in Verantwortung für das vertragliche Versprechen aufgebracht werden müssen; in diesem Fall wären sie von der Deckung – schon nach Art 1.2.1.1 – ausgeschlossen. Allein der Umstand, dass rechtlicher Grund der Verantwortung das Gewährleistungsrecht ist, reicht auch hier wiederum nicht für einen Ausschluss aus.

Die Transportkosten sind dementsprechend grundsätzlich vom Versicherungsschutz ausgeschlossen. Das ändert sich auch dann nicht, wenn die mangelhafte Sache im Verbrauchergeschäft (§ 8 Abs 1 KSchG) an einen anderen Ort als den Erfüllungsort zu transportieren ist. In beiden Fällen liegt ein Nachteil innerhalb der vertraglich geschuldeten Leistung vor, für den schon nach Art 1.2.1.1 kein Versicherungsschutz besteht. Das gilt deshalb auch für den Fall des „geänderten" Erfüllungsorts nach § 8 KSchG. Es wäre nämlich zu kurz gedacht, wenn man bloß isoliert auf den vertraglich vereinbarten Erfüllungsort abstellt. Es ist vielmehr davon auszugehen, dass die vertragliche Verantwortung (Vertragsinhalt) in der Übergabe einer mangelfreien Sache liegt. Dementsprechend sind die dazu notwendigen Transportkosten nicht von den AHVB gedeckt. Das gilt im Ergebnis gleichermaßen für die Mangelsuchkosten.[557]

Die Mangelfeststellungskosten lassen sich dahingehend etwas schwieriger einordnen. Übernimmt der VN zunächst die Kosten – was insb im Verbrauchergeschäft der Fall sein wird – und stellt sich im Nachhinein heraus, dass er sie endgültig nicht zu tragen hat, weil seine Leistung nicht mangelhaft war, greift die Haftpflichtversicherung nicht ein. Die Kosten entstehen dann nicht in Verantwortung einem Dritten gegenüber; es kann in diesen Fällen tatsächlich von

---

555 Vgl aber *Lindner,* wbl 2004, 449 (449), der die Thematik unter Nachweis auf die Erläuterungen zu den EHVB 2001 – nach denen die Transportkosten zum ausgeschlossenen Erfüllungsinteresse gehören würden – anspricht.

556 Statt vieler *v. Rintelen* in *Späte/Schimikowski,* AHB² Rn 512 f, mwN.

557 Übernimmt der VN die Kosten, besteht schon kein zu deckender Anspruch gegen ihn. Trägt zunächst sein Gläubiger oder ein Dritter die Kosten, ist der Ersatzanspruch gegen den VN aus den genannten Gründen ausgeschlossen.

einem „wirtschaftlichen Eigenschaden"[558] des VN gesprochen werden. Die möglichen Eintreibungs- und Prozesskosten für den Ersatzanspruch des VN gegen den Gläubiger könnten unter Umständen durch eine bestehende Rechtsschutzversicherung gedeckt sein.[559]

Vor diesem Hintergrund ist auch der Fall zu sehen, indem zunächst der Gläubiger oder ein Dritter die Mangelfeststellungkosten übernehmen, sich dabei aber im Nachhinein herausstellt, dass die Leistung des VN mangelhaft war. Der Ersatzanspruch gegen den VN kann in diesen Fällen ebenso nicht gedeckt sein, weil es sich dabei um keine Verantwortung für einen beim Dritten – außerhalb der Vertragsleistung entstehenden – Nachteil handelt. Es geht vielmehr darum, dass der Dritte vorläufig die Kosten übernommen hat, die eigentlich der VN als Prozesskosten zu tragen hat. Diese vorläufige Verlagerung der Prozesskosten kann zu keiner anderen deckungsrechtlichen Einordnung führen.

Das gilt im Ergebnis auch für den Fall, dass der VN die Mangelfeststellungskosten zunächst übernimmt und sich im Nachhinein wiederum ergibt, dass er tatsächlich eine mangelhafte Leistung erbracht hat. In diesen Fällen handelt es sich materiell um Prozesskosten, die beim VN genuin entstehen. Es fehlt also schon an einer versicherbaren Verantwortung für einen beim Dritten entstandenen Nachteil.

Der Ersatz der Mangelfeststellungkosten ist daher insgesamt vom Versicherungsschutz ausgeschlossen. Das ergibt sich aber wiederum bereits aus der primären Risikoumschreibung gem Art 1.2.1.1; ein Rückgriff auf die Gewährleistungsklausel ist daher nicht notwendig.

c) Zwischenergebnis

Die haftungsrechtliche Einordnung der Mangelnebenkosten (Transport-, Mangelfeststellungs- und -suchkosten) ist teilweise strittig. Aus versicherungsrechtlicher Sicht besteht für all diese Kosten keine Deckung in den AHVB. Der Ausschluss ergibt sich dabei aus den allgemeinen Prinzipien der Haftpflichtversicherung, sowie aus dem primären Risikoumfang (Art 1.2.1.1). Die Gewährleistungsklausel (Art 7.1.1) greift also auch hier wiederum nicht ein. Ihr kommt auch bei diesen Gewährleistungsnebenkosten nur deklarative Wirkung zu.

4. Zwischenfazit

Der haftungsrechtlichen Zuordnung der Gewährleistungsnebenkosten (Freilegungs- und Wiederherstellungskosten, Aus- und Einbaukosten, Mangelbeseitigungsnebenkosten) kommt für die deckungsrechtliche Einordnung grundsätz-

---

558 Mit der „freiwilligen" Übernahme dieser Kosten schädigt sich der VN also selbst. Es fehlt an einer Belastung des Passivums auf Grund einer Verantwortung einem Dritten gegenüber.

559 Notwendigerweise einen Vertrags-Rechtsschutz.

lich eine Indizwirkung zu. Sind diese Kosten als Gewährleistungskosten – daher aus dem Titel der Gewährleistung – zu ersetzen, sind sie von der Deckung ausgenommen. Das ergibt sich dann aber bereits aus Art 1.2.1.1 und nicht erst aus der Gewährleistungsklausel. Der Grund dafür liegt darin, dass über das Gewährleistungsrecht grundsätzlich nur solche Kosten und „Nachteile" zu ersetzen sind, die innerhalb der vertraglich versprochenen Leistung liegen. Daher kann auch grundsätzlich in diesem Bereich von einer Kongruenz zwischen Anspruchsgrundlage und Deckung ausgegangen werden.

Eine vorbehaltlose Kongruenz zwischen Haftungsrecht und Haftpflichtversicherungsrecht ist aber abzulehnen. Das zeigt sich insb beim Ersatz der kaufrechtlichen Aus- und Einbaukosten im Verbrauchergeschäft. Sie sind zwar formal aus dem Titel der Gewährleistung zu ersetzen. Es handelt sich aber materiell um Mangelfolgeschäden, die außerhalb der vertraglich versprochenen Leistung im Vermögen des Geschädigten eintreten. Sie sind daher grundsätzlich gedeckt. Die Gewährleistungsklausel führt auch hier zu keiner Eingrenzung des Versicherungsschutzes.

Damit kommt es im Ergebnis für die Deckung der vorbereitenden Maßnahmen ebenfalls zentral auf die Auslegung des vertraglichen Versprechens an. Vom Versicherungsschutz ausgenommen sind die Freilegungs- und Wiederherstellungskosten nur dann, wenn sich die Verantwortung dafür auf das vertragliche Versprechen zurückführen lässt. Die Gewährleistungsklausel führt darüber hinaus zu keinem Ausschluss. Keine Deckung besteht deshalb für die weiteren Mangelnebenkosten, etwa für den Transport, die Mangelsuche und die Mangelfeststellung.

Der Gewährleistungsklausel kommt bei der Frage der Haftungsrisiken aus der Schlechterfüllung von Verträgen im Ergebnis also nur deklarative Wirkung zu. Dieses Ergebnis lässt sich auch mit den Erläuterungen des VVO bei Einführung der Gewährleistungsklausel in die AHVB in Einklang bringen. Über Art 7.1.1 soll demnach kein Ausschluss über Art 1.2.1.1 erfolgen. Die Gewährleistungsklausel sollte bloß Rechtssicherheit schaffen und ausdrücklich anführen, was ohnehin schon nach Art 1.2.1.1 nicht vom Versicherungsschutz umfasst ist.[560]

Im nächsten Schritt ist abschließend die Gewährleistungsklausel hinsichtlich einer Sonderkonstellation zu untersuchen. Dabei geht es um die Frage, inwieweit Deckung für „Maßnahmen mit Doppelcharakter" besteht.

---

560 Die deckungsrechtliche Problematik auf Grund der Haftungsverschärfung im Gewährleistungsrecht (Aus- und Einbau) ist ein Beispiel dafür, warum eine erläuternde Hilfestellung im besten Fall auch nicht über einen Risikoausschluss erfolgen sollte.

D. Maßnahmen mit Doppelcharakter

1. Problemstellung

Hat eine mangelhafte Leistung einen Integritätsschaden (etwa Sachschaden) des Übernehmers zur Folge und deckt sich der Aufwand zur Behebung eines solchen Schadens mit den Kosten, die auch zur nachträglichen Erfüllung anfallen, liegt eine sog „Maßnahme mit Doppelcharakter" vor.

Die Konstellation knüpft dabei an das bereits aufgeworfene Problem bei der Abgrenzung zwischen dem nicht gedeckten Nacherfüllungsaufwand und dem gedeckten Mangelfolgeschaden an: Der VN schuldet den Einbau einer Rohrleitung, die nach dessen Verlegung zugemauert wird. Erst danach stellt sich heraus, dass die Rohrleitung mangelhaft ist. Zur Nachbesserung der Rohrleitung muss der VN diese freilegen, wozu er die Wand aufstemmen muss. Im Anschluss daran muss die Wand wieder verschlossen werden.[561]

Bei dem Problem der „Maßnahmen mit Doppelcharakter" kommt nunmehr hinzu, dass der Mangel an der Rohrleitung bereits vor der Nachbesserung zu einem Schaden an der Wand geführt hat, weil Wasser ausgetreten ist und in Folge dessen die Wand durchfeuchtet wurde.[562] Die Sanierung des Mangelfolgeschadens (Wiederherstellung der Wand nach Durchfeuchtung) und der Aufwand zur Freilegung und Wiederherstellung als vorbereitende Maßnahme zur Gewährleistung (Freilegung zur Reparatur) decken sich. Damit könnten nach dem bisher Gesagten gedeckte und nicht gedeckte Kosten bzw Schäden zusammentreffen. Ob dieses Zusammentreffen zu einer geänderten Deckung für eine der beiden Position führt, ist fraglich.

Dabei zeigt sich auch erneut eine Parallele zum Aus- und Einbauaufwand. Sofern er als notwendiger Aufwand zur Nacherfüllung im versicherungsrechtlichen Sinn angesehen wird, ist nicht zu übersehen, dass sich die Schlechterfüllung mit Einbau der mangelhaften Sache schadhaft weiterentwickelt hat; gleich wie die geplatzte Rohrleitung: Die Einbaukosten sind frustriert, die eingebaute mangelhafte und möglicherweise gefährliche Sache beeinträchtigt die Integrität des Käufers und muss deshalb ausgebaut werden.

2. Meinungsstand

a) Österreich

Zum Problem der Maßnahmen mit Doppelcharakter gibt es soweit ersichtlich erst eine höchstgerichtliche Entscheidung:[563] Die Kl schuldete die Errichtung

---

561 Vgl BGH 13. 12. 1962, II ZR 196/60 NJW 1963, 805 f.

562 Vgl das Beispiel bei *Späte*, AHB § 1 Rn 156; *Späte* in *Brendl*, Produkt- und Produzentenhaftung IV 13/07 ff.

563 Die Entscheidung hat sich auch in einem Rechtssatz niedergeschlagen; RIS-Justiz RS0131237, OGH 25. 1. 2017, 7 Ob 190/16 s.

einer Betondecke und Roharbeiten an darunter gelegenen Kellerräumen. Dabei unterließ sie es, eine notwendige Wärmedämmung an der Außenseite zu installieren. Nach Abnahme vermietete die Auftraggeberin die Kellerräume. Die Mieterin installierte wiederum Sanitäranlagen, Elektroinstallationen und Schallisolierungen und vermietete die so hergestellten Musikräume unter. Bei den Untermietern kam es – auf Grund der fehlenden Wärmedämmung – zu einem Wassereintritt. Da weder die Kl noch die Vermieterin eine Sanierung vornahmen, ließen die Untermieter auf eigene Kosten eine Wärmeisolierung an der Innenseite anbringen. Die Vermieterin wurde in weiterer Folge zur Zahlung der Sanierungskosten an die Untermieter verpflichtet und begehrte ihrerseits dafür Ersatz von der Kl.

Zur Frage stand, ob die Sanierungsarbeiten der Nacherfüllung dienten, oder ob es sich dabei um gedeckte Aufwendungen zur Behebung von – durch den Wassereintritt verursachten – Mangelfolgeschäden handelte.

Das Erstgericht wies darauf hin, dass zwischen dem Austausch der durchnässten Schallisolierung, der Wandmalerei und dem Anbringen der Wärmeisolierung zu unterscheiden sei. Die Kosten für die Schallisolierung und die Wandmalerei seien nicht gedeckte reine Vermögensschäden, jene für das Anbringen der Innendämmung ein ausgeschlossenes Erfüllungssurrogat. Die Kl habe zwar eine Außendämmung geschuldet, die innen angebrachte Dämmung sei aber eine Ersatzleistung dafür.

Das Berufungsgericht hielt fest, dass das mangelhafte Werk für die Schäden (ua auch Mietentgang und Energiemehrverbrauch) ursächlich sei. Die dadurch beschädigten Gebäudeteile seien unstrittig gedeckte Sachschäden. Die Innendämmung sei kein Erfüllungssurrogat, weil damit nicht der geschuldete Zustand herbeigeführt werden konnte. Es handle sich um eine Behelfsmaßnahme, um zukünftigen Schäden entgegenzuwirken.

Der OGH hielt nach ausführlicher Darstellung der deutschen L und im Anschluss an *Fenyves* fest, dass Kosten der Mangelbehebung grundsätzlich ausgeschlossen seien, wozu auch darüberhinausgehende Schäden zählen würden, wenn sie zwangsläufig mit der Verbesserung verbunden wären. Das betreffe Schäden, die dem Besteller zugefügt werden müssen, um die Nacherfüllung vornehmen zu können.[564]

Im konkreten Fall wären dahingehend die Kosten für die Entfernung der Gipskartondecke und des Akustikfilzes, das Anbringen der Wärmeisolierung und die Wiederherstellung des Zustandes (Wiederverschließen und Malerarbeiten) vor Schadeneintritt zu beurteilen. Grundsätzlich sei die Wärmeisolierung ein nicht gedecktes Erfüllungssurrogat, weil damit „(...) *dasselbe generelle Ziel wie*

---

564 Vgl RIS-Justiz RS0021974, OGH 24. 3. 1988, 7 Ob 9/88. Diese Beurteilung ergeht freilich in Übereinstimmung zur Rsp-Linie zu den Freilegungs- und Wiederherstellungskosten; vgl dazu Kapitel IV. B.

durch die von der Klägerin geschuldete[n] Herstellung der äußeren Wärme-
dämmung verfolgt und auch – nahezu – erreicht [wurde]".[565] Die Maßnahme
diene der Herstellung der ursprünglich mangelhaft hergestellten Leistung.

Hinsichtlich der Durchfeuchtung der Deckenkonstruktion durch den Wassereintritt führte der OGH allerdings aus, dass auch eine Maßnahme zur Beseitigung eines Folgeschadens vorliegen könnte. Die Kosten für die Sanierungsarbeiten seien aber dann gedeckt, wenn sie der Beseitigung eines Folgeschadens
dienen würden. Ausgeschlossen wären nur die Kosten, die ausschließlich zur
Beseitigung des Mangels aufgewendet werden müssten. Zur Beurteilung im
konkreten Fall fehlte es an ausreichenden Feststellungen durch das Erstgericht.

Den Nachweisen auf *Fenyves* und die dL fügte das Höchstgericht begründend
hinzu, dass der durchschnittliche VN *„die Klausel"*[566] jedenfalls nicht dahingehend verstehen könne, dass ein an sich versicherter Folgeschaden von der
Deckung ausgeschlossen werde, weil sich die Schadenbeseitigung mit einer
Nacherfüllungsmaßnahme überschneide. Der primären Risikobeschreibung,
wonach Folgeschäden gedeckt seien, müsse ein Vorrang eingeräumt werden.

Die Stellungnahme von *Fenyves*[567], auf die sich das Höchstgericht bezieht, erging dabei ebenfalls im Anschluss an die dL. Im Ergebnis schließt sich *Fenyves*
Späte[568] an und hält fest, dass nur jene Kosten von der Deckung ausgeschlossen
wären, die ausschließlich der Nacherfüllung dienen würden. Sobald der Aufwand auch zur Wiederherstellung eines Folgeschadens notwendig sei, soll dafür Deckung bestehen.[569]

Nach dem Beitrag von *Fenyves* ergingen zwei weitere, im Wesentlichen gleich-
lautende, Stellungnahmen von *Maitz*[570] und *L.-M. Wagner*[571]. *L.-M. Wagner*
äußerte sich dabei ausdrücklich zur eben referierten Entscheidung des OGH
und fasste zusammen, dass nur jene Kosten vom Versicherungsschutz ausgeschlossen seien, *„(...) die ausschließlich der Verbesserung der bedungenen Werk-*
leistung dienen [würden]. [Habe] die mangelhafte Werkleistung des Versiche-
rungsnehmers hingegen bereits Folgeschäden an anderen Sachen angerichtet,

---

565 Zum Erfüllungssurrogat unten noch näher (Kapitel V.)
566 Wenn der OGH von „der Klausel" im Anschluss an die dL spricht, wirft das die
     Frage auf, welche Klausel gemeint ist. Eine Gewährleistungsklausel findet sich in
     den deutschen AHB nicht. Es liegt der Verdacht nahe, dass der OGH hier die deut-
     sche „Mangelbeseitigungsnebenkostenklausel" meint, die zur Gänze anders als
     Art 7.1.1 ist. Dazu würde auch die Begründung des OGH passen, die sich so in der
     dL eben zur Mangelbeseitigungsnebenkostenklausel findet; vgl dazu *v. Rintelen* in
     Späte/Schimikowski, AHB² Z 1 Rn 521 ff.
567 *Fenyves*, NZ 2001, 246 ff.
568 *Späte*, AHB § 1 Rn 153 ff.
569 *Fenyves*, NZ 2001, 246 ff; *Reisinger* in *Fenyves/Perner/Riedler*, VersVG (2020) § 152
     Rn 46 mwN.
570 *Maitz*, AHVB/EHVB 2005, 111.
571 *L.-M. Wagner*, ZVB 2017, 258 f.

[wären] diese Schäden gedeckt und nur jene Kosten ausgeschlossen, die für die Beseitigung des Mangels selbst aufgewendet werden [müssten]."[572]

Zusammengefasst soll bei einer Überschneidung von Mangelbehebungskosten mit Folgeschäden letzteren also der Vorrang eingeräumt und dafür Deckung gewährt werden.

b) Deutschland

Die Stellungnahmen im österreichischen Schrifttum und die rechtliche Beurteilung des OGH leiten sich aus dem deutschen Schrifttum ab, weshalb sich wiederum ein rechtsvergleichender Blick anbietet.

Das Problem der Maßnahmen mit Doppelcharakter ist in Deutschland dabei seit jeher umstritten. Nach der heute wohl üA sollen Folgeschäden, die sich mit den Nachbesserungsbegleitschäden überschneiden – anders als nach Ansicht des OGH und dem österreichischen Schrifttum –, nicht gedeckt sein. Es könne nämlich nicht darauf ankommen, ob die Kosten als *„Kostenerstattung oder Kostenvorschuss zur Mängelbeseitigung"*, oder nach Fristsetzung zur Nachbesserung als Schadenersatz geltend gemacht werden würden. Entscheidend für den ausgeschlossenen Erfüllungsbereich sei eben nicht die Anspruchsgrundlage, sondern der materielle Vertragsinhalt.[573]

Lücke vertritt dahingegen, dass eine Leistungspflicht des Versicherers bestehen soll, wenn die Maßnahme sowohl der Nacherfüllung, als auch der Beseitigung eines Folgeschadens dient. Er weist darauf hin, dass Z 1.2 (2) AHB von einem durchschnittlichen VN nicht anders verstanden werden könne.[574] *Schanz* geht davon aus, dass auch die Versicherungswirtschaft grundsätzlich von einer Deckung bei Vorliegen einer Doppelmaßnahme ausgehen würde.[575] Auch im älteren Schrifttum sprachen sich etwa *Späte*[576] und *Thürmann*[577] – gemeinsam mit der Versicherungswirtschaft – für eine Deckung aus, wenn sich die Kosten der Mangelbehebung mit solchen zur Schadenbeseitigung überschneiden würden.[578]

Schmalzl[579] und *Littbarski*[580] vertraten dahingegen mit dem BGH[581] die gegenteilige Ansicht, wonach kein Versicherungsschutz für Folgeschäden bestehen

---

572 RIS-Justiz RS0131237, OGH 25. 1. 2017, 7 Ob 190/16s.
573 Stellvertretend *v. Rintelen* in *Späte/Schimikowski*, AHB[2] Z 1 Rn 516 mwN; *v. Rintelen* in *Beckmann/Matusche-Beckmann*, Versicherungsrechts-Handbuch[3] § 26 Rn 42 mwN und auch zur im Ergebnis übereinstimmenden Rsp des BGH.
574 *Lücke* in *Prölss/Martin*, VVG[31] AHB Z 1 Rn 54; vgl auch *Büsken* in *Langheid/Wandt*, MüKo VVG II[2] Z 300 Rn 65 mwN.
575 *Schanz* in *Veith/Gräfe/Gebert*, Der Versicherungsprozess[3] Rn 366 ff, insb 370 f.
576 *Späte*, AHB § 1 Rn 156 f, mwN.
577 *Thürmann* in *Schmidt-Salzer*, Produkthaftung[2] IV/1 Rn 8.100 f.
578 Vgl auch *Eiselt/Trapp*, NJW 1984, 899 ff.
579 *Schmalzl*, Berufshaftpflichtversicherung, Rn 479 ff.
580 *Littbarski*, Haftungs- und Versicherungsrecht, Rn 366 ff.
581 BGH 20. 11. 1990, IV ZR 229/98 VersR 1991, 293.

würde, wenn sie auch der Nachbesserung dienlich wären. Es sei unsachlich, den VN besser zu stellen, wenn die mangelhafte Rohrleitung bereits Schäden verursacht habe. Dazu bringt *Schmalzl* das Beispiel, dass der Installateur in zwei Häusern die gleiche, mangelhafte Rohrleitung verlegt habe, ein Feuchtigkeitsschaden aber nur in einem Haus entstehen würde. Der VN hätte nun auch im zweiten Haus die Rohrleitung, die sich als mangelhaft herausgestellt hat, auszuwechseln, könne dort für die Freilegungs- und Wiederherstellungskosten aber keinen Versicherungsschutz beanspruchen.[582]

3. Stellungnahme

Schmalzl ist in der Tat beizupflichten, dass es schwer zu rechtfertigen ist, den Versicherungsschutz davon abhängig zu machen, ob sich die Leistung schadhaft entwickelt hat, oder der Vertragspartner des VN bereits davor Gewährleistung geltend macht.

Mit der ausdrücklichen Ausnahme der Nachbesserungsbegleitschäden auf Ebene der primären Risikoumschreibung in Z 1.2 (2) AHB wurde in Deutschland dahingehend für etwas Transparenz gesorgt. Der VN kann bei Abschluss des Versicherungsvertrags erkennen, dass solche Schäden nicht vom Versicherungsschutz umfasst sein sollen, auch dann nicht, wenn sie mit einem Folgeschaden aus der schadhaften Weiterentwicklung der mangelhaften Leistung zusammentreffen.

Die AHVB kennen aber weder eine solche Klausel, noch kann grundsätzlich behauptet werden, dass die Freilegung und Wiederherstellung als Teil der vertraglichen Erfüllungspflicht geschuldet sind. Die „Nachbesserungsbegleitschäden" (insb Freilegungs- und Wiederherstellungskosten) werden wie oa bereits nur dann vom Versicherungsschutz ausgeschlossen, wenn sie ein Teil des geschuldeten Erfolgs sind.

Folgt man dahingegen der gegenteiligen Ansicht, dass es für den Versicherungsschutz auf eine typische und enge Verbindung mit der Gewährleistung ankommt, weshalb die Kosten zur Freilegung- und Wiederherstellung stets von der Deckung ausgenommen sind, beginnt sich diese Argumentation bei den Maßnahmen mit Doppelcharakter stellenweise im Kreis zu drehen. Die Wiederherstellungskosten in Folge der Freilegung werden nämlich sowohl in Rsp als auch im Schrifttum als „Schäden" angesprochen, die dort nur deshalb ausnahmsweise ausgeschlossen werden müssten, weil sie der Nacherfüllung dienen würden. Man will dort also einen an sich nach Art 1.2.1.1 gedeckten Folgeschaden vom Versicherungsschutz ausnehmen, weil er in enger Verbindung mit der Nacherfüllung steht. Entwickelt sich die mangelhafte Leistung nun schadhaft weiter und kommt es vor Nachbesserung zu einem Schaden, soll dann aber deshalb Deckung bestehen, weil die Kosten der Beseitigung eines Folgeschadens dienen würden.

---

582 *Schmalzl*, Berufshaftpflichtversicherung, Rn 480.

Es wird also zunächst ein Grund gesucht, warum man einen an sich gedeckten Folgeschaden von der Versicherung ausschließen möchte. Das führt bei jenen Maßnahmen, die Doppelcharakter haben, dazu, dass man für einen an sich gedeckten Mangelfolgeschaden (Wasserschaden) plötzlich ebenso einen Grund finden muss, warum man ihn doch vom Versicherungsschutz umfasst wissen möchte; das scheint gewissermaßen paradox zu sein. Ordnet man hingegen die Freilegungs- und Wiederherstellungskosten oder auch die Aus- und Einbaukosten – wie hier vertreten – als gedeckte Folgeschäden ein, sofern es sich um keinen Teil des geschuldeten Erfolgs handelt, entsteht dieses Problem erst gar nicht.

Für eine solche Annahme sprechen auch gute Gründe. Zum einen ist die Abgrenzung danach, ob eine Maßnahme der Nacherfüllung dient oder mit ihr in enger Verbindung steht – wie oben gezeigt – zu unbestimmt. Im Zweifel ist also für den VN davon auszugehen, dass es sich um einen gedeckten Mangelfolgeschaden handelt (§ 915 ABGB).

Eine unterschiedliche Deckung je nach Entwicklung der mangelhaften Leistung lässt sich außerdem nicht sachlich rechtfertigen. Aus versicherungstechnischer Sicht kann dies insofern vermieden werden, als für die Deckung nur ausschlaggebend sein kann, ob die mangelhafte Leistungserbringung zu einem Schaden an Vermögenswerten des Gläubigers außerhalb der Vertragsleistung führt, oder innerhalb dieser liegt. Ob ein Verhalten des VN dazwischentritt[583] und ob der Schaden einem Zweck gewidmet ist, kann insofern keine Rolle spielen. Es kommt wie bisher festgestellt allein auf die Lokalität des Nachteils, für den der VN verantwortlich ist, an. Damit kann auch in den Fällen, in welchen die Freilegung- und Wiederherstellung Teil des vertraglich geschuldeten Erfolgs ist, eine einheitliche Deckung erreicht werden: Tritt der Wasserschaden innerhalb der vertraglich geschuldeten Leistung auf, besteht kein Versicherungsschutz. Dehnt sich der Wasserschaden über den Werkerfolg hinaus aus, besteht für den außerhalb des geschuldeten Werks eingetreten Schaden grundsätzlich Versicherungsschutz. Das führt im Ergebnis zu einer (gewünschten) einheitlichen Deckungssituation.

Dem vom OGH ins Treffen geführten Vorrang der primären Risikoumschreibung ist deshalb zuzustimmen. Lässt sich aus der Risikobegrenzung kein klares Ergebnis erzielen, ist im Zweifel von keiner Einschränkung des Versicherungsschutzes auszugehen (§ 915 ABGB).

4. Zwischenfazit

Die AHVB kennen keinen zu den deutschen AHB vergleichbaren Ausschluss für Nachbesserungsbegleitschäden. Aus diesem Grund bedarf es auch für die

---

583 Der Vorsatzausschluss kann dagegen ebenso nicht vorgebracht werden, vgl v. Rintelen in Späte/Schimikowski, AHB² Z 1 Rn 518.

Fälle der „Maßnahmen mit Doppelcharakter" einer eigenständigen Begründung für das österreichische Versicherungsrecht.

Nachbesserungsbegleitschäden (etwa Freilegungs- und Wiederherstellungskosten) sind nach den AHVB nur dann ausgeschlossen, wenn sie den vertraglich geschuldeten Teil einer Leistung des VN betreffen. Führt die mangelhafte Leistung (auch) unmittelbar zu einem Sachschaden beim Gewährleistungsgläubiger (bspw Wasserschaden durch fehlerhaft verlegte und zwischenzeitlich verputzte Leitungsrohre), kommt es für die Deckung ebenso darauf an, ob der Schaden außerhalb oder innerhalb der vertraglich versprochenen Leistung eintritt: Schuldet der VN bspw bloß die Verlegung der Rohre, nicht aber das Verputzen derselben, betrifft sowohl der Freilegungs- und Wiederherstellungsaufwand, als auch jeder Schaden, der aus der mangelhaften Verlegung resultiert, einen Nachteil, der außerhalb der geschuldeten Leistung liegt. Es ist dahingehend immer von einer Deckung auszugehen. Schuldet der VN als Werkerfolg insgesamt eine vertragsgemäße Rohrleitung hinter einer verschlossenen Wand, besteht in keinem Fall Deckung. Sowohl die Wiederherstellung in Folge der Freilegung zur Nachbesserung, als auch Wasserschäden, die durch das Platzen des Rohrs an der Wand entstehen, führen zu einem Nachteil innerhalb der vertraglich versprochenen Leistung (die beschädigte Wand ist dann Teil der geschuldeten Leistung), der bereits nach Art 1.2.1.1 von der Deckung ausgeschlossen ist.[584]

Das lässt sich auch auf die Aus- und Einbaukosten übertragen. Hat der VN eine Montagepflicht übernommen, besteht für den frustrierten Aufwand seines Gläubigers, oder auch für die Verletzung dessen Integritätsinteresses, insgesamt keine Deckung nach Art 1.2.1.1. Schuldet der VN keine Montage, besteht umgekehrt in allen Fällen Deckung für Nachteile, die außerhalb der Vertragsleistung liegen.

E. Zwischenbilanz und Gang der weiteren Untersuchung

Der Gewährleistungsklausel kommt bei den in Verbindung mit der Schlechterfüllung von Verträgen stehenden Kosten und Schäden (Freilegung- und Wiederherstellung, Aus- und Einbau und weitere Mangelnebenkosten) nur deklarative Wirkung im Verhältnis zur primären Risikoumschreibung (Art 1.2.1.1) zu. Damit ist von der Deckung nur ausgeschlossen, was sich auf die Verantwortung des VN für den vertraglich versprochenen Erfolg zurückführen lässt (Art 1.2.1.1). Die Gewährleistungsklausel beschränkt die Deckung für Mangelfolgeschäden daher grundsätzlich nicht. Für die Deckung entscheidend ist also weiterhin die Lokalität des Nachteils, für den der VN verantwortlich ist, nicht aber die Kausalität zu einer Anspruchsgrundlage oder die enge Verbindung zum ausgeschlossenen Mangelschaden.

---

584 Vgl dazu auch das Ergebnis von *Mecenovic*, Herstellungs- und Lieferklausel 155, wonach die HLK im Verhältnis zur Erfüllungsklausel nur deklarative Bedeutung haben soll.

Im Zentrum der Untersuchung zur Gewährleistungsklausel stand dabei insb der Nacherfüllungsanspruch und die mit ihm verbundenen Kosten und Schäden. In einem nächsten Schritt ist der zweite Teil der sog „Erfüllungsklausel" näher in den Blick zu nehmen. Nach diesem soll auch die „an die Stelle der Erfüllung tretende Ersatzleistung" (Art 7.1.3) vom Versicherungsschutz ausgeschlossen sein. Dabei geht es also um die Deckung für Ersatzleistungen, die für das endgültige Ausbleiben der Erfüllungsleistung vom VN zu erbringen sind.

V. Nichterfüllungsklausel (Art 7.1.3)

A. Grundlagen

1. Wortlaut

Nach Art 7.1.3 fallen die *„Erfüllung von Verträgen und die an die Stelle der Erfüllung tretende Ersatzleistung"* nicht unter den Versicherungsschutz. Der Ausschluss von Vertragserfüllungsansprüchen ergibt sich bereits aus dem Gesetz und aus Art 1.2.1.1.[585] Dem ersten Teil der Klausel kommt daher jedenfalls nur klarstellende Wirkung zu.[586]

Der zweite Teil der Klausel schließt *„an die Stelle der Erfüllung tretende Ersatzleistungen"* (Erfüllungssurrogat) vom Versicherungsschutz aus. Dem Wortlaut nach kommt es damit auf eine *„Ersatzleistung"*, nicht aber auf einen *„Ersatzanspruch"* an. Es geht also wiederum nicht um die formale Anspruchsgrundlage und darum, welcher Anspruch an die Stelle des Erfüllungsanspruchs tritt[587] – darunter könnten andernfalls auch alle Ansprüche aus Gewährleistung fallen – sondern um die Ersatzleistung, die an Stelle der ursprünglich geschuldeten Leistung zu erbringen ist.

Aus dem Wortlaut ergibt sich zudem ein erster Anhaltspunkt dafür, dass sich der Ausschluss der *Ersatz*leistung an der ursprünglich geschuldeten Leistung zu orientieren hat. Ausgeschlossen soll eben nur jene Leistung sein, die an die Stelle der Erfüllung tritt.[588] Der Begriff des Ersatzes trägt aber gleichermaßen in sich, dass es sich um keine idente Leistung zur ursprünglich Geschuldeten handeln muss. Es wird eben nur *Ersatz* dafür geleistet, dass die ursprünglich geschuldete Leistung nicht mehr erbracht werden kann.

2. Vergleichbarkeit mit den AHB

Die Erfüllungsklausel wurde erst 1978[589] in die AHVB aufgenommen.[590] In den deutschen Musterbedingungen findet sich dagegen bereits seit 1949 ein Aus-

---

585 Vgl Kapitel II. und III.
586 Statt vieler *Mecenovic*, Herstellungs- bzw Lieferklausel 107 mwN.
587 Das würde schon im Widerspruch zu der unstrittigen Ansicht stehen, dass sich die Deckung nicht nach Anspruchsgrundlagen, sondern nach dem materiellen Anspruchsinhalt zu richten hat.
588 Statt vieler *Mecenovic*, Herstellungs- bzw Lieferklausel 111 und *Rubin*, NZ 2016, 51; jeweils mwN.
589 Damit erst 35 Jahre nach der Einführung in die deutschen AHB.
590 *Mecenovic*, Herstellungs- bzw Lieferklausel 110.

schluss für Erfüllungsersatzleistungen (§ 4 I 6 Abs 3 AHB),[591] der im Wesentlichen Art 7.1.3 gleicht.[592] Nach der Novellierung der Musterbedingungen ist der Erfüllungsausschluss der AHB in Z 1 an das Ende einer dort neu eingefügten Aufzählung gerutscht (Z 1.2 [6] AHB).

Mit der Neugestaltung der Musterbedingungen[593] wurden – wie bereits oa[594] – die zum Erfüllungsausschluss strittigen Problemfälle ausdrücklich ausgeschlossen. Nach Z 1.2 (1) AHB sollen bspw Ansprüche auf Nacherfüllung, auf Schadenersatz statt der Leistung, oder für Schäden, die zur Nacherfüllung notwendig sind, von der Deckung ausgenommen sein.

Trotz dieser bedeutsamen Änderungen soll sich der Ausschluss der aufgezählten Ersatzleistungen an den bisherigen, zur alten Erfüllungsersatzklausel gewonnen, Kriterien orientieren. Für die Deckung komme es also weiterhin darauf an, ob mit der Ersatzleistung ein über das Erfüllungsinteresse[595] hinausgehender Ersatz gefordert wird; nur dafür bestehe Versicherungsschutz.[596]

Die Problemstellung ist daher im Wesentlichen gleich zu den AHVB und dem Nichterfüllungsschaden nach österreichischem Haftungsrecht gelagert. Der Erfüllungsklausel in den AHB wird dabei ebenso nur deklarative Wirkung zugesprochen.[597] Bei einem rechtsvergleichenden Blick ist aber wiederum insb bei den haftungsrechtlichen Begriffen – hier dem Nichterfüllungsschaden – besondere Vorsicht geboten. Das haftungsrechtliche Begriffsverständnis der beiden Länder stimmt nicht in jedem Detail überein.

3. Problemstellung und Gang der weiteren Untersuchung

Bei der weiteren Untersuchung der Nichterfüllungsklausel steht im Besonderen wiederum die Abgrenzung zwischen den nicht gedeckten „Erfüllungsschäden" und den gedeckten „Folgeschäden" in Frage.[598] Es ist also wiederum zu fragen, ob ein Teil der bisher – nach Art 1.2.1.1 und der Gewährleistungsklausel – gedeckten Mangelfolgeschäden über die Nichterfüllungsklausel vom Versicherungsschutz ausgenommen sind, weil es sich um „Erfüllungsschäden" handelt, die das „Erfüllungsinteresse" betreffen.

Dabei ist im Hinterkopf zu behalten, dass es nunmehr ausschließlich um den Ersatz für das endgültige Ausbleiben der versprochenen Leistung geht. Eine (begriffliche) Kongruenz zwischen Haftungsrecht und Haftpflichtversiche-

---

591 Zur Geschichte der Erfüllungsklausel *Grunow*, Deckung vertraglicher Erfüllungs- und Surrogatansprüche 3 ff.
592 Vgl *Mecenovic*, Herstellungs- bzw Lieferklausel 110 insb Fn 379.
593 Zur Neuregelung übersichtlich *Schimikowski* in FS Schirmer 545 (545 ff).
594 Kapitel III.D.
595 Synonym: Vertragsinteresse oder Äquivalenzinteresse.
596 *V. Rintelen* in *Späte/Schimikowski*, AHB² Z 1 Rn 462.
597 Statt vieler *Littbarski*, AHB § 1 Rn 37.
598 Illustrativ OLG Dresden 23. 10. 2013, 7 U 548/13 r+s 2014, 280 (280 ff).

rungsrecht kann deshalb schon an dieser Stelle ausgeschieden werden. In Frage steht immer der Ersatz des Nichterfüllungsschadens in Form einer Geldleistung.[599] Der Nichterfüllungsschaden umfasst dabei begrifflich sowohl Erfüllungsschäden (Mangelschaden), als auch den Mangelfolgeschäden.[600]

Die folgende Untersuchung soll sich dabei insb auf zwei Fallgruppen konzentrieren: Zum einen geht es um die Deckung des Ersatzanspruchs für die beim Gläubiger des VN oder einem Dritten entstanden Verbesserungskosten nach Selbstverbesserung.[601] Zum anderen um die schon einleitend angedeutete Frage, welcher Teil des Nichterfüllungsschadens als „Erfüllungsersatzleistung" an die Stelle der versprochenen Leistung tritt und damit vom Versicherungsschutz ausgenommen ist.

Die Untersuchung dieser beiden Fallgruppen soll dabei jeweils anhand ausgewählter und anschaulicher Fallbeispiele aus der Rsp erfolgen, die zugleich stellvertretend für die Begründungslinie des Höchstgerichts stehen. Dabei sind gleich drei Rechtssätze einschlägig, die zu drei unterschiedlichen Versicherungsprodukten bestehen, welche sich jeweils an verschiedene Berufsgruppen[602] richten. Allen Rechtssätzen und Bedingungen ist aber gemeinsam, dass es um die Reichweite des Ausschlusses von Schadenersatzansprüchen wegen Nichterfüllung[603] und dem Erfüllungsinteresse[604] bzw der Deckung von Mangelfolgeschäden[605] geht.

B. Keine Erfüllungsersatzleistung

Bevor auf die beiden angesprochenen, problematischen Fallgruppen (Selbstverbesserung und Erfüllungsersatz) eingegangen wird, sollen noch einige Fallgruppen dargestellt werden, in denen bei genauerem Hinsehen keine Erfüllungsersatzleistung vorlag, welche die „Nichterfüllungsklausel" von der Deckung ausnehmen könnte, aber dennoch bei der deckungsrechtlichen Begründung entscheidend auf Art 7.1.3 („Erfüllungsersatzleistung") abgestellt wurde.

---

599 Nicht mehr in Frage steht der schadenersatzrechtliche Anspruch auf Nacherfüllung.
600 Zum Umfang des Nichterfüllungsschadens statt vieler *Reischauer*, JBl 2002, 137 ff, mwN.
601 Vgl *Zankl*, ecolex 1990, 278 der diesbezüglich wohl schon die Gewährleistungsklausel heranzieht. Wie sich gezeigt hat, kommt der Gewährleistungsklausel aber nur deklarative Wirkung zu. Das könnte ein erster Ansatz für die hier zu untersuchende Erfüllungsklausel sein.
602 Allgemeine Bedingungen zur Haftpflichtversicherung für Vermögensschäden (AVBV), Allgemeine Haftpflichtversicherungsbedingungen (AHVB) und Allgemeine Versicherungsbedingungen für die Haftpflichtversicherung von befugten technischen Büros (AHBA) bzw Allgemeine Bedingungen für die Haftpflichtversicherung von staatlich befugten und beeideten Architekten und Zivilingenieuren (AHBA).
603 RIS-Justiz RS0081589, OGH 9. 7. 1987, 7 Ob 177/06i.
604 RIS-Justiz RS0081898, OGH 12. 3. 2015, 7 Ob 230/14w.
605 RIS-Justiz RS0114204, OGH 17. 4. 2013, 7 Ob 46/13k.

1. Untergang der Treuhandvaluta

Im ersten Fall[606] war ein Rechtsanwalt, der konkret als Treuhänder tätig war, Schädiger. Er unterließ es, entgegen der vertraglichen Vereinbarung, bei Abwicklung eines Liegenschaftskaufvertrages, die Grunderwerbssteuer wie vereinbart selbst zu berechnen und abzuführen. In das Geschäftskonto – das zugleich das Treuhandkonto war – wurde von dritter Seite Exekution geführt und dabei ua die Treuhandvaluta des Kl[607] gepfändet. Der Kl beendete schließlich den Treuhandvertrag und forderte die Treuhandvaluta zurück. Das Finanzamt schrieb dem Kl in der Zwischenzeit bescheidmäßig die Zahlung der Grunderwerbssteuer inkl Säumniszuschlag vor.

Die Rückforderung der Treuhandvaluta nach Auftragsbeendigung qualifizierte der OGH als Erfüllungsanspruch (§ 1009 ABGB), welcher der schuldrechtlichen Einordnung folgend als solcher vom Versicherungsschutz – nach der Erfüllungsklausel – ausgeschlossen sei. Mit dem Rückzahlungsanspruch bliebe das Vermögen des Treuhänders grundsätzlich unberührt, weil er nur zurückzuzahlen habe, was ihm anvertraut wurde. Dem VN würde deshalb auch kein abzusichernder Schaden entstehen. Der Säumniszuschlag sei hingegen als gedeckter Schadenersatz einzuordnen.[608]

Zum „Treuhand-Fall" hat *Rubin* ausführlich und kritisch Stellung genommen. Er sieht in der Rückzahlung im Ergebnis kein Erfüllungssurrogat.[609] Im Detail stellt er darauf ab, dass dem Treugeber aus der Verletzung einer vertraglichen Pflicht ein zu deckender Folgeschaden in Höhe der anvertrauten Treuhandvaluta entstanden wäre.[610] Dem OGH zustimmend hat sich hingegen *Ch. Huber* geäußert, der darüber hinaus eine Alternativlösung zum Schutz der geschädigten Treugeber fordert.[611]

Eine an die Stelle der versprochenen Erfüllungsleistung tretende Ersatzleistung liegt in diesem Fall aber tatsächlich gar nicht vor. Die Rückzahlung der Valuta, die nur zur Erfüllung „bereitgestellt" wurde, ist kein „Ersatz" für die nicht vorgenommene Erfüllung (Abführung), weil mit deren Rückzahlung in keiner Form substituiert wird, zu was sich der VN als Treuhänder gegen Entgelt verpflichtet hat. Ausgehend davon, liegt in der begehrten Rückzahlung der Treuhandvaluta also schon begrifflich keine Erfüllungsersatzleistung vor, die Art 7.1.3 von der Deckung ausnehmen könnte.

---

606 OGH 12. 3. 2015, 7 Ob 230/14 w.
607 Dem Kl wurden die Ansprüche gegen den Versicherer vom Rechtsanwalt als VN abgetreten, weshalb wiederum der Geschädigte und nicht der VN als Kl auftrat.
608 Zur Versicherbarkeit des Herausgabeanspruchs des Treugebers s auch jüngst OGH 21. 9. 2017, 7 Ob 127/17 b; vgl auch zuvor OGH 19. 10. 1994, 7 Ob 27/94.
609 *Rubin*, NZ 2016, 47 ff.
610 *Rubin*, NZ 2016, 57, 60.
611 *Ch. Huber*, HAVE/REAS 2016, 224 (225); insb vor dem Hintergrund, dass es sich um eine obligatorische Haftpflichtversicherung handelt.

Folgt man der zivilrechtlichen Einordnung des OGH, dass es sich beim Rückzahlungsanspruch schuldrechtlich um einen Erfüllungsanspruch handelt,[612] würde man ebenso nicht auf die Nichterfüllungsklausel rekurrieren müssen. Vertragliche Erfüllungsansprüche sind nämlich bereits nach dem gesetzlichen und primären Risikoumfang nicht von der Haftpflichtversicherung umfasst.[613]

Gleichermaßen überzeugt es aber auch nicht restlos, auf die Verletzung der Verwahrungspflicht als Nebenpflicht abzustellen und daraus abzuleiten, dass im Untergang der Treuhandvaluta ein Folgeschaden vorliegt, der sich im Vermögen des VN neben dem vertraglich versprochenen Erfolg realisiert hat, weshalb er von der Haftpflichtversicherung gedeckt sein müsse. Das ist – wie der OGH zutreffend festhält – nur für die zusätzlich entstandenen Steuerschulden, die dem Treugeber wegen der unterbliebenen Überweisung entstanden sind, jedenfalls zutreffend.

Im Ergebnis ist der Fall allein anhand der hier zu untersuchenden Bestimmungen schwer aufzulösen. Ein Fall einer Erfüllungsersatzleistung liegt in jedem Fall nicht vor. Im Besonderen erinnert die Problemstellung an die Tätigkeits- oder auch Bearbeitungsklausel der AHVB, wonach der Versicherungsschutz für das erhöhte Risiko, dass Schäden an der zu bearbeitenden Sache eintreten, vom Versicherungsschutz ausgenommen sein soll. Ihr liegt wohl ebenfalls der Gedanke zu Grunde, dass ein Nachteil innerhalb der vertraglich „geschuldeten" Leistung vom Versicherungsschutz ausgenommen sein soll.[614] Diesem Gedanke folgend liegt jedenfalls – im Ergebnis mit dem OGH – ein Ausschluss des Versicherungsschutzes schon nach der primären Risikoumschreibung nahe.

2. Rückzahlung des Anwaltshonorars

Im zweiten Fall[615] soll ein Rechtsanwalt die Geschädigte vor Prozessführung nicht ausreichend über die Prozessrisiken aufgeklärt haben. Die Geschädigte behauptete, dass sie das Prozessrisiko nicht eingegangen wäre, hätte sie der Kl ordnungsgemäß aufgeklärt. Sie forderte vom Kl deshalb das bezahlte Anwaltshonorar zurück.

Der OGH schloss die Rückzahlung des Anwaltshonorars als Erfüllungssurrogat vom Versicherungsschutz aus, weil sie nur die Gegenleistung betreffe. Ein gedeckter Mangelfolgeschaden würde dahingegen dann vorliegen, wenn die Geschädigte auf Grund der fehlerhaften Beratung weitere Anwälte beauftragt und dafür weiteres Honorar zu bezahlen gehabt hätte.

---

612 Vgl *Rubin*, NZ 2016, 54 ff. Geschuldet war – wie *Rubin* ausführlich herausgearbeitet hat – auch die sorgsame Verwahrung der Treuhandvaluta. Die sorgsame Verwahrung ist dabei aber zivilrechtlich als eine vertragliche Schutzpflicht und keine Erfüllungspflicht einzuordnen.

613 Vgl Kapitel II. und III.

614 Zur Tätigkeitsklausel vgl *Dürlinger*, Ausgewählte Fragen zur Tätigkeitsklausel 1 ff und für Deutschland *Späte*, AHB § 4 Rn 128 und *Nickel*, VersR 1987, 965 (965 ff).

615 OGH 27. 4. 2016, 7 Ob 31/16h; *Ertl*, ecolex 2017, 401 ff.

Beim Rückzahlungsanspruch des Honorars handelt es sich ebenso schon um einen nach Art 1.2.1.1 ausgeschlossenen Anspruch und damit um keine Ersatzleistung iSd Art 7.1.3. Die Rückzahlung des Rechtsanwaltshonorars ist also keine Ersatzleistung für die zu erbringende Rechtsberatung. Damit wird nicht die Erfüllungsleistung ersetzt. Das zurückzuzahlende Honorar tritt auch nicht an deren Stelle. Der Vertragspartner wird nicht ersatzweise in den Genuss der ordnungsgemäßen Leistung gebracht. Der Anspruch richtet sich auf die Rückzahlung einer im Austausch stehenden Leistung. Das ist hier im Vergleich zum „Treuhand-Fall" deshalb weniger problematisch, weil das Honorar – im Vergleich zur Treuhandvaluta – ein Teil der vertraglich versprochenen Gegenleistung ist, die eben in jedem Fall schon nach Art 1.2.1.1 vom Versicherungsschutz ausgenommen ist.[616]

3. Widersprüchlicher Werkvertrag

Im „Krainer-Wand-Fall"[617] war die Kl mit der Errichtung eines Einfamilienhauses an einem Hang beauftragt worden. Dazu wäre es notwendig gewesen, eine Stützmauer zu errichten, um das Abrutschen des Hangs zu verhindern; dies hat die Kl unterlassen. Auf Grund einsetzenden Regens und dem fortgeschrittenen Bau, drohte der Hang in der Folge abzurutschen, weshalb als Sofortmaßnahme eine Krainer-Wand errichtet werden musste. Das Errichten der Krainer-Wand verursachte Mehrkosten im Vergleich zu der bei Baubeginn errichteten Stützmauer. Die beklagte Versicherung lehnte eine Deckung für diese Mehrkosten ua deshalb ab, weil es sich bei der Krainer-Wand um ein Erfüllungssurrogat zur Stützmauer, die vertraglich geschuldet gewesen sei, handeln würde.

Der OGH stellte in seiner rechtlichen Beurteilung darauf ab, ob die geschuldete Hangsicherung durch die von Vornherein geplante Stützmauer erzielt werden hätte können, oder ob eine stärkere Krainer-Wand bereits ursprünglich dazu erforderlich gewesen wäre. Wäre dies nicht der Fall und würde die teurere Krainer-Wand nur der Gefahrenabwehr auf Grund eines sich jetzt bewegenden Hangs dienen, wäre dies ein Schaden, der auf den Fehler des Kl zurückzuführen sei. Das hätte zum Ergebnis, dass kein ausgeschlossenes Erfüllungssurrogat vorliegt.[618]

Der „Krainer-Wand-Fall" ist aus Sicht der Nichterfüllungsklausel ebenso unproblematisch. Die eigentliche Problematik des Falls liegt im Zivilrecht und dort in der Frage, was konkret vertraglich geschuldet war. Der vertraglich geschuldete Erfolg lag in der Absicherung gegen das Abrutschen des Hangs, wozu die Errichtung einer Stützmauer vereinbart wurde. War dieses vereinbarte Mittel von Vornherein nicht geeignet, um den versprochenen Erfolg (die Hangab-

---

616 Vgl insb Kapitel III.C.
617 OGH 30. 4. 1987, 7 Ob 20/87.
618 Siehe auch *Heiss/Lorenz*, Versicherungsvertragsgesetz² § 149 Rn 21.

sicherung zum Bau) zu erreichen, liegt ein widersprüchlicher Vertrag vor, der durch ergänzende Vertragsauslegung (§§ 914f ABGB) oder irrtumsrechtliche Vertragsanpassung (§ 871 ABGB) korrigiert werden muss. Das hätte zur Folge, dass eine taugliche Stütze, wie etwa die Errichtung einer Krainer-Wand, vertraglich geschuldet war. Den Mehrkosten zur Errichtung wäre entsprechend ein höheres Entgelt („Sowieso-Kosten") gegenübergestanden.[619] Beim Ersatz des Mehraufwandes würde es sich damit um keine Ersatzleistung für die Erfüllung, sondern um reine Erfüllungskosten handeln, die schon nach Art 1.2.1.1 vom Versicherungsschutz ausgeschlossen sind.[620]

4. Abweichende (angenommene) Erfüllungsleistung

Im bereits bekannten[621] „Wärmedämmungs-Fall"[622] schuldete die Kl die Errichtung einer Betondecke und Roharbeiten an darunter gelegenen Kellerräumen. Dabei wurde es unterlassen, eine notwendige Wärmedämmung an der Außenseite zu installieren. Nach Abnahme vermietete die Auftraggeberin die Kellerräume. Die Mieterin installierte wiederum Sanitäranlagen, Elektroinstallationen und Schallisolierungen und vermietete die so hergestellten Musikräume unter. Bei den Untermietern kam es – auf Grund der fehlenden Wärmedämmung – zu einem Wassereintritt. Da weder die Kl noch die Vermieterin eine Sanierung vornahmen, ließen die Untermieter auf eigene Kosten eine Wärmeisolierung an der Innenseite anbringen. Die Vermieterin wurde in weiterer Folge zur Zahlung der Sanierungskosten an die Untermieter verpflichtet und begehrte ihrerseits dafür Ersatz von der Kl.[623]

Die Kosten für die Schallisolierung und die Wandmalerei seien nicht gedeckte reine Vermögensschäden, jene für das Anbringen der Innendämmung ein ausgeschlossenes Erfüllungssurrogat. Die Kl habe zwar eine Außendämmung geschuldet, die innen angebrachte Dämmung sei aber eine Ersatzleistung dafür.

Nach dem OGH sei die Wärmeisolierung ein nicht gedecktes Erfüllungssurrogat, weil damit „(…) dasselbe generelle Ziel wie durch die von der Klägerin geschuldete Herstellung der äußeren Wärmedämmung verfolgt und auch – nahezu – erreicht [wurde]". Die Maßnahme diene also der Sanierung der ursprünglich mangelhaft hergestellten Leistung.

Im „Wärmedämmungs-Fall" haben die Untermieter durch das Anbringen der Innendämmung selbstständig den Vertragserfolg herbeigeführt. Die vom VN dafür geforderten Kosten betreffen also wiederum nur die Herbeiführung des vertraglich versprochenen Erfolgs, weshalb sein Vermögen davor in den AHVB

---

619 Zum Problem *Perner/Spitzer/Kodek*, BR⁶ 275.
620 Im konkreten Fall waren zur Beurteilung dahingehend noch weitere Tatsachenfeststellung notwendig.
621 Siehe Kapitel IV.D (Maßnahme mit Doppelcharakter).
622 OGH 25. 1. 2017, 7 Ob 190/16s.
623 Vgl Kapitel IV.D.

nicht geschützt ist. Die endgültige Einordnung liegt freilich wiederum an der zivilrechtlichen Beurteilung. Wurde die Innendämmung als Vertragserfüllung akzeptiert, kann ein Ausschluss schon wie oben nach Art 1.2.1.1 unproblematisch erfolgen. Die Innendämmung ist damit zwar als Ersatzleistung ieS anzusehen. Sie ist aber bereits nach Art 1.2.1.1 von der Deckung ausgeschlossen, weil der Aufwand dafür wiederum nur für die von ihm versprochene, aber tatsächlich nicht erbrachte Leistung, anfällt.

Im zweiten Fall („Wohnbauförderungs-Fall")[624] sicherte die Mitversicherte der Kl, die wiederum Bauträgerin einer Wohnhausanlage war, den künftigen Mietern zu, dass ihnen beim Mietkauf eines Objekts Wohnbeihilfe gewährt werden würde. Entgegen dieser Zusicherung gewährte das Amt der Oberösterreichischen Landesregierung den Mietern keine Wohnbeihilfe.

Der OGH lehnte die Deckung mit der Begründung ab, dass die Kl den Mietern die Wohnbeihilfe als Entgelt vertraglich zugesichert habe. Die gegen sie geltend gemachten Ansprüche wären deshalb als Erfüllungssurrogate ausgeschlossen, weil damit nur die Einhaltung der vertraglichen Verpflichtung verlangt werde.

Der „Wohnbeihilfen-Fall" ist ähnlich zum „Wärmedämmungs-Fall" gelagert. Der Anspruch auf Geldersatz gegen den VN dient dem Ersatz für die versprochene Zahlung durch die Landesregierung. Der VN hat sich vertraglich dazu verpflichtet, dass die künftigen Mieter eine finanzielle Unterstützung erhalten. Das Vermögen des VN dient ausschließlich dazu, das ausgebliebene vertragliche Versprechen auf andere Weise zu erfüllen. Eine solche „echte" Ersatzlage, die ident mit der vertraglich versprochenen Leistung ist – nur die auszahlende Stelle ändert sich – kann ebenso bereits nach Art 1.2.1.1 vom Versicherungsschutz ausgeschlossen werden.

5. Zwischenfazit und Gang der weiteren Untersuchung

Die angeführten Entscheidungen zeigen allesamt, dass nicht schon jede „Ersatzleistung" eine solche iSd Art 7.1.3 ist. Die Problemstellungen lagen vielmehr in der zivilrechtlichen Einordnung.

Beim Begriff der „Erfüllungsersatzleistung" handelt es sich dahingegen um einen versicherungsvertragsrechtlichen Begriff sui generis, der auch vom Nichterfüllungsschaden nach schadenersatzrechtlicher Terminologie grundsätzlich zu unterscheiden ist. Der Begriff des Nichterfüllungsschadens soll weitergehen als jener der Ersatzleistung.[625] Mit dem Nichterfüllungsschaden ist jeder Schaden angesprochen, der wegen der Verletzung der vertraglichen Erfüllungspflicht beim Geschädigten entstehen kann.[626]

---

624 OGH 28. 5. 2003, 7 Ob 93/03 g.
625 Für Deutschland *Späte*, AHB § 4 Rn 173 mwN; für Österreich *Rubin*, NZ 2016, 51 mwN.
626 Zum Umfang des Nichterfüllungsschadens statt vieler *Reischauer*, JBl 2002, 137 ff, mwN.

Beim Begriff des Erfüllungssurrogats geht es also gerade darum, zwischen gedeckten und nicht gedeckten Teilen des Nichterfüllungsschadens zu unterscheiden.[627]

Die folgende Untersuchung konzentriert sich dabei auf die zwei in der Praxis bedeutsamsten Problemstellungen: Den Ersatz der Verbesserungskosten bei Selbstvornahme und die deckungsrechtliche Einordnung des Nichterfüllungsschadens (insb entgangener Gewinn und Nutzungsentfall).

C. Ersatz der Verbesserungskosten bei Selbstvornahme

Mit nunmehr geschärftem Blick kann sich zunächst jenen Fällen gewidmet werden, in denen der VN die versprochene Leistung mangelhaft erbracht hat und im Anschluss daran sein Gläubiger die Leistung entweder selbst nachgebessert hat, oder von einem Dritten hat nachbessern lassen (Selbstverbesserung). In der Folge wird der VN von seinem Gläubiger oder dem Dritten auf Ersatz der dazu angefallenen Kosten zur Nacherfüllung in Anspruch genommen, wofür er Deckung aus der Betriebshaftpflichtversicherung begehrt.

Diese Ansprüche auf den Ersatz der Selbstverbesserungskosten werden dabei regelmäßig unter Hinweis auf die Nichterfüllungsklausel vom Versicherungsschutz ausgenommen.[628] Dabei ist schon auf den ersten Blick fraglich, ob der Nichterfüllungsklausel in diesem Punkt tatsächlich konstitutive Bedeutung zukommen kann. Handelt es sich beim Ersatzanspruch für die Verbesserungskosten nämlich bloß um die Verantwortung für die mangelhafte Leistung selbst, besteht nach dem bisher Gesagten schon nach Art 1.2.1.1 kein Versicherungsschutz. Im Kern scheint eine unterschiedliche Beurteilung also wieder nur an der formalen Anspruchsgrundlage zu hängen. Der VN hat die Verbesserungskosten nun nicht mehr aus dem Titel der Gewährleistung, sondern als Aufwand- oder Schadenersatz zu ersetzen; auf die formale Anspruchsgrundlage kann es für die Deckung aber schon nach Art 1.2.1.1 grundsätzlich nicht ankommen. Ob hinter dem Ausschluss der Verbesserungskosten als „Erfüllungsersatzleistung" noch nähere Gründe stehen, ist daher im Folgenden nachzugehen.

1. Haftungsrecht

Bevor auf die versicherungsrechtliche Einordnung dieser Fallgruppe näher eingegangen werden kann, ist noch darzustellen, welche haftungsrechtlichen Konstellationen überhaupt in Frage stehen, in denen der VN einem Anspruch auf Ersatz der Nacherfüllungskosten ausgesetzt ist, weil jemand anderer als er selbst die Nacherfüllung vornimmt.

---

627 Vgl *Rubin*, NZ 2016, 51 f, mwN.
628 Etwa *Schauer*, Versicherungsvertragsrecht³ 400; idS auch *Zankl*, ecolex 1990, 278 f; RIS-Justiz RS0081685 und RS0021974, OGH 1. 9. 1999, 7 Ob 227/99 d.

a) Selbstverbesserung (§ 1168 pa ABGB)

Verbessert der Gewährleistungsgläubiger voreilig selbst[629] und nimmt er dem Gewährleistungsschuldner damit sein Recht zur Nacherfüllung, ist nach üA und Rsp § 1168 Abs 1 ABGB analog anzuwenden. Dabei kann der Gläubiger die Aufwendungen ersetzt verlangen,[630] die der Schuldner zur Nacherfüllung aufzuwenden gehabt hätte.[631] Ein Umstieg auf die sekundären Behelfe, mit dem Argument, dass die Nacherfüllung auf Grund der Selbstverbesserung unmöglich geworden ist, bleibt dem Gläubiger allerdings verwehrt.[632]

Für den Fall, dass der Gewährleistungsgläubiger grundsätzlich berechtigt gewesen wäre, auf die sekundären Behelfe umzusteigen (§ 932 Abs 4 ABGB) und dennoch selbstverbessert, besteht von Vornherein kein Recht des Schuldners auf Nacherfüllung. Damit ist aber auch kein Grund ersichtlich, den Gläubiger auf den Aufwandersatz zu beschränken, weshalb ihm das Recht auf Preisminderung und Wandlung alternativ zu den Verbesserungskosten nicht verwehrt werden kann.[633]

Liegen die in § 932 Abs 2 ABGB angeführten Gründe (Unverhältnismäßigkeit oder Unmöglichkeit) vor, kann sich der Gewährleistungsschuldner von der Pflicht zur Nacherfüllung lossagen und den Gläubiger damit auf die sekundären Behelfe beschränken. Dem Zweck nach soll dem Schuldner mit der Nacherfüllung ein Recht auf eine – für ihn wirtschaftlich bessere – zweite Chance zukommen. Von einer völlig unwirtschaftlichen Belastung soll er sich mit Hilfe des Unverhältnismäßigkeitseinwandes befreien können.[634] Wenn den Schuldner keine Pflicht zur Nacherfüllung trifft, ist es daher naheliegend, dem Gläubiger auch keinen Aufwandersatzanspruch für die Kosten zuzugestehen; er ist auf einen Vermögensausgleich über die sekundären Behelfe beschränkt.[635]

Im Ergebnis ist damit ein Anspruch gegen den Gewährleistungsschuldner bei (voreiliger) Selbstverbesserung über einen Aufwandersatz nach § 1168 Abs 1 pa

---

629 Der Gläubiger kann dabei die Selbstverbesserung selbst vornehmen, oder von einem Dritten durchführen lassen.

630 Vorausgesetzt es wurde bereits ein Kaufpreis bezahlt. Andernfalls kann der Gewährleistungsschuldner nach § 1168 Abs 1 pa ABGB nur einen geringeren Kaufpreis vom Schuldner verlangen.

631 Statt vieler *Zöchling-Jud* in *Kletečka/Schauer*, ABGB-ON[1.02] § 932 Rz 45 mwN zum Meinungsstand; RIS-Justiz RS0123968, zuletzt OGH 27. 9. 2017, 9 Ob 45/17h.

632 Statt vieler *Zöchling-Jud* in *Kletečka/Schauer*, ABGB-ON[1.02] § 932 Rz 44.

633 Vgl aber OGH 9. 9. 2013, 6 Ob 97/13b; zu Recht krit *Krist*, ecolex 2014, 599 (599). Der Aufwandersatz könnte uU geringer als die Rückzahlung in Folge Preisminderung oder Wandlung sein.

634 RIS-Justiz RS0120246; OGH 10. 7. 2012, 4 Ob 80/12m; statt vieler *Reischauer* in *Rummel/Lukas*, ABGB[4] § 932 Rz 166 ff, mwN; *Welser/Zöchling-Jud*, Bürgerliches Recht II[14] Rz 334.

635 Das gilt umso mehr, als hinter der Befreiung von einer Leistungspflicht wegen wirtschaftlicher Untunlichkeit das allgemeine Verbot des Rechtsmissbrauchs gesehen wird; statt vieler *Mader*, Rechtsmissbrauch 225.

ABGB denkbar, sofern der Gläubiger nicht auf die sekundären Behelfe beschränkt (§ 932 Abs 2 ABGB) ist. Macht der Gläubiger Preisminderung oder Wandlung geltend, kann er die konkreten Verbesserungskosten nur über das Schadenersatzrecht ersetzt verlangen.[636]

b) Schadenersatz für die Verbesserungskosten

Die Verbesserungskosten (Mangelbeseitigungskosten) sind vom rechnerischen Mangelschaden und dem Mangelfolgeschaden zu unterscheiden.[637] Die Verbesserungskosten betreffen die Aufwendungen zur Beseitigung des Mangels. Sie können den rechnerischen Minderwert der mangelhaften Leistung – die Abweichung vom vertraglich Geschuldeten – deutlich übersteigen.[638]

Mit dem Ersatz der Verbesserungskosten soll dem Gläubiger ebenso wie mit dem Mangelschaden das Austauschinteresse abgegolten werden.[639] Sie sind aber eben nicht mit dem Minderwert der mangelhaften Leistung begrenzt.[640]

Der Ersatz der Verbesserungskosten setzt in jedem Fall – gleich wie bei der Selbstverbesserung – eine Verbesserungspflicht des Schuldners voraus. Sind die Verbesserungskosten unverhältnismäßig hoch, besteht daher auch keine Ersatzpflicht über das Schadenersatzrecht. Umso wichtiger ist eine Trennung zwischen Verbesserungskosten und Mangelfolgeschaden, im Besonderen deshalb, weil für letztere der Vorrang der Nacherfüllung gem § 933a Abs 2 S 1 ABGB nicht greift.[641]

2. Versicherungsrechtliche Einordnung

Der Aufwandersatzanspruch gem § 1168 pa ABGB und der Schadenersatzanspruch für die Verbesserungskosten sind nunmehr versicherungsrechtlich einzuordnen. Zunächst ist wiederum ein Blick in die Rsp zu werfen,[642] der eine Darstellung des Meinungsstandes im Schrifttum und eine eigene Stellungnahme folgen.

a) Rechtsprechung

In der ersten – bis heute ganz zentralen – Entscheidung („Buchhalter-Fall")[643], war der Kl als Steuerberater tätig und gegen die Risiken aus dieser Tätigkeit

---

636 Statt vieler *Zöchling-Jud* in *Kletečka/Schauer*, ABGB-ON[1.02] § 932 Rz 38.
637 Früher schon *R. Welser*, Schadenersatz statt Gewährleistung 4.
638 *Reischauer*, JBl 2002, 161; vgl auch bei *B. Jud*, Schadenersatz bei mangelhafter Leistung 254 Fn 1176.
639 Zur Frage, ob die Kosten objektiv-abstrakt zu berechnen sind, oder ein Ersatz der konkreten Behebungskosten erfolgen soll vgl etwa *B. Jud*, Schadenersatz bei mangelhafter Leistung 249 ff, mwN und zum Meinungsstand; zum Ersatz fiktiver Kosten *dieselbe*, Schadenersatz bei mangelhafter Leistung 259 ff.
640 *Reischauer*, JBl 2002, 162.
641 Statt vieler *B. Jud*, Schadenersatz bei mangelhafter Leistung 264 f.
642 Stellvertretend für diese Fallgruppe werden zwei zentrale Entscheidungen erörtert.
643 OGH 28. 9. 1966, 7 Ob 145/66. Die Entscheidung ist nicht veröffentlicht, findet sich aber regelmäßig als Leitentscheidung in zeitlich späteren Entscheidungen.

berufshaftpflichtversichert. Einem Mitarbeiter des Kl unterlief ein Fehler bei der Erstellung der Buchhaltung für eine Kundin, weshalb dem Kl die Vollmacht von seiner Kundin gekündigt wurde. Die Verbesserung der fehlerhaften Buchhaltung ließ diese von dritter Seite vornehmen, die Kosten dafür bezahlte der Kl, wofür er wiederum Ersatz von der bekl Versicherung begehrte.

Der OGH leitete dabei bereits aus der primären Risikoumschreibung ab, dass die reine Vertragserfüllung nicht versichert sei. Das Bewirken der vertraglich geschuldeten Leistung sei nicht als Schadenersatz anzusprechen. Neben der versprochenen Leistung würden dazu auch Erfüllungssurrogate gehören.[644] Deshalb wäre nur jener Schaden gedeckt, der über das Erfüllungsinteresse hinausgehe. Die Deckung für die Ausbesserungskosten der eigenen fehlerhaften Leistung für die Vornahme durch einen Dritten sei kein über das Erfüllungsinteresse hinausgehender Anspruch. Es handle sich um Mehrkosten, die dem VN erwachsen wären, hätte er die Verbesserung selbst durchgeführt und deshalb um Kosten zur Vertragserfüllung. Es bestehe daher kein Grund, den VN anders zu behandeln, bloß, weil nicht sein Mitarbeiter, sondern ein Dritter den Fehler behoben habe. Ein gedeckter Schadenersatz liege nur dann vor, wenn durch die Fehlbuchungen ein Schaden außerhalb der Vertragsleistung entstanden wäre; das sei hier nicht der Fall gewesen.[645]

Im jüngeren „Zahnarzt-Fall"[646] war die Kl[647] beim VN wegen eines Kreuzbisses in kieferorthopädischer Behandlung. Da der VN nicht ausreichend therapeutische Elemente verwendete, war eine neuerliche Behandlung notwendig, welche die Kl bei einer anderen Ärztin vornehmen ließ und die anfallenden Behandlungskosten von der bekl Versicherung forderte.[648]

In diesem Fall rekurrierte das Höchstgericht aber nunmehr auf die Nichterfüllungsklausel. Die Kosten für die neuerliche Zahnregulierung wären dem OGH zu Folge auf das Vertragsinteresse gerichtet. Deshalb würde es sich um ein (nach Art 7.1.3) ausgeschlossenes Erfüllungssurrogat handeln. Für den Ausschluss aus der Deckung soll es also darauf ankommen, ob der VN für das Erfüllungsinteresse (Vertragsinteresse) verantwortlich ist.

In der Rsp findet sich dahingehend zum Ausschluss der Deckung der Selbstverbesserungskosten über die Nichterfüllungsklausel der Stehsatz: *„Soweit Schadenersatzansprüche ebenfalls Erfüllungssurrogate sind, weil sie an Stelle des Gewährleistungsanspruchs den Geschädigten so stellen sollen, wie er bei ord-*

---

644 Die Entscheidung erging zu einer Zeit, in der die AHVB noch keinen Erfüllungsausschluss kannten.

645 Vgl auch OGH 19. 10. 1994, 7 Ob 27/94.

646 OGH 17. 9. 2014, 7 Ob 143/14a.

647 Die als Geschädigte gem § 26 ZÄG direkt den Versicherer geklagt hat, weshalb nicht – wie in den meisten Fällen – der VN Kl ist.

648 Vgl auch jüngst OGH 20. 6. 2018, 7 Ob 212/17b; dort zum Austausch mangelhafter Brustimplantate. Die beiden erläuterten Fälle sind stellvertretend für diese Fallgruppe.

nungsgemäßer Erfüllung gestanden wäre – zum Beispiel bei der Ersatzpflicht für die Kosten der Mangelbehebung – sind sie ebenfalls von der Deckung ausgeschlossen."[649]

b) Schrifttum

aa) Österreich

Zur Deckung der Verbesserungskosten, für die der VN außerhalb des Nacherfüllungsanspruchs – im Besonderen als Teil des Nichterfüllungsschadens – verantwortlich ist, finden sich nur wenige Stellungnahmen im österreichischen Schrifttum.

Die erste einschlägige Stellungnahme dazu erging 1990 von *Zankl*, der sich anlässlich der Judikaturwende[650] mit deren Auswirkung auf die Deckung in der allgemeinen Haftpflichtversicherung auseinandergesetzt hat.[651] Die volle Konkurrenz zwischen Gewährleistung und Schadenersatz war zu dieser Zeit lange umstritten.[652] Bis 1990 ging die stRsp davon aus, dass der Ersatz des in der Mangelhaftigkeit liegenden Nachteils nur aus dem Titel der Gewährleistung gefordert werden konnte. Ein Schadenersatz für den Ausgleich der mangelhaften Leistung war also haftungsrechtlich nicht denkbar.[653]

Die Judikaturwende würde *Zankl* zu Folge im Ergebnis zu keiner Änderung des Deckungsumfangs führen. Macht der Gläubiger Schadenersatz für die mangelhafte Leistung geltend, würde er nur verlangen, so gestellt zu werden, wie er stünde, wäre ordnungsgemäß geliefert worden. Obwohl *Zankl* einleitend noch zwischen der Deckung von Mangelfolgeschäden und Gewährleistungsansprüchen differenziert, spricht er angesichts des Schadenersatzes für die mangelhafte Leistung von einem Ausschluss des gesamten Nichterfüllungsschadens; Art 7.1.3 würde *„das Erfüllungsinteresse (den Nichterfüllungsschaden)"* vom Versicherungsschutz ausnehmen.[654] Gleich im Anschluss daran schränkt er diesen Gedanken aber dahingehend ein, dass doch nur *„Nachteile, die in der Fehlbeschaffenheit der Leistung selbst liegen"* als Teil des Nichterfüllungsschadens von den Ausschlüssen in Art 7 ausgenommen sein sollen.[655]

Schauer[656] formuliert dahingehend im Anschluss an *Zankl*, dass Schadenersatzansprüche immer dann Erfüllungssurrogate seien, wenn sie den Geschädigten an Stelle eines Gewährleistungsanspruchs so stellen würden, wie er bei ord-

---

649 RIS-Justiz RS0081685 und RS0021974, OGH 1. 9. 1999, 7 Ob 227/99 d; in jüngerer Zeit auch OGH 2. 7. 2008, 7 Ob 128/08 m.

650 OGH 7. 3. 1990, 1 Ob 536/90; *Kurschel*, ecolex 1990, 276 (276).

651 *Zankl*, ecolex 1990, 278 f.

652 Grundlegend bei *R. Welser*, Schadenersatz statt Gewährleistung 1 ff; s auch *Welser/Zöchling-Jud*, Bürgerliches Recht II[14] Rz 421 mwN.

653 Vgl statt vieler *Reischauer*, JBl 1990, 648 (648 ff).

654 *Zankl*, ecolex 1990, 279.

655 *Zankl*, ecolex 1990, 279.

656 *Schauer*, Versicherungsvertragrecht[3] 400.

nungsgemäßer Erfüllung gestanden wäre; ausdrücklich nennt er dabei auch den Ersatz für Mangelbehebungskosten.[657] Diese wären *Schauer* zu Folge also ebenso als Erfüllungssurrogat vom Versicherungsschutz ausgeschlossen.

Nach *Fitsch*[658] spreche allgemein der wirtschaftliche Zweck der Betriebshaftpflichtversicherung gegen einen Versicherungsschutz für den gesamten Aufwand, der aus der Nichterfüllung vom Versicherungsschutz resultiert. Konkret bezieht er sich dabei auf den neuerlichen Ausschreibungsaufwand eines Werkbestellers, der dadurch entstanden ist, dass der VN als Werkunternehmer mangelhafte Pläne erbracht hat.[659] Solche „mittelbaren Folgeschäden" sollen nach *Fitsch* nicht gedeckt werden, weil es sich dabei um einen Teil des nicht versicherten Unternehmerrisikos handeln würde. Die gedeckten Mangelfolgeschäden würden sich von diesen dadurch unterscheiden, dass sie an anderen Vermögenswerten Dritter Schäden herbeiführen.[660] Im Ergebnis schließt *Fitsch* den Ausschreibungsaufwand also schon deshalb nach der Nichterfüllungsklausel aus, weil er ein Aufwand ist, der in Verbindung mit der Nichterfüllung steht.[661]

Die zeitlich jüngste Stellungnahme zur Erfüllungsklausel findet sich bei *Rubin*.[662] Im Anschluss an die dL meint er, dass sich die ausgeschlossene Ersatzleistung am Inhalt des vertraglich Geschuldeten zu orientieren habe.[663] Dabei soll ein Ausgleich der Differenz zwischen geschuldeter und erbrachter Leistung erfolgen. Damit wäre auch jeder Aufwand ausgeschlossen, der darauf abzielt, „den Gläubiger in den Genuss der ordnungsgemäßen Leistung zu bringen".[664]

In den Fällen der Schlechterfüllung beträfe das – nach der Nichterfüllungsklausel – ausgeschlossene Vertragsinteresse den Mangelschaden nach zivilrechtlicher Diktion. Mangelfolgeschäden würden dagegen außerhalb der geschuldeten Vertragsleistung liegen und aus der Schlechterfüllung an sonstigen Vermögenswerten des Geschädigten eintreten, weshalb sie vom Versicherungsschutz umfasst wären.[665] Im Ergebnis begründet also auch *Rubin* den Ausschluss der Selbstverbesserungskosten damit, dass sie das „Vertragsinteresse" betreffen würden, welches die Nichterfüllungsklausel vom Versicherungsschutz ausnehmen möchte.

---

657 Im Anschluss an *Zankl* auch *Jabornegg*, VR 1991, 230.

658 *Fitsch*, bauaktuell 2010, 154.

659 Aus Anlass OGH 29. 11. 2006, 7 Ob 177/06 i. Der OGH qualifizierte den neuerlichen Ausschreibungsaufwand dort als gedeckten Mangelfolgeschaden.

660 *Fitsch*, bauaktuell 2010, 156.

661 Zivilrechtlich handelt es sich aber um keinen Verbesserungsaufwand, sondern um einen Mangelfolgeschaden.

662 Vgl davor auch *Fenyves*, NZ 2001, 246 ff und *Fenyves* in FS Migsch 77 ff; *G. Kofler*, Haftpflichtversicherung 115 ff.

663 So auch *Maitz*, AHVB/EHVB 2005, 105 f.

664 Den Ausschluss des Unternehmerrisikos als Zweck der Erfüllungsklausel beschreiben auch die Erläuterungen des VVO *Fuchs/Grigg/Schwarzinger/VVO*, AHB 2005, 173.

665 *Rubin*, NZ 2016, 52 mwN.

Nach den Erläuterungen des *VVO* zu den AHVB 1978 – mit welchen der Erfüllungsausschluss eingeführt wurde – ergebe sich dies bereits nach der primären Risikoumschreibung.[666] Dort findet sich nämlich die Ausführung, dass mit den Ausschlüssen in Art 7.1 nur klargestellt werden soll, was schon nach Art 1 feststeht.[667] Konkret zum Erfüllungsausschluss heißt es, dass der Dritte mit der Selbstverbesserung vom VN eine an die Stelle der Erfüllungsleistung tretende Ersatzleistung fordere, die schon nach der primären Risikoumschreibung ausgeschlossen sei.[668]

Bevor zur versicherungsrechtlichen Einordnung der Selbstverbesserungskosten Stellung genommen wird, soll noch ein Überblick über den Meinungsstand zu den deutschen AHB gegeben werden.

bb) Deutschland

Für das ältere Schrifttum ist stellvertretend *Johannsen* zu nennen, der zur Erfüllungsklausel ausführt, dass diese ebenso nur Schäden am eigentlichen *„Leistungs- und Lieferobjekt"* ausnehme.[669] Ist der VN einem Schadenersatz wegen Nichterfüllung als Erfüllungssurrogat ausgesetzt, müssten die Nachbesserungsbegleitkosten schon aus *„sachlogischen Gründen"* ebenso ausgeschlossen werden.[670] Im Ergebnis sieht *Johannsen* damit also keinen Grund, warum für den Ausschluss der schon nach § 1 AHB ausgenommen Aufwände, auf den Erfüllungsausschluss zurückgegriffen werden müsse. Der Erfüllungsausschluss schließe dahingehend also nichts aus, was nicht schon nach § 1 AHB nicht gedeckt sei.[671] Das deckt sich mit den oa Erläuterungen zu den AHVB bei Einführung der Erfüllungsklausel.

Nach heute hA habe der VN keinen Versicherungsschutz für *„die Aufwendungen, die die Erfüllung dessen betreffen, wozu er sich vertraglich verpflichtet hat.".* Für die Deckung entscheidend sei dabei der Vertragsinhalt.[672] Werden mit dem Schadenersatz statt der Leistung die Kosten für die Mangelbeseitigung inkl Mangelbeseitigungsnebenkosten geltend gemacht, sei ebenso das ausgeschlossene unmittelbare Interesse am Leistungsgegenstand betroffen.[673]

Dieser Ausschluss der Mangelbeseitigungsnebenkosten auch bei schadenersatzrechtlicher Verpflichtung ist heute sowohl im Schrifttum also auch in der Rsp herrschend.[674]

---

666 Das stimmt wiederum mit den bisherigen Ergebnissen überein.
667 *Achatz et al/VVO*, AHVB 1978, 81.
668 *Achatz et al/VVO*, AHVB 1978, 84.
669 *Johannsen* in *Bruck/Möller*, VVG[8] IV, G 60, 332 und G 258, 469 f; auch *Wussow*, AHB[8] § 1 Anm 68.
670 *Johannsen* in *Bruck/Möller*, VVG[8] IV, G 60, 332.
671 *Johannsen* in *Bruck/Möller*, VVG[8] IV, G 259, 471.
672 *V. Rintelen* in *Späte/Schimikowski*, AHB[2] Z 1 Rn 463 mwN.
673 *V. Rintelen* in *Späte/Schimikowski*, AHB[2] Z 1 Rn 505 mwN.
674 Statt vieler *Lücke* in *Prölss/Martin*, VVG[31] AHB Z 1 Rn 48 und *v. Rintelen* in *Späte/Schimikowski*, AHB[2] Z 1 Rn 512 ff; jeweils mwN.

In den geltenden Musterbedingungen der AHB findet sich zudem – wie schon oa – ein ausdrücklicher Ausschluss für derartige Nachteile. Es wird auch dort wiederum danach abgegrenzt, ob der Schaden zur nachträglichen Vertragserfüllung notwendig ist.[675]

c) Stellungnahme

Die bisherige Untersuchung hat gezeigt, dass die Verbesserungskosten, die im Rahmen des Nacherfüllungsanspruchs und darüber hinaus in Verantwortung für den vertraglich versprochenen Erfolg vom VN zu erbringen sind, bereits nach Art 1.2.1.1 vom Versicherungsschutz ausgenommen sind.[676] Die formale Anspruchsgrundlage spielt für die Einordnung dabei keine Rolle. Welcher Grund sollte nun also dafür bestehen, die Verbesserungskosten versicherungsrechtlich bloß deshalb anders zu behandeln, weil sie zunächst wirtschaftlich ein anderer als der VN tragen muss?

Die einzige „Begründung", die sich dem Schrifttum und der Rsp entnehmen lässt, ist jene, dass die Nichterfüllungsklausel das „Vertragsinteresse" vom Versicherungsschutz ausnehmen möchte. Das Vertragsinteresse würde sich aber wiederum nach dem Vertrag – also dem vertraglich Geschuldeten – richten. Die Verantwortung für den Mangel selbst ist aber bereits nach Art 1.2.1.1 ausgeschlossen. Bei genauerem Hinsehen ist der VN bei den Ersatzansprüchen für die Selbstverbesserungskosten letztlich ebenso nur für sein vertragliches Versprechen verantwortlich. Die Selbstverbesserungskosten treten also an die Stelle der geschuldeten Leistung. Würde der VN für den Mangel selbst – etwa aus dem Titel der Gewährleistung (Nacherfüllung) – in Anspruch genommen werden, hätte er die Verbesserungskosten dann auch zwangsläufig selbst zu tragen und würde dafür keinen Versicherungsschutz genießen. Die Selbstverbesserungskosten können daher durchaus als „Ersatzleistung" bezeichnet werden, ein Rückgriff auf die Nichterfüllungsklausel für deren Ausschluss ist aber nicht notwendig. Sie lassen sich bereits aus teleologischen Gesichtspunkten nach Art 1.2.1.1 von der Deckung ausschließen.

Das belegen insb die „Buchhalter-Entscheidung" und die Erläuterungen des VVO bei Einführung der Nichterfüllungsklausel. Erstere erging in einer Zeit, in der es in den AHVB noch keine Nichterfüllungsklausel gab. Der Ausschluss von Ansprüchen, die der Vertragserfüllung gleichwertig sind, wurde daher über eine teleologische Auslegung der primären Risikoumschreibung („Schadenersatzverpflichtung") begründet.[677]

Dazu hält der OGH ganz zutreffend fest, dass kein Grund dafür besteht, den Umfang des Versicherungsschutzes anders zu beurteilen, nur, weil nicht der

---

675 Vgl zum Aufwandersatzanspruch auch *Beuck*, VersR 2003, 1097 ff.
676 Siehe insb Kapitel III.C und IV.
677 Vgl auch *Mecenovic*, Herstellungs- bzw Lieferklausel 110 mwN zum Schrifttum vor Einführung der Gewährleistungs- und Erfüllungsklausel.

VN selbst, sondern ein Dritter die Verbesserung durchführt. Für die Deckung kann es also keinen Unterschied machen, ob der VN selbst oder ein Dritter den vertraglich versprochenen Erfolg nachträglich herbeiführt. Dass der Gläubiger im Vergleich zur Vornahme der Nacherfüllung durch den VN einen wirtschaftlichen „Schaden" erleidet, weil er zunächst selbst die Kosten zu tragen hat, kann für die versicherungsrechtliche Einordnung also ebenso nicht von Bedeutung sein.

Es ist daher auch bei der deckungsrechtlichen Einordnung der Ersatzansprüche bei Selbstverbesserung entscheidend darauf abzustellen, ob sich die Verantwortung des VN auf den vertraglich versprochenen Erfolg zurückführen lässt. Die Kosten, die der VN zur nachträglichen Erfüllung selbst hätte tragen müssen, sind im Ergebnis also auch dann nach Art 1.2.1.1 ausgeschlossen, wenn ein Dritter statt dem VN die Nacherfüllung übernimmt.

Die Ersatzpflicht für die Kosten der Mangelbehebung infolge Selbstverbesserung ist daher ebenso nur im Umfang der primären Risikoumschreibung und unabhängig von der formalen Anspruchsgrundlage von der Deckung ausgeschlossen.

3. Zwischenfazit

Der Nichterfüllungsklausel kommt hinsichtlich der Ersatzansprüche für die Kosten der Selbstverbesserung nur deklarative Wirkung zu. Das steht in Einklang mit den Erläuterungen des VVO bei Einführung der Klausel und der Entscheidung des OGH im „Buchhalter-Fall", der noch vor der Einführung der Nichterfüllungsklausel erging.[678]

Die in Schrifttum[679] und Rsp[680] pauschal verankerte Feststellung, dass „*Schadenersatzansprüche ebenfalls* **Erfüllungssurrogat** *sind, weil sie an Stelle eines Gewährleistungsanspruchs den Geschädigten so stellen sollen, wie er bei ordnungsgemäßer Erfüllung gestanden wäre – zB bei einer Ersatzpflicht für die Kosten der Mangelbehebung*" ist daher aus diesem Grund[681] mit Blick auf die Nichterfüllungsklausel aufzugeben.

Der Nichterfüllungsklausel kommt beim Ersatz der Selbstverbesserungskosten nur deklarative Wirkung zu. Diese sind aus teleologischen Überlegungen bereits nach Art 1.2.1.1 vom Versicherungsschutz ausgeschlossen.

---

678 IdS auch *Johannsen* in *Bruck/Möller*, VVG[8] IV, G 69 und G 259.
679 Etwa *Schauer*, Versicherungsvertragsrecht[3] 400; idS auch *Zankl*, ecolex 1990, 278.
680 RIS-Justiz RS0081685 und RS0021974, OGH 1. 9. 1999, 7 Ob 227/99 d.
681 Die Ansprüche treten auch nicht an die Stelle eines anderen Anspruchs; dazu weiter unten zum Erfüllungssurrogat näher.

D. Ausschluss des gesamten Nichterfüllungsschadens?

1. Problemstellung

Der allgemeinen Feststellung, dass alle Ansprüche als Erfüllungssurrogate vom Versicherungsschutz ausgeschlossen wären, mit denen der VN so gestellt werden würde, wie er stünde, wäre ordnungsgemäß geleistet worden, ist im Folgenden noch näher nachzugehen. Diese weitgehende Formulierung beschreibt dabei den gesamten Nichterfüllungsschaden. Damit wäre also auch der Mangelfolgeschaden, für den bisher Deckung angenommen wurde, nach der Nichterfüllungsklausel vom Versicherungsschutz ausgeschlossen.

Dieser weite Ausschluss ist dabei schon auf den ersten Blick fragwürdig, weil sich die Deckung für den Ersatz solcher Schäden doch gerade als ein Hauptzweck der Betriebshaftpflichtversicherung herausgestellt hat. Der Betriebshaftpflichtversicherung wäre damit praktisch über weite Strecken ihr Anwendungsbereich entzogen.[682]

2. Erfüllungsersatzleistung als Begriff sui generis

Bei einem näheren Blick auf den Begriff der „Erfüllungsersatzleistung" zeigt sich, dass es sich dabei um einen versicherungsvertragsrechtlichen Begriff sui generis handelt, der vom Nichterfüllungsschaden nach schadenersatzrechtlicher Terminologie grundsätzlich zu unterscheiden ist. Der Begriff des Nichterfüllungsschadens wäre weiter als jener der Ersatzleistung (Art 7.1.3).[683]

Mit dem Nichterfüllungsschaden ist jeder Schaden angesprochen, der wegen der Verletzung der vertraglichen Erfüllungspflicht beim Geschädigten entstehen kann.[684] Es muss für die Deckung also – wie schon angedeutet – darum gehen, zwischen gedeckten und nicht gedeckten Teilen des Nichterfüllungsschadens zu unterscheiden.[685]

3. Kein Ausschluss des Integritätsinteresses als Mangelfolgeschaden

Der Ersatz für den Eingriff in Integritätsinteressen soll in jedem Fall ein Teil des versicherten Nichterfüllungsschadens sein, weil die Betriebshaftpflichtversicherung andernfalls ihres Zweckes beraubt werden würde.[686] Dabei ist im

---

682 Vgl auch OGH 29. 11. 2006, 7 Ob 177/06i und OGH 17. 10. 2007, 7 Ob 147/07d. Die Versicherung würde damit ihres wesentlichen Zweckes beraubt werden.

683 Für Deutschland *Späte*, AHB § 4 Rn 173 mwN; für Österreich *Rubin*, NZ 2016, 51 mwN.

684 Zu den schadenersatzrechtlichen Begriffen bei mangelhafter Leistung statt vieler *Reischauer*, JBl 2002, 137 ff, mwN.

685 Vgl *Rubin*, NZ 2016, 51 f, mwN.

686 Statt vieler *Mecenovic*, Herstellungs- bzw Lieferklausel 112 f, mwN.

Hinterkopf zu behalten, dass es in den hier interessierenden Fällen immer um das endgültige Ausbleiben der versprochenen Leistung geht. Diese Eingrenzung lässt sich mit den folgenden drei repräsentativen Beispielen aus der Rsp veranschaulichen.

Im ersten Fall hatte die Kl, die eine Kfz-Werkstatt betrieb, zwei KFZ zu reparieren, wobei es dabei zu gleich zwei Schadenfällen kam. In einem Fall wurde behauptet, dass vergessen wurde, nach einer Motorreparatur Motoröl nachzufüllen. Beim zweiten KFZ soll es die Kl im Zuge der Reparatur einer Klimaanlage unterlassen haben, den Kühler zu entlüften, was ebenfalls zu einem Motorschaden führte.[687]

Der OGH verneinte, dass die Schäden aus den mangelhaften Reparaturen Erfüllungssurrogate wären. Es handle sich um Mangelfolgeschäden, die an anderen Vermögenswerten außerhalb der Vertragsleistung Schäden herbeigeführt hätten. Ebenso würde mit den Ansprüchen nicht auf das unmittelbare Leistungsinteresse abgezielt werden.

Im ähnlich gelagerten „Traktormotor-Fall"[688] hatte der Kl einen Traktormotor zu reparieren. Nach Wiedereinbau des Motors in den Traktor durch den Auftraggeber selbst kam es neuerlich zu Problemen, weshalb der Motor dem Kl zur erneuten Reparatur zurückgestellt und für die Reparaturdauer ein Ersatztraktor angemietet wurde. Durch die mangelhafte Erstreparatur war der Motor zur Gänze beschädigt worden, sodass er gegen einen neuen Motor ausgetauscht werden musste. Der Auftraggeber nahm den Kl deshalb auf Ersatz der Kosten für den neuen Motor, die Miete für den Ersatztraktor, die Fehlersuche, das Abschleppen und den Aus- und Einbau in Anspruch und begehrte die Rückzahlung des Werklohns.

Der OGH wiederholte seine Ausführungen zum oa KFZ-Fall und führte unter Hinweis auf die zivilrechtliche Rsp[689] aus, dass unter einem Mangelfolgeschaden jeder Nachteil zu verstehen sei, der aus der Schlechterfüllung an anderen Vermögenswerten außerhalb des Vertrags resultiere. Solche Mangelfolgeschäden seien grundsätzlich gedeckt und von der Vertragserfüllung bzw deren Surrogat zu unterscheiden. Entscheidend für die Beurteilung, ob eine Ersatzleistung vorliege, sei das vertragliche Versprechen.

Im Anschluss daran kam der OGH zu dem Schluss, dass die Kosten für den Ersatzmotor ein Folgeschaden seien, weil der *„vertragliche Leistungsgegenstand [] gerade nicht in der Herstellung eines neuen Motors lag"*.

Der neue Traktormotor ersetzt also nicht die fehlgeschlagene Reparaturleistung, sondern ist Folge der Schlechterfüllung (mangelhafte Reparatur). Die Schäden im „KFZ-Fall" sind ebenso als Integritätsschäden, die außerhalb der

---

687 OGH 26. 9. 2012, 7 Ob 140/12g.
688 OGH 17. 4. 2013, 7 Ob 46/13k.
689 OGH 22. 3. 2001, 4 Ob 47/01t.

Vertragsleistung liegen, auch nicht von der Nichterfüllungsklausel vom Versicherungsschutz ausgenommen.

4. Ausschluss des „unmittelbaren Interesses" am Leistungsgegenstand

In den beschriebenen Fällen hat der OGH zur Abgrenzung auf zwei Punkte entscheidend abgestellt: Für den Deckungsausschluss soll es auf den Vertragsinhalt ankommen. Anhand des vertraglich Geschuldeten soll sich auch die Grenze zum ausgeschlossenen Erfüllungssurrogat ziehen lassen. Wird der VN auf das „unmittelbare Interesse" am Leistungsgegenstand in Anspruch genommen, soll dafür – nach Art 7.1.3 – kein Versicherungsschutz bestehen.

Mit dem Ersatz für den Eingriff in fremde Integritätsinteressen wird ein solches „unmittelbares Interesse" an der Leistung also nicht verfolgt. Die Abgrenzung lässt sich in diesen Fällen schon aus praktischen Gründen leicht ziehen: Tritt ein Personen- oder Sachschaden (außerhalb der Vertragsleistung) ein, ist ohne Weiteres feststellbar, dass dieser sich außerhalb der geschuldeten Leistung realisiert. Damit ist klar erkennbar, dass der Geschädigte mit seinem Ersatzanspruch kein „unmittelbares Interesse" am Leistungsgegenstand verfolgt. Das lässt sich bei bloßen Vermögensschäden – wie dem entgangenen Gewinn, oder dem Nutzungsentfall – nicht mehr so leicht feststellen, weshalb Abgrenzungsschwierigkeiten entstehen.

Die Problemfälle liegen also darin, dass der in Frage stehende Folgeschaden das bloße Vermögen betrifft. Sach- und Personenschäden infolge mangelhafter Leistung sind hingegen grundsätzlich unproblematisch als Integritätsschäden vom Versicherungsschutz umfasst,[690] weil sie als Begleitschäden in der Regel außerhalb der vertraglich geschuldeten Leistung liegen und damit nicht das unmittelbare Interesse am Leistungsgegenstand betreffen.

Die Anmietung des Ersatztraktors im oa „Traktormotor-Fall" qualifizierte der OGH als einen solchen ausgeschlossenen Schaden aus dem Nutzungsausfall, der als Teil des Erfüllungssurrogats von der Deckung ausgenommen ist.[691] Zur Begründung dieses Ausschlusses für die Mietkosten berief sich der OGH auf *Fenyves*,[692] demnach es sich bei dem Nutzungsausfall – gleich wie bei den Freilegungs- und Wiederherstellungskosten[693] – um einen nahen Folgeschaden, der das nicht versicherte Leistungsrisiko des VN betreffe, handeln würde. Zu den übrigen Kosten – insb den Aus- und Einbaukosten – finden sich keine näheren Ausführungen in der Entscheidung.

Ein ausgeschlossenes „unmittelbares Interesse" am Leistungsgegenstand soll auch im „Ausgleichsbecken-Fall" vorgelegen sein.[694] Dort hatte die Kl ein Aus-

---

690 Vgl auch *v. Rintelen* in *Späte/Schimikowski*, AHB² Z 1 Rn 475 f, 506 ff.
691 OGH 17. 4. 2013, 7 Ob 46/13 k.
692 *Fenyves*, NZ 2001, 253.
693 Vgl Kapitel IV.C.
694 OGH 24. 5. 2018, 7 Ob 222/17 y.

gleichsbecken mit einer Folie wasserdicht auszukleiden. Auf Grund der mangelhaften Durchführung kam es zum Wasseraustritt. Der Kl entstanden in der Folge ua Kosten für die Errichtung eines provisorischen Ausgleichbeckens. Der OGH lehnte die Deckung für diese Kosten mit der ganz ähnlichen Begründung ab, dass die Kosten für das Ausgleichsbecken angefallen seien, um die Kl in den „Genuss der ordnungsgemäßen Leistung" zu bringen.[695]

In beiden Fällen handelt es sich – zivilrechtlich gedacht – freilich um Nachteile, die außerhalb der vertraglich geschuldeten Leistung liegen. Das zeigt sich insb beim Ersatz der Mietkosten deutlich. Damit würden über die Nichterfüllungsklausel Teile des Nichterfüllungsschadens ausgeschlossen werden, die nach dem bisherigen Ergebnis (nach Art 1.2.1.1) vom Versicherungsschutz umfasst wären.

Ein Ausschluss bloßer Vermögensschäden findet sich dabei auch in Art 1.2.1.1. Danach sind Vermögensschaden nur dann vom Versicherungsschutz umfasst, wenn sie sich auf einen gedeckten Sach- oder Personenschaden zurückführen lassen („unechter Vermögensschaden").[696]

Der Schaden aus der mangelhaften Vertragserfüllung (Mangelschaden) ist dabei nicht als Sachschaden, sondern als Vermögensschaden einzuordnen. Alle Vermögensschäden, die adäquat kausal auf die mangelhafte Leistungserbringung zurückzuführen sind, wären daher schon nach Art 1.2.1.1 als echte Vermögensschäden vom Versicherungsschutz ausgenommen.[697]

Der Einschluss bloßer Vermögensschäden ist aber freilich über eine gesonderte Vereinbarung möglich, weshalb der Ausschluss bloßer Vermögensschäden die Auslegung der sonstigen Ausschlüsse und Bedingungsteile nicht obsolet macht. Bei einem Einschluss von bloßen Vermögensschäden muss also ebenso die Frage gestellt werden, ob sie als Erfüllungssurrogat vom Versicherungsschutz ausgeschlossen werden.[698]

Damit ist weiter der Frage nachzugehen, was hinter dem Abgrenzungskriterium des „unmittelbaren Interesses" am Leistungsgegenstand steht.

a) Definitionsversuche im Schrifttum

Zur Abgrenzung zwischen den gedeckten und nicht gedeckten Teilen des Nichterfüllungsschadens haben sich insb in der dL zwei Definitionsversuche

---

695 Vgl auch jüngst OGH 18. 9. 2019, 7 Ob 81/19s [T 2].

696 Anders als in Deutschland, sind deshalb auch solche Vermögensschäden ausgeschlossen, die sich zwar auf einen Sach- oder Personenschaden zurückführen lassen, für den aber selbst keine Deckung besteht; OGH 27. 8. 2008, 7 Ob 114/08b, mwN.

697 Zum Schadenbegriff ausf *Mecenovic*, Herstellungs- bzw Lieferklausel 51 ff, mwN; s auch *Ziegler*, Produktehaftpflichtdeckung 52 ff. Zum Weiterfresseschaden in der Haftpflichtversicherung etwa *Zöchling-Jud* in FS Fenyves 849; RIS-Justiz RS0081414, OGH 30. 4. 2015, 7 Ob 65/15g.

698 Vgl OGH 17. 9. 2014, 7 Ob 143/14a.

durchgesetzt. Nach der einen Definition wir die Erfüllungsersatzleistung als eine „*(...) auf den Ersatz des eigentlichen Leistungsinteresses, das kongruent an die Stelle der geschuldeten Leistung selbst tritt*", beschrieben.[699] Nach der zweiten Definition wären „*Schadenersatzansprüche, die auf das Vertragserfüllungsinteresse gerichtet sind, also sämtliche Ansprüche, durch die ein unmittelbares Interesse am eigentlichen Leistungsgegenstand eines abgeschlossenen Vertrags geltend gemacht werden*", als Erfüllungsersatzleistung ausgeschlossen.[700]

Für die AHVB hat *Rubin* den Begriff der Erfüllungsersatzleistung daran anknüpfend erst jüngst ähnlich als eine „*an die Stelle der Erfüllung tretende Ersatzleistung [die sich] auf einen isolierten Ausgleich für das Zurückbleiben der tatsächlichen hinter der versprochenen Leistung*" beschränke, beschrieben.[701] Die Erfüllungsersatzleistung sei dabei – wie schon zuvor angemerkt – nur ein „*Teilausschnitt aus dem schadenersatzrechtlichen Erfüllungsinteresse*", das nach versicherungsvertragsrechtlicher Terminologie als „Vertragsinteresse" bezeichnet werde.[702] Als „Vertragsinteresse"[703] soll danach jene Ersatzleistung ausgeschlossen sein, mit der der Gläubiger in den Genuss der ordnungsgemäßen Leistung gebracht wird, aber auch jene, mit der das Unterbleiben der Vermögensvermehrung bei ordnungsgemäßer Erfüllung ausgeglichen werden soll.[704]

Die gängigen Definitionen lassen dabei wiederum Interpretationsspielraum offen.[705] Wann ein von der Deckung ausgeschlossenes „*unmittelbares Interesse*" an einem Leistungsgegenstand geltend gemacht wird, lässt sich auch nach diesen Definitionsversuchen nicht klar erfassen.[706]

Eine allgemein gültige Abgrenzungsformel kann auch hier – wie schon bei Art 1.2.1.1 – nicht gefunden werden, weshalb eine Abgrenzung nur im Einzelfall möglich sei.[707] Bei allen Definitionsversuchen fällt aber auf, dass zur Bestimmung der ausgeschlossenen „Erfüllungsersatzleistung" darauf abgestellt wird, ob mit dem Anspruch das „Vertragsinteresse", oder auch das „Leistungsinteresse" verfolgt wird. An diesem Punkt soll für die weitere Eingrenzung angesetzt werden. Dabei ist fraglich, ob sich das „Vertragsinteresse" allein nach der geschuldeten Leistung bestimmt – womit kein Ausschluss über Art 1.2.1.1 hinaus erfolgen würde –, oder damit ein Ausschluss über die primäre Risiko-

---

699 *Schlegelmilch*, Haftpflichtversicherung 45.
700 Statt vieler *Lücke* in *Prölss/Martin*, VVG[31] AHB Z 1 Rn 48 und *v. Rintelen* in *Späte/Schimikowski*, AHB[2] Z 1 Rn 562; jeweils mwN.
701 *Rubin*, NZ 2016, 52 mwN.
702 *Rubin*, NZ 2016, 51 f mwN.
703 Dieser Begriff wurde bereits bei der Begründung zum Ausschluss der Selbstverbesserungskosten über die Nichterfüllungsklausel verwendet.
704 Das kann etwa den entgangenen Gewinn und Nutzungsentfall betreffen (dazu unten im Detail noch näher); *Rubin*, NZ 2016, 52 mwN.
705 Vgl *Rubin*, NZ 2016, 52.
706 Vgl auch *Mecenovic*, Herstellungs- bzw Lieferklausel 111 f.
707 *Mecenovic*, Herstellungs- bzw Lieferklausel 115. Die Abgrenzung erfolgte zu § 635 aF BGB.

umschreibung hinaus erfolgt. Was also versteht man unter dem Vertrags- bzw Leistungsinteresse?

b) Vertrags- bzw Leistungsinteresse

Nach *Mecenovic* soll sich das Vertragsinteresse aus der Sicht eines objektiven Beobachters in der Position des Leistungsempfängers bestimmen lassen. Daher müssten auch der entgangene Gewinn und Nutzungsentfall als *„typische Erfüllungssurrogate"* vom Versicherungsschutz ausgeschlossen werden.[708] Seine Stellungnahme führt entscheidend auf die dL zurück.[709]

Fenyves[710] stellt im Anschluss an eine Darstellung der deutschen und österreichischen Literatur und Judikatur ebenfalls weitestgehend Einigkeit über Inhalt und Funktion der Erfüllungsklausel fest und schließt sich für die AHVB der dL an. Der Begriff des Nichterfüllungsschadens sei nicht mit dem ausgeschlossenen Vertragsinteresse gleichzusetzen, was sich schon daran zeigen würde, dass der entgangene Gewinn nach hA in Deutschland vom Versicherungsschutz ausgenommen wäre, obwohl er schuldrechtlich dem Nichterfüllungsschaden zuzuordnen sei. Umgekehrt seien Mangelfolgeschäden gedeckt, obwohl sie nach dem Haftungsrecht ein Teil des Nichterfüllungsschadens wären.[711] Für den Ausschluss des entgangenen Gewinns und Nutzungsentfalles bringt *Fenyves* überdies wiederum[712] vor, dass es sich dahingehend um eng mit der Vertragserfüllung verbundene Schäden[713] handeln würde, die deshalb vom Versicherungsschutz ausgenommen wären.[714]

Der Begriff des „Vertragsinteresses" als Abgrenzungskriterium ist also entscheidend auf das deutsche Schrifttum zurückzuführen. Demnach soll vom Versicherungsschutz ausgeschlossen sein, was sich innerhalb des Vertragsinteresses befindet. Die Diskussion zum Umfang des ausgeschlossenen Vertragsinteresses ist dabei im älteren Schrifttum zum Schadenersatzanspruch wegen Nichterfüllung (insb §§ 463, 635 aF BGB) entbrannt und setzt sich heute zum Schadenersatzanspruch statt der Leistung fort.[715]

Verlangt der Gläubiger mit seinem Anspruch so gestellt zu werden, *„als hätte er die ausbedungene Erfüllungsleistung erhalten"*, würde ein *„unmittelbares*

---

708 *Mecenovic*, Herstellungs- bzw Lieferklausel 112 f.
709 *Mecenovic*, Herstellungs- bzw Lieferklausel 111; insb im Anschluss an *Thürmann* in *Schmidt-Salzer*, Produkthaftung² IV/1 Rn 8.069.
710 *Fenyves*, NZ 2001, 246 ff.
711 Siehe auch *Reisinger* in *Fenyves/Perner/Riedler*, VersVG (2020) § 152 Rn 46 mwN.
712 Wie schon zum Ausschluss der Freilegungs- und Wiederherstellungskosten; vgl Kapitel IV.
713 Gleich wie zu den Freilegungs- und Wiederherstellungsschäden; vgl Kapitel IV.C.
714 Später *Fenyves* noch einmal in FS Migsch 77 ff; dort wiederholend zum Ausschluss des entgangenen Gewinns, der Deckung von Mangelfolgeschäden und den Nachbesserungsbegleitschäden.
715 Vgl Kapitel III.C.

Surrogat" vorliegen, das allerdings schon nach der primären Risikoumschreibung vom Versicherungsschutz ausgenommen sei.[716] Hiermit gemeint sind alle Ansprüche, auf Grund derer für die Erfüllung einzustehen ist.[717]

Problematisch wird aber der Ausschluss weiterer Surrogate darüber hinaus gesehen, die im Unterschied dazu auch der Risikobegrenzung dienen sollen.[718] Damit angesprochen sind gerade Schadenersatzansprüche wegen Nichterfüllung.[719]

Für deren deckungsrechtliche Beurteilung sei es eben notwendig, zwischen Vertrags- und Integritätsinteresse zu unterscheiden: Das ausgeschlossene Vertragsinteresse sei immer dann betroffen, wenn der Vertragspartner sein unmittelbares Interesse am Leistungsgegenstand bzw an der mangelfreien Vertragserfüllung geltend mache. Davon zu unterscheiden sei das gedeckte Integritätsinteresse, welches der Gläubiger dann verfolge, wenn es ihm um das Interesse an der Unversehrtheit seiner weiteren Rechtsgüter gehe.[720]

Mit dem unmittelbaren Interesse (das Vertragsinteresse) am Leistungsgegenstand würde der Minderwert der erbrachten Leistung[721] im Vergleich zu einer ordnungsgemäßen Leistung geltend gemacht werden.[722] Eine Deckung bestehe somit nur für den Ausgleich des Integritätsinteresses, nicht aber für den Ausgleich des Äquivalenzinteresses.[723]

Zur Feststellung des Vertragsinteresses müsse im Einzelfall auf den konkreten Vertragsinhalt abgestellt werden. Beim unmittelbaren Leistungsinteresse gehe es dabei allein um den geschuldeten Leistungsgegenstand, nicht aber darum, welche Ziele der Gläubiger mit der Vertragsleistung anstrebt. Das unmittelbare Interesse könne deshalb auch nur anhand des geschuldeten Leistungsgegenstands ermittelt werden.[724]

Die Anspruchsgrundlage sei hingegen wiederum kein taugliches Instrument zur Abgrenzung.[725] Gerade über das Schadenersatzrecht könnte nämlich der

---

716 *Thürmann* in *Schmidt-Salzer*, Produkthaftung[2] IV/1 Rn 8.057; *v. Rintelen* in *Späte/ Schimikowski*, AHB[2] Z 1 Rn 455.
717 Vgl *Thürmann* in *Schmidt-Salzer*, Produkthaftung[2] IV/1 Rn 8.057.
718 *V. Rintelen* in *Späte/Schimikowski*, AHB[2] Z 1 Rn 455, 463 ff.
719 Statt vieler *v. Rintelen* in *Späte/Schimikowski*, AHB[2] Z 1 Rn 458.
720 Statt vieler *Lücke* in *Prölss/Martin*, VVG[31] AHB Z 1 Rn 48; *v. Rintelen* in *Beckmann/Matusche-Beckmann*, Versicherungsrechts-Handbuch[3] § 26 Rn 36; *v. Rintelen* in *Späte/Schimikowski*, AHB[2] Z 1 Rn 274; jeweils mwN. Zum älteren Schrifttum etwa *Emmerich*, ZfV 1961, 636 (636 ff).
721 Schaden am Leistungsobjekt selbst; vgl repräsentativ BGH 26. 1. 1961, II ZR 218/58 VersR 1961, 265 f.
722 Statt vieler *v. Rintelen* in *Späte/Schimikowski*, AHB[2] Z 1 Rn 273 mwN.
723 *V. Rintelen* in *Späte/Schimikowski*, AHB[2] Z 1 Rn 499 ff, mwN und Fallbeispielen aus der Rechtsprechung.
724 *V. Rintelen* in *Späte/Schimikowski*, AHB[2] Z 1 Rn 465 f und 471 ff mwN.
725 *V. Rintelen* in *Späte/Schimikowski*, AHB[2] Z 1 Rn 456 ff, mwN.

Ersatz „*aller adäquat verursachten Folgeschäden* " verlangt werden, womit sowohl das Integritäts- als auch das Vertragsinteresse betroffen wären.[726]

Mit dem Vertragsinteresse angesprochen werde also der Ausgleich für das Zurückbleiben der tatsächlich erbrachten Leistung hinter der geschuldeten Leistung.[727] Das betreffe immer die Schäden am Leistungsgegenstand.[728]

Entscheidend für das Vertragsinteresse ist also grundsätzlich der Vertragsinhalt. Die Verantwortung für die vertraglich versprochene Leistung ist aber ohnehin bereits nach Art 1.2.1.1 vom Versicherungsschutz ausgeschlossen. Damit wären aber etwa der entgangene Gewinn und Nutzungsentfall nicht vom Versicherungsschutz ausgenommen, weil sie nur als Folge des Ausbleibens der versprochenen Leistung zu einem Schaden im Vermögen des Gläubigers führen, der außerhalb der Vertragsleistung eintritt.

Das führt entscheidend zu der Frage, aus welcher Perspektive das „Vertragsinteresse" zu beurteilen ist. Bewertet man das Vertragsinteresse objektiv nach dem vertraglich Geschuldeten, lässt sich eben kein Ausschluss über Art 1.2.1.1 hinaus begründen. Aus dem Blickwinkel des Gläubigers könnte das „unmittelbare Interesse" am Erhalt der versprochenen Leistung – und damit das ausgeschlossene Vertragsinteresse – aber durchaus weiter betrachtet werden. Sein Interesse am Erhalt der Leistung könnte eben auch den entgangenen Gewinn und Nutzungsentfall umfassen und damit zu einem Ausschluss dieser Schäden vom Versicherungsschutz führen.

c) Bewertung des Vertragsinteresses aus Sicht des Gläubigers?

Ob ein Erfüllungssurrogat vorliege, müsse aus der „*objektiven Sicht des Empfängers der Leistung [und nach] deren Wert für ihn*" beurteilt werden.[729] Der Begriff des Erfüllungssurrogats dürfe daher nicht zu eng gefasst werden, weshalb auch der entgangene Gewinn und Nutzungsentfall ausgeschlossen sein müssten.[730] Der Wert der Ersatzleistung dürfe deshalb auch nicht mit der Vertragsleistung begrenzt sein.[731]

Das ausgeschlossene Erfüllungsinteresse betreffe daher das Interesse des Dritten am Erhalt der Leistung. Unter dem auszugleichenden Minderwert sei des-

---

726 *V. Rintelen* in *Späte/Schimikowski*, AHB² Z 1 Rn 463 mwN.
727 *V. Rintelen* in *Späte/Schimikowski*, AHB² Z 1 Rn 471 mwN.
728 *Kuwert*, Haftpflichtversicherung⁴ Rn 4.211.
729 *Mecenovic*, Herstellungs- bzw Lieferklausel 111.
730 Zum Meinungsstand bei *Baumann* in *Honsell*, BK VVG § 149 Rn 57 ff; *Littbarski* in *Langheid/Wandt*, MüKo VVG II² § 100 Rn 25 ff; *v. Rintelen* in *Späte/Schimikowski*, AHB² Z 1 Rn 466, 472, 539 ff; jeweils mwN. Für Österreich *Mecenovic*, Herstellungs- bzw Lieferklausel 111 f im Anschluss an *Thürmann* in *Schmidt-Salzer*, Produkthaftung² VI/1 Rn 8.068 f.
731 Statt vieler *v. Rintelen* in *Späte/Schimikowski*, AHB² Z 1 Rn 466 mwN; *Thürmann* in *Schmidt-Salzer*, Produkthaftung² VI/1 Rn 8.068 f.

halb auch der entgangene Gewinn und Nutzungsentfall zu verstehen.[732] Bei der Einordnung einer Leistung als Erfüllungsleistung komme es auf einen materiellen Vergleich zwischen tatsächlich Erlangtem und dem Inhalt des Vertrags an. Ob eine Haupt- oder Nebenleistungspflicht verletzt werde, sei nach hA[733] für das Vorliegen eines Erfüllungssurrogats hingegen unerheblich.[734]

Diese Bewertung am Erhalt der versprochenen Erfüllungsleistung aus Sicht eines objektiven Leistungsempfängers führt im Ergebnis also zu einem weiten Ausschluss über das vertraglich Versprochene hinaus. Gegen eine solche weite Sichtweise spricht sich dabei insb *Littbarski* aus. Den Grund für einen solch weiten Ausschluss als Erfüllungssurrogat sieht er dabei in der zivilrechtlichen Einordnung als unmittelbaren Folgeschaden, die aber nicht auf das Versicherungsrecht übertragen werden dürfe. Richtigerweise sei beim entgangenen Gewinn und Nutzungsentfall das Vermögen des Gläubiger, nicht aber die geschuldete Vertragsleistung betroffen.[735] Das lässt sich anhand zweier vom BGH entschiedenen Fällen skizzieren.

Im „Hallenskelett-Fall"[736] hatte die Kl den Auftrag eine Dach- und Wandkonstruktion („Hallenskelett") für eine Halle zu errichten und die Montage, Dacheindeckung und Bereitstellung eines Richtmeisters zur Aufsicht zu übernehmen. Bei Durchführung des Auftrags rutschte ein Dachbinder in Folge mangelnder Überwachung ab und brachte so das gesamte Hallendach zum Einsturz. Die Geschädigte machte geltend, dass ihr durch den Einsturz und die daraus resultierende verspätete Fertigstellung des Werks ein Verspätungsschaden entstanden sei.

Der BGH lehnte die Deckung für Schäden, die daraus entstehen, dass die Halle nicht rechtzeitig und gewinnbringend eingesetzt werden konnte, als Teil des nicht versicherten Erfüllungsinteresses ab; damit werde das unmittelbare Interesse an der rechtzeitigen Erfüllung des Vertrags geltend gemacht. Der Geschädigte mache einen Schaden am Werk selbst geltend, wozu der BGH auf die Herstellungs- und Lieferklausel verwies. Anders würde der Fall liegen, wenn die herabstürzende Dachkonstruktion zu einer Unterbrechung des Betriebs führen würde. Der aus der Betriebsunterbrechung resultierende entgangene Gewinn wäre nicht Teil des Erfüllungsinteresses und damit gedeckt.

Im „Bohrinsel-Fall"[737] hatte die Kl Bohrinselkräne zu liefern und zu montieren. Einer der Kräne stürzte in Folge mangelhafter Montage bei Arbeiten ab. Wegen

---

732 *Thürmann* in *Schmidt-Salzer*, Produkthaftung² VI/1 Rn 8.068 f, mwN.
733 Siehe nur BGH 20. 9. 1962, II ZR 171/61 („Kalkspatzen-Fall") VersR 1962, 1049 f; dazu *Johannsen* in *Bruck/Möller*, VVG⁸ IV, G 256, 466 f.
734 *Thürmann* in *Schmidt-Salzer*, Produkthaftung² VI/1 Rn 8.070 f, mwN.
735 *Littbarski*, Unternehmerrisiko 37 ff; zur Kritik am entgangenen Gewinn als unmittelbarer Schaden schon *Honsell*, JuS 1976, 621 (621 ff).
736 BGH 21. 2. 1957, II ZR 4/56; NJW 1957, 907 ff.
737 BGH 25. 9. 1985, IVa ZR 183/83; VersR 1985, 1153.

des Ausfalls des Krans verlängerten sich die Arbeiten um 18 ½ Tage, wofür die Bestellerin von der VN Ersatz verlangte. Der BGH lehnte die Deckung dafür wiederum mit der Begründung ab, dass mit dem Nutzungsausfallschaden ein unmittelbares Interesse am Leistungsgegenstand geltend gemacht werde; es wäre darin kein mittelbarer Schaden aus dem Kraneinsturz zu erblicken.[738]

Der entgangene Gewinn und Nutzungsentfall sind heute als historisch praktische Problemgruppe auch ausdrücklich in Z 1.2 (3) AHB ausgeschlossen. Daneben hat sich im Schrifttum die Ansicht durchgesetzt, dass der entgangene Gewinn und Nutzungsausfall Teil des Erfüllungsinteresses sei.[739] Bezugnehmend auf die Hallenskelett-Entscheidung führt *v. Rintelen* mit der hA aus, dass der Nutzungsausfall des Vertragsgegenstandes ausgeschlossen sei. Eine Gleichsetzung zwischen dem positiven Interesse, das sich aus der schadenersatzrechtlichen Differenzmethode ergäbe und dem Erfüllungsinteresse, dürfe aber dennoch nicht erfolgen.[740]

Der Ersatz des entgangenen Gewinns oder Nutzungsentfalls wäre als Kompensation für das Ausbleiben der geschuldeten Leistung vom Versicherungsschutz ausgenommen.[741] Auch wenn sie haftungsrechtlich dem positiven Interesse zugeordnet werden, erfolgt mit ihrem Ausschluss also keine Erweiterung des Erfüllungsinteresses. Ausgeschlossen ist damit weiterhin nur das Interesse an der ordnungsgemäßen Leistung selbst.

Der durchschnittliche VN könne den Erfüllungsausschluss derart verstehen, dass auch jener Schaden ausgenommen sei, der dadurch entstehe, dass *„der bestimmungsgemäße Gebrauch der Sache infolge der Leistungsstörung nicht möglich gewesen ist.“*[742]

Das ausgeschlossene Erfüllungsinteresse soll sich also am Interesse des Gläubigers am Erhalt der versprochenen Leistung richten. Das führt letztlich zu dem oft kritisierten Abgrenzungskriterium des unmittelbaren Interesses am Leistungsgegenstand.[743]

Im Schrifttum wird zur Erörterung dieser Fragestellungen regelmäßig der „Statiker-Fall“[744], in welchem der klagende VN als Baustatiker auftragsgemäß Kon-

---

738 Vgl auch BGH 9. 4. 1975, IV ZR 4/74 („Gewitterregen-Fall“) NJW 1975, 1278 ff.
739 Dem Ausschluss über Z 1.2 AHB bzw früher § 4 I 6 AHB wird dahingehend von Teilen der L auch konstitutive Wirkung beigemessen; vgl *Schimikowski* in FS Schirmer 552 mwN.
740 Statt vieler *v. Rintelen* in *Späte/Schimikowski*, AHB² Z 1 Rn 539 ff und zur jüngeren Lit *Hartwig* in *van Bühren*, Handbuch Versicherungsrecht⁷ § 9 Rn 34; jeweils mwN; aA *Kuwert*, Haftpflichtversicherung⁴ Rn 4214; *Littbarski*, Unternehmerrisiko 39 und 121 ff und *Littbarski*, VersR 1982, 915 ff.
741 Statt vieler heute *Lücke* in *Prölss/Martin*, VVG³¹ AHB 1 Rn 48, 55.
742 *Schreier*, Schadensrecht und Schadensversicherung 278 mwN.
743 Krit insb *Littbarski*, Unternehmerrisiko 39 ff; *Littbarski*, VersR 1982, 917; *Thürmann* in *Schmidt-Salzer*, Produkthaftung² IV/1 Rn 8.076; vgl auch *Späte*, AHB § 4 Rn 177 mwN; vgl für Österreich *Mecenovic*, Herstellungs- bzw Lieferklausel 115.
744 BGH 13. 5. 1981, IV a ZR 96/80 VersR 1981, 771.

struktions- und Masseberechnungen vorzunehmen hatte, herangezogen. Auf Basis der Berechnungen holte sich die Geschädigte ein Festpreisangebot für die berechneten Stahlmengen ein. Im Zuge der Bauausführungen stellte sich heraus, dass die Masseberechnungen fehlerhaft waren und mehr Stahl als berechnet notwendig war. Die Mehrkosten dafür wollte die Geschädigte vom VN ersetzt bekommen, der dafür wiederum Deckung aus seinem Versicherungsvertrag begehrte.

Die bekl Versicherung lehnte die Deckung ab, weil es sich bei den Mehrkosten um einen Erfüllungsschaden handeln würde, der in unmittelbarem Zusammenhang mit der fehlerhaften Werkausführung stünde.

Der BGH[745] lehnte den Einwand des Versicherers wiederum als unzutreffend ab. Das Kriterium des unmittelbaren Zusammenhangs stamme aus dem Haftpflichtrecht (§ 635 aF BGB) und habe dort verjährungsrechtliche Zwecküberlegungen für sich. Für den Versicherungsschutz komme es hingegen nur darauf an, ob Schäden infolge der Schlechterfüllung eingetreten sind, wofür der VN in Anspruch genommen werde. *„[Der] Versicherungsschutz wäre weitgehend wertlos, wenn mit dem Werkmangel eng zusammenhängende Folgeschäden, die sich erst bei der Verwertung oder Durchführung des fehlerhaften Werks durch den Besteller ergeben, von dem Versicherungsschutz ausgeschlossen wären. Denn der Schutz gegen die naheliegenden Folgeschäden, wie sie infolge von Berechnungsfehlern der vorliegenden Art später eintreten können, ist der überwiegende Grund für den Abschlu[ss] des Versicherungsvertrags."*[746]

Es ist wiederum besonders *Littbarski*[747] hervorzuheben, der auch dagegen deutlich Kritik übt. Er verwehrt sich dabei gegen die von Teilen des Schrifttums und der älteren Rsp vertretene pauschale Gleichsetzung des Anspruchs aus § 635 aF BGB mit dem Erfüllungsinteresse. Wie die Entscheidung des BGH zeige, schaffe man sich mit der Übernahme der haftungsrechtlichen Begriffe des Erfüllungs- und Integritätsinteresses in das Versicherungsvertragsrecht unweigerlich Probleme. Die Frage des unmittelbaren Zusammenhangs resultiere nämlich gerade aus einer Abgrenzungsschwierigkeit zwischen den beiden Interessen im Zivilrecht.[748] Der unmittelbare Zusammenhang sei zu unbestimmt und auch für die Deckungsfrage von Erfüllungsersatzleistungen zu verwerfen. Ferner ist festzustellen, worin die Erfüllungsleistung liege. Das Erfüllungssur-

---

745 BGH 13. 5. 1981, IV a ZR 96/80 VersR 1981, 771.

746 Die Problemstellung trat besonders häufig bei der Haftpflichtversicherung von Architekten und Planern auf. Eine fehlerhafte Planung hat oftmals Schäden am zu errichtenden Werk zur Folge. Dem planenden Architekten wurde regelmäßig der Versicherungsschutz versagt, weil es sich bei den Schäden am Bauwerk um eng mit der Erfüllung der Planungsleistung zusammenhängende handeln würde; vgl dazu etwa *Leschke* in FS Schirmer 387 (389 f).

747 *Littbarski*, VersR 1982, 915 ff; *Littbarski*, Unternehmerrisiko 34 ff.

748 Krit zu diesen Abgrenzungskriterien *Späte*, AHB § 4 Rn 177.

rogat, das den Platz der Erfüllungsleistung einnimmt, müsse wertmäßig mit dieser begrenzt sein.[749]

Ein pauschaler Ausschluss des § 635 aF BGB sei auch deshalb unhaltbar, weil er nicht in seiner Gesamtheit an die Stelle der Erfüllung trete, sondern ein Anspruch wegen Nichterfüllung sei. Betroffen sei auch nicht nur das Erfüllungsinteresse. Richtig wäre die Auffassung, dass als Ersatzleistung nur bezeichnet werden kann, was kongruent an die Stelle der ursprünglichen Erfüllungsleistung trete; die Ersatzleistung habe sich also nach der Erfüllungsleistung zu richten.[750]

Auch *Küpper* betont in seiner Entscheidungsbesprechung mehrmals, dass sich der Ausschluss der Erfüllungsersatzleistung nur nach dem eigentlichen Leistungsgegenstand richten kann. Die Erfüllungsklausel sei eng auszulegen, um den Versicherungsschutz nicht zu stark zu entwerten. Die Auslegung habe in jedem Fall losgelöst von haftungsrechtlichen Zwecküberlegungen und Zuordnungen zu erfolgen.[751]

In diese Kerbe schlägt auch *Kuwert*, demzufolge die Ersatzleistung *„mit dem Wert gleichzusetzen [sei], der für die Erbringung der versprochenen und damit vertraglich geschuldeten Werkleistung erforderlich wäre.*". Er kritisiert auch die formelhafte und mit dem Haftpflichtrecht verwogene Abgrenzung mit dem unmittelbaren Interesse am Leistungsgegenstand.[752]

Aus dem älteren Schrifttum sollen hier noch die Ausführungen von *Ganten* und *Schmalzl* hervorgehoben werden. Kausalitätsüberlegungen könnten *Ganten* zu Folge zu keiner sachlogischen Abgrenzung führen. Die Begründung müsse sich auf Zwecküberlegungen zum Erfüllungsausschluss zurückführen lassen, nicht aber auf haftungsrechtliche (Kausalitäts)Überlegungen. Der Zweck des Erfüllungsausschlusses liege aber einzig darin, die Erfüllungserwartung des Bestellers vom Versicherungsschutz auszunehmen. Diese liege primär im Erfüllungswert der Vertragsleistung.[753] *Schmalzl* hat es dahingehend formuliert, dass nicht der Ersatanspruch an die Stelle des Erfüllungsanspruches, sondern die Ersatzleistung an die Stelle der Erfüllungsleistung treten würde.[754]

Im Ergebnis findet sich das auch historisch bei *Schwartz*[755], der noch lange vor Einführung der Erfüllungsklausel vertreten hat, dass an die Stelle der Erfül-

---

749 So auch *Schmalzl*, VersR 1956, 271; krit insb mit Blick auf den Ausschluss von Gewinnentgang und Nutzungsentfall *v. Rintelen* in *Späte/Schimikowski,* AHB[2] Z 1 Rn 466 mwN.

750 Zum Meinungsstand im älteren Schrifttum umfassend bei *Littbarski*, Unternehmerrisiko 139 ff.

751 *Küpper*, VersPrax 1981, 273 (276).

752 *Kuwert*, Haftpflichtversicherung[4] Rn 4213 f.

753 *Ganten*, VersR 1972, 540 (540 ff).

754 *Schmalzl*, VersR 1956, 272; vgl auch *Böhm*, VersR 1955, 193 ff und *Brockmann*, VersR 1955, 373 f; s auch *Wussow*, AHB[8] § 1 Anm 68; *Wussow*, WJ 1964, 53 (53 ff).

755 *Schwartz*, LpZ 1911, 445 (445 ff).

lungsleistung nur die Leistung trete, welche notwendig sei, um eine andere, einwandfreie Ersatzleistung zu beschaffen.[756]

Nach heute hA sollen Ansprüche aus Schadenersatz statt der Leistung ebenfalls nur insoweit ausgeschlossen werden, als sie das Erfüllungsinteresse betreffen. Es sei am Vertragsgegenstand festzumachen, wann der Gläubiger sein Interesse an einer ordnungsgemäßen Leistung verfolgt und damit das ausgeschlossene Vertragsinteresse betroffen wäre.[757]

5. Zwischenfazit

In jedem Fall unstrittig ist, dass der Umfang der Erfüllungsersatzleistung vom Begriff des Nichterfüllungsschadens zu trennen ist; sie betrifft nur einen Teil davon. Für den Begriff der Erfüllungsersatzleistung soll es darauf ankommen, ob der Geschädigte mit seinem Ersatzanspruch sein unmittelbares Interesse am Leistungsgegenstand geltend macht. Dieser ausgeschlossene Bereich wird als „Erfüllungsinteresse", „Vertragsinteresse", oder auch „Äquivalenzinteresse" beschrieben. Zentrales Kriterium für die Beurteilung ist dabei – ebenso unstrittig – immer die vertraglich versprochene Leistung.

Das Kriterium der „Unmittelbarkeit" wird dabei überwiegend abgelehnt. Es entstammt haftungsrechtlichen Überlegungen (Verjährung) zu § 635 aF BGB, wonach es darauf ankommen soll, ob ein Folgeschaden unmittelbar in Verbindung mit der mangelhaften Leistung steht.[758] Derartige Kausalitätsüberlegungen sollen für den Versicherungsschutz aber nicht entscheidend sein.

Für die Bewertung der ausgeschlossenen Ersatzleistung ergeben sich damit zwei Ansätze: Die einen stellen darauf ab, ob mit der Ersatzleistung die ausgebliebene, versprochene Erfüllungsleistung im Vermögen des Geschädigten kompensiert werden soll und schließen diese dann vom Versicherungsschutz aus. Die anderen stellen isoliert auf die vertraglich versprochene Leistung ab und wollen darüber hinaus Deckung für alle Folgeschäden gewähren.

---

756 Dagegen sprach sich schon *Grunow* aus, weil sich damit der Schadenersatz nach § 635 aF BGB mit der Nacherfüllung überlagern und vollständig decken würde. Sie stellt damit offensichtlich auf einen Gleichklang zwischen Haftungsrecht und Versicherungsvertragsrecht ab; *Grunow*, Deckung vertraglicher Erfüllungs- und Surrogatansprüche 109. *Grunow* meint aber auch, dass Schadenersatzansprüche, die an die Stelle der Erfüllungsleistung treten (Erfüllungssurrogate), dann ausgeschlossen seien, wenn der VN *„nur den Gegenwert einer Leistung [übernehme], die er selbst auf Grund seiner vertraglichen Erfüllungspflichten hätte erbringen müssen."*

757 *Büsken* in *Langheid/Wandt*, MüKo VVG II² Z 300 Rn 62 f; *Koch* in *Bruck/Möller*, VVG⁹ IV, AHB 2012 Z 1 Rn 63 ff; *Littbarski* in *Langheid/Wandt*, MüKo VVG II² § 100 Rn 20 ff; *Lücke* in *Prölss/Martin*, VVG³¹ AHB Z 1 Rn 47 ff; *Schimikowski*, r + s 2012, 105 (105 ff); *Schmalzl/Krause-Allenstein*, Berufshaftpflichtversicherung² Rn 39 ff; *v. Rintelen* in *Beckmann/Matusche-Beckmann*, Versicherungsrechts-Handbuch³ § 26 Rn 34 ff.

758 Zur unterschiedlichen Verjährung beim Mangel- und Mangelfolgeschaden vgl statt vieler *G. Wagner*, JZ 2002, 475.

Wie schon eingangs angeführt, spitzt sich die Frage des Umfangs der ausgeschlossenen Erfüllungsersatzleistung dabei insb auf die Frage der Deckung für den Ersatz des entgangenen Gewinns und Nutzungsentfall zu. Zu diesen beiden Bereichen wird zusammengefasst vertreten, dass es sich dabei um einen Teil des Leistungsgegenstands handeln würde, welcher nicht versichert sei.[759] Nach anderer Ansicht sei der entgangene Gewinn und Nutzungsentfall gerade kein Teil der geschuldeten Leistung. Die einen wollen ihn dennoch wiederum als „unmittelbaren" Schaden zur mangelhaften Werkleistung ausschließen; es würde kein weiteres Geschehnis zwischen mangelhafter Vertragserfüllung und Schadeneintritt passieren. Die anderen lehnen einen Ausschluss der Deckung für den entgangenen Gewinn und Nutzungsentfall zur Gänze ab.

6. Stellungnahme

P. *Kramer* hat bereits 1927 und damit lange vor der Einführung der Erfüllungsklausel zutreffend auf den versicherungsrechtlichen Graubereich der Schlechterfüllung hingewiesen, wenn er meint, dass für diesen Bereich die Grenze des Versicherungsschutzes verschwommen sei.[760] Das Bild verschwimmt besonders bei der Frage des Ausschlusses von Erfüllungsersatzleistungen, wie die vielfältigen Stellungnahmen im Schrifttum über Jahrzehnte hinweg zeigen.

Der Versuch, dieses verschwommene Bild schärfer zustellen, muss bei der unstrittigen Feststellung ansetzen, dass sich die ausgeschlossene Erfüllungsersatzleistung stets am konkreten Vertragsinhalt zu orientieren hat. Schon der erste Teil der Nichterfüllungsklausel – dort werden Ansprüche auf Erfüllung des Vertrags ausgeschlossen – deutet dies an. Und auch der Wortlaut des zweiten Teils spricht von einer „an die Stelle der Erfüllung tretende[n] Ersatzleistung". Auf die Formulierung dieses zweiten Teils spitzt sich letztlich auch die zu beantwortende Frage zu: Welcher Teil der Geldleistung, der als Ersatz für die ausgebliebene versprochene Leistung zu erbringen ist, tritt an deren Stelle, oder anders, welcher Teil kompensiert das Ausbleiben der Leistung?

Diese Frage lässt sich – wie die Darstellung der Meinungen im Schrifttum deutlich gezeigt hat – aus verschiedenen Perspektiven unterschiedlich beantworten: Bewertet man die geschuldete Leistung objektiv nach deren Wert, muss die Ersatzleistung mit diesem beschränkt sein. Der VN hat dann ersatzweise für die versprochene Leistung eine Geldleistung zu erbringen, die ausgeschlossen ist. In diesem Fall kann es sich also immer nur um den Ersatz des Mangelwerts handeln, der nach dem bisher Gesagten aber schon nach Art 1.2.1.1 vom Versicherungsschutz ausgeschlossen wäre.

---

759 Etwa *Schmalzl*, Berufshaftpflichtversicherung Rn 470 und *Zavelberg*, VersR 1989, 671 ff; die den entgangenen Gewinn wohl dem Mangelschaden zurechnen; jeweils mwN.

760 *P. Kramer*, JRPV 1927, 105.

Betrachtet man die Ersatzleistung aus (objektiver) Perspektive des Leistungs-empfängers, kommt es darauf an, was die ausgebliebene Erfüllungsleistung in seinem Vermögen wert gewesen wäre und welchen Einfluss sie auf sein Ver-mögen gehabt hätte. Erst bei einer solchen Betrachtungsweise kommt man überhaupt zu einem Ausschluss über Art 1.2.1.1 hinaus, der insb den entgan-genen Gewinn und Nutzungsentfall betrifft. Die Frage richtet sich dabei nach dem Interesse des Gläubigers am ordnungsgemäßen Erhalt der versprochenen Leistung.

Aus Perspektive des österreichischen Haftungs- und Versicherungsrechts ist dahingegen jedenfalls die im älteren deutschen Schrifttum vertretene Ansicht abzulehnen, dass der entgangene Gewinn und Nutzungsentfall ein Teil der mangelhaften Leistung (Mangelwert) ist.[761] Ebenso ist die Unterscheidung zwi-schen mittelbaren (gedeckten) und unmittelbaren (ungedeckten) Schäden für die AHVB nicht zu übernehmen. Beide Einordnungen und Unterscheidungen entspringen dem deutschen Haftungsrecht und lassen sich nicht auf die AHVB übertragen. Für die Deckung kann es auch nicht darauf ankommen, ob der Schaden unmittelbar oder mittelbar aus der mangelhaften Leistung resultiert.

Wie abgrenzungsschwach dieses Kausalitäts-Kriterium nämlich ist, lässt sich deutlich anhand des folgenden Beispiels zeigen: Ein Unternehmer schuldet die Herstellung einer Kühlanlage und verspricht reine, trockene Luft und eine ent-sprechende Temperatur. Er hält sein Versprechen nicht, weshalb das eingela-gerte Fleisch verdirbt. Das eingelagerte Fleisch könnte als Erfüllungsersatzleis-tung vom Versicherungsschutz ausgeschlossen werden, weil es sich um einen unmittelbaren Schaden aus der Nichterfüllung handelt.[762] Es kann aber nicht ernsthaft bestritten werden, dass es sich dabei um einen gedeckten Schaden, der außerhalb der vertraglich versprochenen Leistung liegt, handelt.[763] Andern-falls würde der Umfang des Versicherungsschutzes kaum vertretbar beschränkt und der Wert der Versicherung deutlich gemindert werden.

Das Beispiel macht zugleich auch deutlich, dass der geschuldete Vertragsinhalt nicht mit dem mit der Vertragsleistung bezweckten Ziel des Gläubigers gleich-gesetzt werden darf.[764] Es kann also für den Ausschluss der Ersatzleistung und damit für den Umfang des Versicherungsschutzes auch nicht darauf ankom-men, welchen Zweck der Gläubiger mit der ausgebliebenen Leistung verfolgt hat.[765] Was bleibt dann aber noch als Argument dafür, warum etwa der entgan-gene Gewinn und Nutzungsentfall als Ersatzleistung ausgeschlossen sein soll?

---

761 Etwa *Wilcke*, VersR 1964, 107 f; vgl auch die Übersicht zum Meinungsstand weiter oben.

762 So das RG 14. 5. 1909 RGZ 71, 173; vgl auch *Wilcke*, VersR 1964, 107 ff.

763 Es geht überdies um einen Integritätsschaden, dessen Deckung ansonsten auch nicht bestritten wird.

764 Grundsätzlich dazu krit auch *v. Rintelen* in *Späte/Schimikowski*, AHB² Z 1 Rn 471.

765 Das ist im Übrigen beim oa „Ausgleichsbecken-Fall" (Kap IV.B.2.d) übersehen worden.

Beide stellen doch ebenso nur darauf ab, welche Wirkung und Zweck die ausgebliebene Leistung im Vermögen des Gläubigers gehabt hätte.

Für einen Ausschluss des Versicherungsschutzes für einen Teil der außerhalb der Vertragsleistung liegenden Schäden – damit einer Einschränkung der Deckung für Mangelfolgeschäden – lassen sich im Ergebnis keine weiteren Gründe finden. Dem Ansatz von *Fenyves*, dass es sich beim Nutzungsentfall um einen „typischen und zwangsläufigen" Schaden – gleich wie bei den vorbereitenden Maßnahmen (Freilegungs- und Wiederherstellungskosten) –, der einen Ausschluss über Art 1.2.1.1 hinaus rechtfertigen soll, ist schon aus den dort genannten Gründen – insb auf Grund der Unbestimmtheit dieses Kriteriums – auch hier abzulehnen.

An diesem Punkt zeigt sich vielmehr, dass die strittigen Abgrenzungsbereiche – nämlich der entgangene Gewinn, Nutzungsentfall und die vorbereitenden Maßnahmen – einen gemeinsamen Nenner haben: Sie sind an sich gedeckte Folgeschäden, die aus der mangelhaften Vertragserfüllung resultieren, für deren Ausschluss sich keine sachliche Rechtfertigung finden lässt.

Aus versicherungsrechtlicher Sicht ist vielmehr dem Ansatz an einen einheitlichen Tatbestand der Vorrang zu geben.[766] Das betrifft hier die Schlechterfüllung eines Vertrags. Sofern der VN für einen Schaden aus der Schlechterfüllung verantwortlich ist, der außerhalb der Vertragsleistung liegt, soll grundsätzlich Versicherungsschutz bestehen. Wird der VN wegen eines Schadens in Anspruch genommen, der auf die Erfüllungserwartung des Gläubigers zurückzuführen ist, besteht kein Versicherungsschutz.

Damit hat die Nichterfüllungsklausel auch für den Fall des endgültigen Ausbleibens der versprochenen Leistung nur deklarative Wirkung.[767] Sie nimmt keinen Teil des Nichterfüllungsschadens aus, der nach Art 1.2.1.1 vom Versicherungsschutz umfasst ist. Der entgangene Gewinn und Nutzungsentfall sind damit ebenso nicht von der Nichterfüllungsklausel ausgeschlossen. Das steht wiederum mit den historischen Erläuterungen zu den Musterbedingungen bei Einführung der Nichterfüllungsklausel in Einklang.

In Übereinstimmung mit den Erläuterungen des VVO bei Einführung des Ausschlusses lässt sich also festhalten, dass mit der Nichterfüllungsklausel bloß ein teleologisches Argument zur primären Risikoumschreibung festgeschrieben wurde. Der Versicherungsschutz soll danach ebenso ausgeschlossen sein, wenn der VN anstelle der versprochenen, ausgebliebenen Erfüllungsleistung, Gelder-

---

766 Vgl *Böhm*, VersR 1955, 193 ff.

767 Damit erklärt sich auch, warum der Erfüllungsausschluss als Ausdruck des ausgeschlossenen Unternehmerrisikos angesehen wird; vgl *Reisinger* in *Fenyves/Perner/Riedler*, VersVG (2020) § 152 Rn 46. Das Unternehmerrisiko kann nämlich – wie sich oben (Kapitel III.B) gezeigt hat – nicht mehr bedeuten, als der Ausschluss der Verantwortung für die vertraglich versprochene Leistung.

satz zu leisten hat. Über Art 1.2.1.1 hinaus nimmt die Klausel daher keinen Teil der an sich gedeckten Mangelfolgeschäden vom Versicherungsschutz aus.[768]

E. Zwischenbilanz

Der Nichterfüllungsklausel – also dem zweiten Teil des in Art 7.1.3. festgeschriebenen Risikoausschlusses – kommt hinsichtlich des Ersatzanspruches für die Verbesserungskosten bei Selbstverbesserung, dem entgangenen Gewinn und dem Nutzungsentfall nur deklarative Wirkung zu. Erstere sind bereits nach Art 1.2.1.1 vom Versicherungsschutz ausgeschlossen. Der entgangene Gewinn und Nutzungsentfall sind dahingegen gedeckt, weil der VN dabei für Nachteile des Gläubigers verantwortlich ist, die er außerhalb der vertraglich versprochenen Leistung erleidet. Für solche Nachteile besteht in den AHVB grundsätzlich Versicherungsschutz. Es lassen sich keine sachlichen Gründe für einen Ausschluss über Art 7.1.3 finden.

---

768 So auch die hA zu § 4 I 6 AHB; vgl statt vieler *Leschke* in FS Schirmer 389 mwN.

VI. Mangelbeseitigung und Rettungskosten (§§ 62 f VersVG)

A. Problemstellung

In einem letzten Schritt der Untersuchung ist auf das Verhältnis zwischen den wie oa ausgeschlossenen Mangelbeseitigungskosten und dem Ersatz von Rettungskosten einzugehen.

Die Kosten zur Mangelbeseitigung wurden dabei in der bisherigen Untersuchung vom Versicherungsschutz ausgeschlossen, sofern sie in Verantwortung für die versprochene Leistung aufzuwenden sind. In jedem Fall sind damit die unmittelbaren Kosten zur Mangelbeseitigung – etwa der Austausch der Fliesen selbst – vom Versicherungsschutz ausgenommen. Hat der Verkäufer hingegen eine Montagepflicht übernommen, ist auch der Aus- und Einbau der mangelhaften und verbauten Kaufsache vom Versicherungsschutz ausgenommen. Das gilt gleichermaßen für die Freilegungs- und Wiederherstellungskosten (Freilegung einer Rohrleitung) im Werkvertragsrecht.

An der Deckungssituation für die Mangelbeseitigungskosten ändert – wie bisher festgestellt – grundsätzlich auch der Umstand nichts, dass sich die mangelhafte Leistung schadhaft entwickelt und damit zu Schäden an anderen Rechtsgütern führt. Gedeckt sind auch dann nur die Kosten zur Beseitigung eines Schadens, der außerhalb der geschuldeten Leistung liegt.[769]

Darauf aufbauend ist ein Blick auf die Konkurrenz zwischen den in den AHVB ausgeschlossenen Mangelbeseitigungskosten und dem Ersatz von Rettungskosten nach dem Gesetz (§§ 62 f VersVG) zu werfen. Dabei stellt sich die Frage, ob der VN die Mangelbeseitigungskosten als Rettungsaufwand nach dem Gesetz ersetzt bekommen kann, wenn sie zur Abwehr oder Verhinderung eines – aus der mangelhaften Leistung – drohenden Schadens dienen. Kann der VN also für die (nach den AHVB ausgeschlossenen) Kosten zur Behebung eines Mangels, von dem ein drohender Schaden an anderen Rechtsgütern ausgeht, über die §§ 62 f VersVG ersetzt bekommen?

Eine solche Konkurrenzsituation hat sich etwa in den folgenden Fällen ergeben: Im bereits länger zurückliegenden „Agerbrücken-Fall"[770] hatte die Kl am Tragwerk der Agerbrücke (Westautobahn) eine Polyesterbeschichtung anzubringen. Damit sollten die Spannkabel der Brücke vor Regenwasser geschützt und deren Abrosten verhindert werden. Später stellte sich heraus, dass die Polyesterbeschichtung fehlerhaft angebracht wurde, wodurch streusalzhaltiges

---

769 Maßnahmen mit Doppelcharakter; vgl Kapitel IV. D.
770 OGH 10. 5. 1972, 7 Ob 77/72.

Wasser zu den Spannkabeln durchdringen konnte. Zu diesem Zeitpunkt war bereits eine Fahrbahndecke oberhalb der Polyesterbeschichtung angebracht worden, welche zur Sanierung der Beschichtung entfernt und nach Verbesserung wiederhergestellt werden musste. Das Entfernen und die Wiederherstellung der Fahrbahndecke wurden durch eine dritte Firma vorgenommen. Der zu deckende Schaden der Kl lag in den dafür von ihr verlangten Kosten, sowie im Aufwand zur Neuherstellung der Polyesterbeschichtung.

Der OGH verneinte, dass es sich bei den aufgelaufenen Kosten um Rettungskosten gem § 63 VersVG handelt, weil der abzuwendende Schaden nicht versichert gewesen sei. Die drohenden Wasserschäden an den Spannungsseilen wären nämlich nach der Bedingungslage[771] ausgeschlossen, weshalb auch kein Fall des § 62 VersVG vorliegen könne. Der Ersatzanspruch nach § 63 VersVG teile nach dem Höchstgericht *„das rechtliche Schicksal des Grundschadens"*. Könnte der VN aber Ersatz für die Neubeschichtung (Mangelbehebung) und die Freilegung[772] nach § 63 VersVG verlangen, wenn der Wasserschaden an den Spannkabeln gedeckt wäre?

Im „Plakatier-Fall"[773] hatte die Kl auftragswidrig Plakatierungsarbeiten durchgeführt, wodurch der angestrebte Werbeeffekt erheblich geschmälert wurde. Die bereits aufgetragenen und der Kl von der Auftraggeberin übergebenen Plakate mussten zur Nachbesserung zerstört und neue Plakate auftragsgemäß angebracht werden. Für die neuen Plakate musste die Kl der Auftraggeberin bezahlen. Das Berufungsgericht und der OGH vertraten die Ansicht, dass es sich bei den Schäden durch die Zerstörung der Plakate um nicht gedeckte Vertragserfüllungskosten und deshalb wiederum um keine Rettungskosten handeln würde.

Im schon oben besprochenen „Schwimmbadisolierungs-Fall"[774] lehnte der OGH die Annahme von Rettungskosten für die Freilegung der mangelhaften Schwimmbadisolierung ab, weil es sich dabei – ebenso wie bei den Kosten zur Wiederherstellung der durch die Freilegung entstandenen Schäden – um Aufwände auf Grund ausgeschlossener Gewährleistungsansprüche[775] handle.[776]

Die drei Fälle illustrieren die in Frage stehende Grundkonstellation: Dem VN entstehen zur Behebung seiner mangelhaften Leistung grundsätzlich nach den AHVB ausgeschlossene Mehrkosten (Nacherfüllungskosten). Hinzu kommt, dass auf Grund der mangelhaften Leistung auch (nach den AHVB gedeckte) Schäden an anderen Rechtsgütern drohen, sofern die mangelhafte Leistung

---

771 Allmählichkeitsklausel (Art 5 III Z 4 lit a AHVB 1963).
772 Jedenfalls bei der Neubeschichtung würde es sich um nach den AHVB nicht gedeckte Nacherfüllungskosten handeln.
773 RIS-Justiz RS0080393, OGH 5. 3. 1987, 7 Ob 10/87.
774 OGH 11. 10. 1972, 7 Ob 214/72 VersR 1973, 873f.
775 Das Ergebnis hat sich oben als unzutreffend herausgestellt.
776 Vgl auch OGH 25. 1. 2017, 7 Ob 190/16s und OGH 24. 5. 2018, 7 Ob 222/17y („Ausgleichsbecken-Fall").

nicht beseitigt wird; die Schäden haben sich aber noch nicht realisiert. Damit überschneidet sich der nicht gedeckte Nacherfüllungsaufwand mit den Rettungskosten zur Vermeidung eines gedeckten Folgeschadens. Die Ursache für die drohenden Folgeschäden liegt in der mangelhaften Leistung. Die Behebung der Ursache erfolgt mit der nachträglichen Erfüllung des Vertrags.

Vor diesem Hintergrund sind im Folgenden die Voraussetzungen für den Ersatz der Rettungskosten gem §§ 62 f VersVG näher in den Blick zu nehmen.

B. Rettungsobliegenheit

Nach § 62 Abs 1 VersVG ist der VN verpflichtet, bei Eintritt des Versicherungsfalls den drohenden Schaden abzuwehren oder abzumildern. Die dazu notwendigen Aufwendungen hat der Versicherer gem § 63 Abs 1 VersVG zu tragen. Der Ersatz der Rettungskosten (§ 63 VersVG) knüpft also an die Rettungsobliegenheit (§ 62 VersVG) des VN an.[777]

Dem Wortlaut nach beschränkt sich die Rettungsobliegenheit und damit die Kostenersatzpflicht des Versicherers auf den „Eintritt" des Versicherungsfalls. Damit ist für den Ersatz der Rettungskosten weiter fraglich, was unter dem Eintritt des Versicherungsfalls nach § 62 Abs 1 VersVG zu verstehen ist.

1. Eintritt des Versicherungsfalls

Der Versicherungsfall in der Haftpflichtversicherung ist nicht im Gesetz definiert.[778] Es wird zwischen der Verstoß- und der Schadenereignistheorie unterschieden. Nach der Verstoßtheorie wird an das haftungsbegründende Verhalten angeknüpft. Bei der Schadenereignistheorie kommt es im Wesentlichen auf den Zeitpunkt des Schadeneintritts an.[779] Im Anschluss an die dL wird für § 149 VersVG überwiegend die Verstoßtheorie vertreten. Abweichend davon wird der Versicherungsfall in den Bedingungen näher festgelegt.[780]

In den AHVB richtet sich der Versicherungsfall gem Art 1.1 nach dem Schadenereignis.[781] Für die weitere Untersuchung ist deshalb davon auszugehen, dass ein Versicherungsfall mit Eintritt des Schadens vorliegt.

2. Vorerstreckung der Rettungsobliegenheit

In Zusammenschau mit dem Wortlaut des § 62 Abs 1 VersVG besteht eine Rettungsobliegenheit des VN damit erst mit Eintritt des Schadens. Ein bloß

---

777 Vgl statt vieler *A. Vonkilch* in *Fenyves/Perner/Riedler,* VersVG (2021) § 62 Rz 1; zur damals noch vergleichbaren deutschen Rechtslage *Beckmann* in *Honsell,* BK VVG § 62 Rn 39; jeweils mwN.

778 Ausf dazu *Fenyves,* JBl 2002, 205 (205 ff).

779 *P. Bydlinski,* Produkthaftung und Haftpflichtversicherung 16 ff, mwN.

780 Statt vieler *Reisinger* in *Fenyves/Perner/Riedler,* VersVG (2020) § 149 Rz 11 ff, mwN.

781 Zum Meinungsstand umfassend *Ziegler,* Produktehaftpflichtdeckung 44 ff.

drohender Schaden aus der Schlechterfüllung – im Fall der Schwimmbadisolierung etwa eine drohende Beschädigung auf Grund des Wasseraustritts –
könnte damit schon nicht zum Ersatz der Rettungskosten (Mangelbeseitigung)
nach § 63 Abs 1 VersVG führen.[782]

Abweichend vom Wortlaut des § 62 Abs 1 VersVG ist aber auch eine Vorerstreckung der Rettungsobliegenheit auf den Zeitpunkt denkbar, indem sich
der Eintritt des Versicherungsfalls (Schaden) zu realisieren droht.

Der OGH hat eine Vorerstreckung der Rettungsobliegenheit in der Vergangenheit etwa in der KFZ-Kaskoversicherung angenommen. Im konkreten Fall
war der VN gegen Schäden aus dem Zusammenstoß mit Wildtieren versichert.
Der Kl ist einem plötzlich auf der Straße auftauchenden Reh durch Auslenken
ausgewichen, kam dabei ins Schleudern und überschlug sich. Das Auslenken
nahm der OGH als eine Rettungsmaßnahme an, um eine Kollision mit dem
Reh und damit einen versicherten Schaden zu verhindern.[783]

Ob eine solche Vorerstreckung angenommen werden kann, ist aber besonders
für den Bereich der Haftpflichtversicherung umstritten.[784] Im Grunde geht
zwar auch die öL von einer Vorerstreckung der Rettungsobliegenheit aus[785],
wobei A. *Vonkilch* für die Haftpflichtversicherung zutreffend darauf hinweist,
dass der Ersatz des Rettungsaufwandes trotz des Verweises in § 63 Abs 1
VersVG auf § 62 VersVG (*„Aufwendungen, die der Versicherungsnehmer gem
§ 62 macht (…)"*) einer eigenständigen Betrachtung bedarf.[786]

Aus Anlass dieser Unstimmigkeit wurde in Deutschland im Zuge der Novellierung des dVVG § 90 eingefügt, der die Vorverlagerung nur hinsichtlich der
Rettungskosten, nicht aber der Rettungsobliegenheit vorsieht.[787] § 90 dVVG
soll dabei aber nur für die Sachversicherung gelten[788] und damit nicht auf die
Haftpflichtversicherung zur Anwendung kommen.[789]

Das LG Aachen[790] hat in jüngerer Zeit dagegen ausgesprochen, dass dem Ersatz
der Rettungskosten nicht entgegen stünde, dass der Grund der Abwehrmaß-

---

782 Jüngst zur Rettungsobliegenheit in der Haftpflichtversicherung *Salficky*, ZVers
     2019, 184 (184 ff).

783 OGH 1. 9. 1999, 7 Ob 20/99 p, mit übersichtlicher Darstellung zum deutschen und
     österreichischen Schrifttum; *Salficky*, ZVers 2019, 186, mit einer Übersicht zur Rsp.

784 Vgl *A. Vonkilch* in *Fenyves/Perner/Riedler*, VersVG (2021) § 62 Rz 17 ff und § 63
     Rn 13; *Beckmann* in *Honsell*, BK VVG § 62 Rn 38 ff; jeweils mwN.

785 Ausf *Kath* in *Kath/Kronsteiner/Kunisch/Reisinger/Wieser*, Praxishandbuch Versicherungsvertragsrecht I Rz 1386 ff.

786 *A. Vonkilch* in *Fenyves/Perner/Riedler*, VersVG (2021) § 62 Rz 21 f, mwN.

787 Statt vieler *Halbach* in *Rüffer/Halbach/Schimikowski*, VVG⁴ § 90 Rn 1 ff.

788 Satt vieler *Armbrüster* in *Prölss/Martin*, VVG³¹ § 90 Rn 2 mwN; OLG Köln, 30. 9.
     2014, 9 U 22/14 VersR 2015, 709 f.

789 Unter Bezug auf den Ausschluss von Erfüllungsschäden *Schünemann* in *Höra*,
     Münchener Anwaltshandbuch Versicherungsrecht⁴ § 14 Rn 48; OLG Köln 30. 9.
     2014, 9 U 22/14 VersR 2015, 709 (709 f).

790 LG Aachen 17. 1. 2014, 9 O 273/13 BeckRS2015, 17941.

nahme in einer mangelhaften Leistung liege[791], wenn es sich bei der abzuwehrenden Gefahr um einen versicherten Mangelfolgeschaden handle. Im konkreten Fall hatte die VN eine Trinkwasser-Installation zu errichten. Die Anlage war mangelhaft, was zu Legionellen im Trinkwasser führte. Die VN hat daraufhin die Trinkwasseranlage mit Filtern nachgerüstet, wofür sie ua Ersatz aus §§ 82 f dVVG forderte und zugesprochen bekam.

Das OLG Köln hat dahingegen die Ersatzpflicht als Rettungskosten in der Instanz nicht bestätigt. Im Gegensatz zum LG nahm das OLG eine nach § 90 dVVG unzulässige Vorerstreckung der Rettungsersatzpflicht auf die Haftpflichtversicherung an.[792]

C. Rettungskosten

Der Hauptgedanke hinter dem Ersatz (vorgelagerter) Rettungskosten liegt dabei in der Verlagerung der Leistungspflicht des Versicherers. Hätte der Versicherer für den Schaden bei Eintritt des Versicherungsfalls einstehen müssen, soll er dies auch für den Aufwand tun, der zur Abwendung oder Minderung seiner Leistungspflicht getätigt wird.[793]

Der Ersatz der Rettungskosten ist mit dem Institut der notwendigen Geschäftsführung ohne Auftrag zu vergleichen. Materiell übernimmt der VN mit dem Rettungsaufwand also die Leistungspflicht des Versicherers. Daraus folgt die Konsequenz, dass der Versicherer keinen Ersatz zu leisten hat, wenn keine Leistungspflicht des Versicherers für den abgewendeten Schaden bestanden hätte.[794] Ist der abzuwendende Schaden also nicht vom Versicherungsschutz umfasst, besteht auch kein Anspruch auf Ersatz der Rettungskosten; es liegt schon kein „Rettungs-Tatbestand" vor.[795]

Ersatzfähig sind auch Folgeschäden aus dem Rettungsaufwand, wie etwa im Fall des Abtragens von kontaminiertem Erdreich als Rettungsaufwand und dem Zuschütten als ersatzfähiger Folgeschaden.[796] Ersatzfähig wären also auch die Wiederherstellungskosten nach Freilegung der Wasserleitung.

Dem Ersatz nach § 63 VersVG steht auch nicht entgegen, dass ein Dritter die Rettungsmaßnahmen setzt und in der Folge die Kosten dafür vom VN verlangt. Auch hier muss aber der Rettungsaufwand zum versicherten Schaden abgegrenzt werden.[797]

---

791 Konkret war ein Ausschluss von Ansprüchen auf Erfüllung, Nacherfüllung, Selbstvornahme und Schadenersatz statt der Leistung vereinbart.

792 OLG Köln 30. 9. 2014, 9 U 22/14 VersR 2015, 709 f.

793 OGH 5. 3. 1987, 7 Ob 10/87.

794 *A. Vonkilch* in *Fenyves/Perner/Riedler*, VersVG (2021) § 63 Rz 4 f, mwN. Er steht der Schadenverlagerung kritisch gegenüber, weil sich damit der Ersatz erfolgloser Rettungsmaßnahmen nicht erklären lassen würde.

795 *A. Vonkilch* in *Fenyves/Perner/Riedler*, VersVG (2021) § 63 Rz 17 mwN.

796 OGH 14. 4. 1983, 7 Ob 62/82; *Salficky*, ZVers 2019, 187 mwN.

797 *Salficky*, ZVers 2019, 187 mwN zur dL.

Zur Transportversicherung hat der BGH zu § 63 dVVG[798] etwa entschieden, dass die Schadenabwehr nur eine Reflexwirkung der nachträglichen Erfüllung sei. Der Kl hatte zusammengefasst die zu transportierende Ware nicht sachgerecht verpackt, wodurch der Entladevorgang am Zielort gestört war und deshalb ein Produktionsausfall drohte. Die Kosten für die Umverpackung der Ware zur Vermeidung der Betriebsunterbrechung hat der BGH nach § 63 dVVG abgelehnt.[799]

D. Unmittelbar drohender Eintritt des Versicherungsfalls

Bei Vorerstreckung der Rettungsobliegenheit oder Annahme einer Kostenersatzpflicht für Rettungsmaßnahmen vor Eintritt des Versicherungsfalls wird darauf abgestellt, dass der Eintritt des Versicherungsfalls – der Eintritt des Schadens – unmittelbar drohen muss. Dabei fehlt es an einer Definition des Tatbestandsmerkmales „unmittelbar drohend".[800]

Allgemein wird davon gesprochen, dass sich die Risikolage derart verdichtet haben muss, dass sie einem Versicherungsfall gleichsteht.[801] Der Schadeneintritt soll bei einem gewöhnlichen Lauf der Dinge die logische Folge sein müssen.[802]

Dabei darf § 63 Abs 1 S 1 VersVG nicht übersehen werden, wonach der VN selbst für erfolglose Aufwendungen Ersatz der Kosten verlangen kann. Es kann also nicht auf eine ex-post Betrachtung des Schadenfalls ankommen. Darüber hinaus muss der VN nach dem Wortlaut die Aufwendungen bloß für geboten halten. Das muss auch Einfluss auf die Beurteilung des unmittelbar drohenden Schadeneintritts haben. Es wird damit genügen müssen, dass es der VN für geboten bzw möglich gehalten hat, dass sich ein versicherter Schaden ohne Rettungsmaßnahme nicht verhindern lassen wird.[803]

Von den Rettungskosten in zeitlicher Hinsicht zu trennen sind die Schadensverhütungskosten. Sie erfolgen nicht im Kontext eines unmittelbar drohenden Schadeneintritts, sondern zeitlich davor, als eine Art allgemeine Prävention.[804]

E. Stellungnahme und Zwischenbilanz

Treffen Rettungskosten für versicherte Schäden mit nicht gedeckten Aufwendungen zusammen, ist fraglich, ob der Ersatz nach § 63 VersVG durchschlägt oder der Aufwand vom Versicherungsschutz ausgenommen bleibt. Die Beson-

---

798 Der im Unterschied zum heutigen § 90 dVVG mit § 63 VersVG vergleichbar ist.
799 Zur näheren Begründung s BGH 23. 1. 2002, IV ZR 174/01 r + s 2002, 263.
800 Vgl *A. Vonkilch* in *Fenyves/Perner/Riedler*, VersVG (2021) § 62 Rz 20; vgl für Deutschland *K. Müller*, VersR 2000, 533 (533 ff) mwN zu Lehre und Rsp.
801 *Knappmann*, VersR 2002, 129 (129).
802 Vgl *K. Müller*, VersR 2000, 533 ff, mwN.
803 Vgl *K. Müller*, VersR 2000, 533 ff.
804 Vgl *Salficky*, ZVers 2019, 184 f, mwN.

derheit liegt darin, dass die Rettungsmaßnahme als Gewährleistungsaufwand grundsätzlich vom Versicherungsschutz ausgeschlossen ist. Dadurch unterscheidet sich der Fall von den Rettungsaufwänden, die zugleich der Rettung von versicherten und nicht versicherten Gütern in der Sachversicherung dienen.[805] Der Rettungsaufwand deckt sich also mit einer ausgeschlossenen Maßnahme, während bei der Sachversicherung der Rettungsaufwand zugleich der Rettung einer gedeckten und nicht gedeckten Sache dient.

Der OGH lehnte deshalb auch den Ersatz der Gewährleistungskosten als Rettungsaufwand im Schwimmbadisolierungsfall ab, weil es sich bei der Rettungsmaßnahme um einen nicht versicherten, vertraglichen Erfüllungsaufwand (Gewährleistungspflicht) handeln würde.[806] Die in Erfüllung der Verbesserungspflicht aufgewendeten Kosten könnten demnach kein Rettungsaufwand sein.[807]

Die Besonderheit liegt freilich darin, dass mit einer Vorverlagerung der Ersatzpflicht ein an sich ausgeschlossener Erfüllungsaufwand vom Versicherer gedeckt werden würde. Zugleich droht aber ein Folgeschaden, für welchen der Versicherer bei Eintritt des Versicherungsfalls einzustehen hätte. Die Vorverlagerung könnte somit zu einem Vorteil des Versicherers führen, würde man den Ersatz nach § 63 VersVG ablehnen. Überdies steht im Raum, dass der VN seinen Versicherungsschutz zur Gänze verlieren könnte, wenn er eine gebotene Maßnahme (§ 62 VersVG; Rettungsobliegenheit) unterlässt.

Die besseren Gründe sprechen im Ergebnis jedoch gegen einen Ersatz des (nach den AHVB ausgeschlossenen) Nacherfüllungsaufwands als Rettungskosten gem § 63 VersVG: Mit Blick auf das Argument der Rettungsobliegenheit und dem damit verbundenen drohenden Verlust des Versicherungsschutzes ist mit der wohl üA festzuhalten, dass § 62 VersVG in der Haftpflichtversicherung entweder gar nicht zur Anwendung kommt, oder – entsprechend § 152 VersVG – auf vorsätzliches Unterlassen beschränkt ist.[808] Im ersten Fall (keine Rettungsobliegenheit in der Haftpflichtversicherung) droht damit schon kein Verlust des Versicherungsschutzes, sollte der VN seine mangelhafte Leistung nicht oder verspätet beheben. Im zweiten Fall (Beschränkung auf Vorsatz) hätte der VN den Mangel ohnehin zu beseitigen, weil er zur Nacherfüllung vertraglich verpflichtet ist. Unterlässt er in Annahme eines (gedeckten) Folgeschadens schuldhaft seine vertragliche Pflicht, wäre der Versicherer ebenso nach § 152 VersVG für den Folgeschaden leistungsfrei. Das Argument, dass der VN über §§ 62 f VersVG Ersatz für seinen Nacherfüllungsaufwand erhalten müsse, weil ihn das Gesetz – unter Androhung des Verlustes seines Versicherungs-

---

805 Vgl zur Sachversicherung *A. Vonkilch* in *Fenyves/Perner/Riedler*, VersVG (2021) § 63 Rz 18.

806 OGH 11. 10. 1972, 7 Ob 214/72 VersR 1973, 873 f.

807 *Grubmann*, VersVG[8] § 63 E 10.

808 *A. Vonkilch* in *Fenyves/Perner/Riedler*, VersVG (2021) § 62 Rz 21 mwN.

schutzes – zur Nacherfüllung zwingen würde, sticht also nicht. Auf die Frage der Rettungsobliegenheit kommt es daher nicht entscheidend an.

Die „Vorverlagerung" führt auch nicht zu einem Vorteil des Versicherers. Der Versicherer muss nach den AHVB zwar grundsätzlich für Mangelfolgeschäden einstehen, weshalb argumentiert werden könnte, dass er sich nicht von seiner Ersatzpflicht damit befreien können soll, dass sich die Abwehr des Folgeschadens mit einer von der Deckung ausgeschlossenen Vertragspflicht (Nacherfüllung) überschneidet. Die Schadensneigung der mangelhaften Leistung wird dabei auch regelmäßig nicht zum Glücksfall des VN werden. Es ist nämlich nicht zu übersehen, dass ein (gedeckter) Schaden in jedem Fall unmittelbar drohen muss, weshalb auch nicht jeder Aufwand wegen eines Verdachts, dass eine mangelhafte Leistung einen Schaden herbeiführen könnte, als Rettungsaufwand ersatzfähig ist. Eine Mangelbeseitigung wird idR aber stets auch der Abwehr eines Folgeschadens aus der mangelhaften Leistung dienen. Der VN soll über den Rettungskostenersatz und nach dem Zweck der §§ 62f VersVG aber nicht zu einem Mehr an Versicherungsschutz gelangen. Für den Nacherfüllungsaufwand bestünde auch bei Eintritt eines Folgeschadens kein Versicherungsschutz. Im Ergebnis ist die Abwehr eines Folgeschadens durch die Nacherfüllung daher nur eine Begleiterscheinung. Der VN muss – unabhängig von § 62 VersVG – jedenfalls nacherfüllen, weshalb er für die (nach den AHVB nicht gedeckten) Nacherfüllungskosten keinen Ersatz über § 63 VersVG verlangen kann.

VII. Zusammenfassung der wichtigsten Ergebnisse

Im Folgenden findet sich eine Zusammenfassung der wichtigsten Ergebnisse. Diese sind auch im Einzelnen jeweils als Zwischenfazit am Ende der entsprechenden Kapitel und in den Zwischenbilanzen festgehalten.

1. Der gesetzliche Umfang der Haftpflichtversicherung (§§ 1, 149 ff VersVG) ist entgegen der üA nicht auf die Verantwortung auf Grund von Schadenersatzansprüchen beschränkt. Das Risiko gewährleistungspflichtig zu werden, ist in der Haftpflichtversicherung dem Gesetz nach grundsätzlich ebenso versicherungsfähig. Sowohl die Ansprüche aus § 932 ABGB, als auch aus § 933 a ABGB, sind daher dem Gesetz nach versicherbare Haftpflichtansprüche. Die versicherte Verantwortung des VN für die Folgen der Schlechterfüllung eines Vertrags ergibt sich erst näher aus der primären Risikoumschreibung der AHVB.[809]

2. Einen allgemeinen, über dem Gesetz oder den Bedingungen stehenden, Grundsatz des unversicherbaren oder nicht versicherten Unternehmerrisikos gibt es entgegen der stRsp nicht. Er kann daher grundsätzlich auch nicht für den Ausschluss der Haftpflichtrisiken aus der Schlechterfüllung eines Vertrags fruchtbar gemacht werden.[810]

3. Für die deckungsrechtliche Beurteilung der drohenden Haftungsrisiken wegen der Schlechterfüllung von Verträgen ist die primäre Risikoumschreibung von entscheidender Bedeutung. Dazu hat sich im Allgemeinen gezeigt, dass es nicht auf die formale Anspruchsgrundlage (den Rechtsgrund), sondern auf den materiellen Anspruchsinhalt (die Verantwortung für den zu ersetzenden Nachteil) ankommt. Das Haftungsrecht kann also einen wichtigen Anhaltspunkt für die Deckung geben. Es besteht grundsätzlich eine Kongruenz zwischen Haftungsrecht und Deckungsumfang: Die Verantwortung für einen Mangelschaden ist dahingehend vom Versicherungsschutz ausgenommen, die Verantwortung für den Ersatz eines Mangelfolgeschadens ist hingegen gedeckt.

4. Nach Art 1.2.1.1 sind unter Schadenersatzverpflichtungen kraft gesetzlicher Haftpflichtbestimmungen alle Ansprüche, die auf einen Ausgleich eines Nachteils außerhalb der vertraglich versprochenen Leistung gerichtet sind, zu verstehen. Vom Versicherungsschutz ausgenommen ist daher die Verantwortung, die sich auf das vertragliche Versprechen des VN zurückführen lässt (Mangelschaden).[811] Von der primären Risikoumschreibung nicht umfasst sind daher grundsätzlich alle Ansprüche aus dem Titel der

---

809 Kapitel II. und III.A.
810 Kapitel III.B.
811 Kapitel III.C.

Gewährleistung (§ 932 ABGB), sowie der schadenersatzrechtliche Anspruch auf Nacherfüllung, Preisminderung und Wandlung, soweit sie auf die Verantwortung für die vertraglich versprochene Leistung zurückgehen. Der schadenersatzrechtliche Geldersatz (Nichterfüllungsschaden) kann danach sowohl nicht gedeckte, als auch gedeckte Nachteile umfassen. Der Aus- und Einbauaufwand ist daher von Art 1.2.1.1 vom Versicherungsschutz umfasst, soweit der VN keine Montagepflicht übernommen hat.[812]

5. Die Freilegungs- und Wiederherstellungskosten im Werkvertragsrecht sind entgegen der versicherungsrechtlichen Rsp haftungsrechtlich (zivilrechtlich) nicht ohne Weiteres als Gewährleistungskosten einzuordnen. Sie sind deshalb auch nicht grundsätzlich vom Versicherungsschutz ausgenommen. Diese haftungsrechtliche und deckungsrechtliche Beurteilung lässt sich auf die Übernahme der versicherungsrechtlichen Einordnung aus Deutschland zurückführen. Dort wird der Freilegungs- und Wiederherstellungsaufwand haftungsrechtlich als Gewährleistungsaufwand bezeichnet. Ob es sich um einen Gewährleistungsaufwand handelt, richtet sich nach dem österreichischen Haftungsrecht nach dem Vertrag, also danach, welchen Werkerfolg der VN vertraglich schuldet.[813]

6. Der Gewährleistungsklausel kommt im Verhältnis zur primären Risikoumschreibung nur deklarative Wirkung zu. Es sind also nur solche Gewährleistungskosten vom Versicherungsschutz ausgeschlossen, die sich auf den versprochenen Vertragsinhalt zurückführen lassen. Es kommt auf eine materielle Beurteilung an. Der Aus- und Einbauaufwand und die Freilegungs- und Wiederherstellungskosten sind daher auch nur in den Grenzen des Art 1.2.1.1 vom Versicherungsschutz ausgenommen. Der Ersatz aus dem Titel der Gewährleistung (die formale Anspruchsgrundlage) schadet auch hier nicht.[814]

7. Das Problem der „Maßnahmen mit Doppelcharakter" lässt sich nach Art 1.2.1.1 lösen: Tritt ein Schaden außerhalb der versprochenen Vertragsleistung im Vermögen des Gläubigers ein, besteht Deckung, andernfalls nicht.[815]

8. Für die Deckung des Ersatzes von Verbesserungskosten bei Selbstverbesserung muss entgegen der stRsp und üA nicht auf die Gewährleistungs-(Art 7.1.1) oder Nichterfüllungsklausel (Art 7.1.3) rekurriert werden. Trägt ein anderer als der VN die Verbesserungskosten, sind sie bereits nach Art 1.2.1.1 ausgeschlossen, sofern sie der Nacherfüllung der versprochenen Leistung dienen. Das ergibt sich bereits aus teleologischen Gesichtspunkten zu Art 1.2.1.1. Den beiden Risikoausschlüssen kommt dahingehend ebenfalls nur deklarative Wirkung zu.[816]

---

812 Kapitel III.C.
813 Kapitel IV.C.
814 Kapitel IV.
815 Kapitel IV.D.
816 Kapitel V.C.

9. Der Umfang der Nichterfüllungsklausel spitzt sich auf die Frage zu, welcher Teil des Nichterfüllungsschadens als „Ersatzleistung" für die versprochene Leistung vom Versicherungsschutz ausgeschlossen sein soll. Die Frage stellt sich insb bei der deckungsrechtlichen Beurteilung des entgangenen Gewinns und Nutzungsentfalls. Als Erfüllungsersatzleistung soll dabei nur jener Teil des Geldersatzes ausgeschlossen werden, mit dem die mangelhafte Leistung kompensiert werden soll. Es ist nicht darauf abzustellen, welchen Zweck der Gläubiger mit der versprochenen Leistung verfolgt, oder welche Auswirkung die Leistung in seinem Vermögen gehabt hätte. Im Einklang mit den historischen Motiven zu den AHVB soll die Erfüllungsersatzleistung daher nur deshalb ausgeschlossen sein, um den VN im Fall des endgültigen Ausbleibens der Leistung nicht besserzustellen. Der Nichterfüllungsklausel kommt dahingehend ebenso nur eine deklarative Wirkung zu. Der entgangene Gewinn und Nutzungsentfall sind deshalb entgegen stRsp auch nicht vom Versicherungsschutz ausgenommen.[817]

10. Im Ergebnis hat sich mit der hA bestätigt, dass der Gewährleistungs- (Art 7.1.1) und der Nichterfüllungsklausel (Art 7.1.3) im Verhältnis zur primären Risikoumschreibung (Art 1.2.1.1) bei der Frage der Deckung der Haftungsrisiken aus der Schlechterfüllung eines Vertrags nur deklarative Wirkung zukommt. Die AHVB sollten dahingehend nach dem Vorbild der AHB überarbeitet werden. Die iZm der Schlechterfüllung von Verträgen behandelten Kosten und Schäden, die in der Praxis besonders häufig zu Deckungsunsicherheiten und Rechtsstreitigkeiten führen (vorbereitende Maßnahmen, entgangener Gewinn und Nutzungsentfall), sollten ausdrücklich auf Ebene der primären Risikoumschreibung geregelt werden und damit der Deckungsumfang entsprechend klargestellt werden. Eine bloß – zu Art 1.2.1.1 – klarstellende und erläuternde Regelung in Form von Risikoausschlüssen, wie dies bisher der Fall ist, ist abzulehnen.

11. Die Anwendbarkeit der §§ 62 f VersVG auf die Haftpflichtversicherung ist im Allgemeinen umstritten. Da nach den AHVB kein Versicherungsschutz für die Kosten zur Nacherfüllung besteht, sind diese auch nicht als Rettungskosten zur Abwehr drohender (gedeckter) Folgeschäden ersatzfähig. Eine Mangelbeseitigung dient idR stets auch der Abwehr eines Folgeschadens aus der mangelhaften Leistung, zu welcher der VN schon aus dem Vertrag verpflichtet ist. Im Ergebnis ist die Abwehr eines Folgeschadens durch die Nacherfüllung daher nur eine Begleiterscheinung. Der VN soll über den Rettungskostenersatz nach §§ 62 f VersVG aber nicht zu einem Mehr an Versicherungsschutz gelangen. Für den Nacherfüllungsaufwand bestünde auch bei Eintritt eines Folgeschadens kein Versicherungsschutz.[818]

---

817 Kapitel V.D.
818 Kapitel VI.

Judikaturverzeichnis

Österreich

OGH 19. 7. 1962, 5 Ob 143/62 JBl 1963, 127
OGH 31. 3. 1965, 7 Ob 319/64
OGH 28. 9. 1966, 7 Ob 145/66
OGH 30. 3. 1971, 4 Ob 511/71 JBl 1972, 205
OGH 10. 5. 1972, 7 Ob 77/72
OGH 11. 10. 1972, 7 Ob 214/72 VersR 1973, 873
OGH 20. 11. 1975, 7 Ob 242/75 VersR 1977, 98
OGH 31. 8. 1978, 6 Ob 687/78 JBl 1979, 295
OGH 14. 4. 1983, 7 Ob 62/82
OGH 5. 3. 1987, 7 Ob 10/87
OGH 30. 4. 1987, 7 Ob 20/87
OGH 9. 7. 1987, 7 Ob 32/87
OGH 24. 3. 1988, 7 Ob 9/88
OGH 19. 10. 1989, 7 Ob 37/89
OGH 7. 3. 1990, 1 Ob 536/90
OGH 28. 2. 1991, 7 Ob 4/91
OGH 19. 10. 1994, 7 Ob 27/94
OGH 29. 1. 1997, 7 Ob 2018/96 g
OGH 28. 8. 1997, 7 Ob 223/97 p
OGH 27. 1. 1998, 7 Ob 406/97 z
OGH 11. 11. 1998, 7 Ob 297/98 x
OGH 2. 6. 1999, 9 Ob 342/98 d
OGH 1. 9. 1999, 7 Ob 20/99 p
OGH 1. 9. 1999, 7 Ob 227/99 d
OGH 27. 10. 1999, 7 Ob 228/99 a
OGH 22. 3. 2001, 4 Ob 47/01 t
OGH 26. 9. 2001, 7 Ob 172/01 x
OGH 11. 12. 2002, 7 Ob 262/02 h
OGH 28. 5. 2003, 7 Ob 93/03 g
OGH 11. 7. 2005, 7 Ob 111/05 g
OGH 29. 11. 2006, 7 Ob 177/06 i
OGH 18. 12. 2006, 8 Ob 108/06 z
OGH 17. 10. 2007, 7 Ob 147/07 d
OGH 2. 7. 2008, 7 Ob 128/08 m
OGH 27. 8. 2008, 7 Ob 114/08 b
OGH 10. 7. 2012, 4 Ob 80/12 m
OGH 26. 9. 2012, 7 Ob 140/12 g
OGH 17. 4. 2013, 7 Ob 46/13 k
OGH 9. 9. 2013, 6 Ob 97/13 b
OGH 25. 3. 2014, 9 Ob 64/13 x
OGH 26. 6. 2014, 8 Ob 75/13 g
OGH 17. 9. 2014, 7 Ob 143/14 a
OGH 26. 11. 2014, 7 Ob 191/14 k
OGH 12. 3. 2015, 7 Ob 230/14 w

OGH 30. 4. 2015, 7 Ob 65/15 g
OGH 2. 9. 2015, 7 Ob 131/15 p
OGH 27. 4. 2016, 7 Ob 31/16 h
OGH 25. 1. 2017, 7 Ob 190/16 s
OGH 21. 9. 2017, 7 Ob 127/17 b
OGH 27. 9. 2017, 9 Ob 45/17 h
OGH 20. 12. 2017, 7 Ob 195/17 b
OGH 24. 5. 2018, 7 Ob 222/17 y
OGH 20. 6. 2018, 7 Ob 212/17 b
OGH 31. 10. 2018, 7 Ob 197/18 y
OGH 18. 9. 2019, 7 Ob 81/19 s
OGH 2. 11. 2020, 3 Ob 111/20 z
OGH 28. 1. 2021, 8 Ob 99/20 x

RIS-Justiz RS0021974
RIS-Justiz RS0029498
RIS-Justiz RS0080393
RIS-Justiz RS0081414
RIS-Justiz RS0081438
RIS-Justiz RS0081518
RIS-Justiz RS0081589
RIS-Justiz RS0081685
RIS-Justiz RS0081898
RIS-Justiz RS0107031
RIS-Justiz RS0112256
RIS-Justiz RS0114204
RIS-Justiz RS0117142
RIS-Justiz RS0120246
RIS-Justiz RS0123773
RIS-Justiz RS0123968
RIS-Justiz RS0131237

Deutschland

BGH 21. 2. 1957, II ZR 4/56 NJW 1957, 907
BGH 7. 12. 1959, II ZR 166/58 VersR 1960, 109
BGH 26. 1. 1961, II ZR 218/58 VersR 1961, 265
BGH 20. 9. 1962, II ZR 171/61 VersR 1962, 1049
BGH 13. 12. 1962, II ZR196/60 NJW 1963, 805
BGH 13. 12. 1962, II ZR197/60 NJW 1963, 811
BGH 21. 3. 1963, II ZR 111/60 VersR 1963, 516
BGH 9. 1. 1964, II ZR 86/61 VersR 1964, 230
BGH 3. 3. 1966, II ZR 44/93, *Celle,* VersR 1966, 434
BGH 22. 6. 1967, II ZR 183/64 VersR 1967, 771
BGH 9. 4. 1975, IV ZR 4/74 NJW 1975, 1278
BGH 13. 5. 1981, IVa ZR 96/80 VersR 1981, 771
BGH 25. 9. 1985, IVa ZR 183/83 VersR 1985, 1153
BGH 20. 11. 1990, IV ZR 229/98 VersR 1991, 293
BGH 8. 12. 1999, IV ZR 40/99 VersR 2000, 311
BGH 23. 1. 2002, IV ZR 174/01 r + s 2002, 263
BGH 15. 7. 2008, VIII ZR 211/07 NJW 2008, 2837
BGH 30. 4. 2014, VIII ZR 275/13 NJW 2014, 2351

OLG Hamm 21. 5. 1976, 20 U 212/75 VersR 1977, 1093
OLG Koblenz 21. 12. 1998, 10 W 841/98 VersR 2000, 94
OLG Karlsruhe 15. 1. 2009, 12 U 197/08 VersR 2009, 1218
OLG Dresden 23. 10. 2013, 7 U 548/13 r+s 2014, 280
OLG Köln 30. 9. 2014, 9 U 22/14 VersR 2015, 709
OLG Düsseldorf 16. 6. 2017, I-22 U 14/17 NJW 2018, 627

LG Mainz 20. 1. 1954, 3 S 216/53 VersR 1954, 141
LG Stuttgart 24. 10. 1963 VersR 1964, 156
LG Köln 9. 7. 1980, 19 S 17/80 VersR 1981, 177
LG Aachen 17. 1. 2014, 9 O 273/13 BeckRS 2015, 17941

EuGH

EuGH 17. 4. 2008, C-404/06, *Quelle AG*, ECLI:EU:C:2008:231
EuGH 16. 6. 2011, verb Rs C-65/09 und C-87/09, *Gebr. Weber*, ECLI:EU:C:2011:396
EuGH 23. 5. 2019, C-52/18, *Fülla*, ECLI:EU:C:2019:447

Sonstiges

ErläutRV 949 BlgNR 27. GP
ErläutME 107/ME 27. GP
ErläutRV 422 BlgNR 21. GP
Neudruck der Motive zum Entwurf eines Gesetzes über den Versicherungsvertrag vom
    30. Mai 1908 (1963)
Verordnung zur Vereinheitlichung des Rechts der Vertragsversicherung vom 19. 12.
    1939, DRGBL 1939 I, 2443

Stichwortverzeichnis

Die Zahlen beziehen sich auf die Seiten.

A

Aus- und Einbau 5 f, 56 ff, 61, 95 ff, 107
Aus- und Einbauaufwand 12, 63
Aus- und Einbaukosten 6, 56 ff, 63, 68 f,
  83, 96 ff, 100, 116
Äquivalenzinteresse 13, 82, 141

B

Bereicherungsausgleich 13
betriebliches Risiko 2, 14

E

Eigenschaden 19, 38 f, 42 f, 88, 108
entgangener Gewinn 13, 126, 137, 140,
  142 ff, 148 ff
Entgeltanspruch 41, 47, 50
Erfüllungsausschluss 78, 97, 119, 132, 144,
  146
Erfüllungsbereich 40, 69, 113
Erfüllungsersatzklausel 66, 119
Erfüllungsersatzleistung 49, 65, 120 ff,
  125 f, 135, 139, 148 f
Erfüllungsinteresse 53, 90, 97, 119 f, 129 ff,
  142 ff
Erfüllungsrisiko 23
Erfüllungssurrogat 48, 88, 111, 118, 121,
  134 f, 137 f, 142 f

F

formale Anspruchsgrundlage 4, 35 ff, 45,
  53, 63 f, 92 f, 99 ff, 113, 126, 133 f, 141
Freilegungskosten 70, 75 ff, 82, 90

G

Gegenleistung 12, 38, 40 ff, 47 ff, 89, 91,
  122 f
Gegenleistungsrisiko 41 f
Gegenwert (wirtschaftlicher) 40 f
Geldersatz 39, 53, 59 f, 125
gesetzliche Haftpflichtbestimmung 28 ff,
  35, 43

G

Gewährleistungsklausel 65 ff, 68 ff, 84 ff,
  92 ff, 100 f, 108 f, 116 f
Gewährleistungskosten 71, 73, 77, 83 ff,
  92, 104, 106, 109, 158
Gewährleistungspflicht 5 f, 10 ff, 34, 38, 50,
  59, 69, 70, 80, 87, 93, 97 f, 104 f, 158
Gewährleistungsrisiko 31, 38, 45, 55, 64,
  83
Gewinngarantie 23 f, 26 f, 33 f

H

Haftpflichtansprüche 2, 16 ff
Haftpflichtrisiken 10, 17, 19
Haftpflichtrisiko 15, 20, 23, 38
Haftpflichtversicherung 15 ff, 50 f

L

Leistungsinteresse 31, 136, 139 ff
Leistungsrisiko 23, 43, 85 f, 91, 94, 137

M

Mangelbeseitigungs(neben)kosten 86 ff,
  103, 108, 128, 132, 152
mangelhafte Leistung 2, 13, 38, 48, 54, 64,
  87, 104, 108
Mangelfeststellungskosten 72, 102 ff
Mangelfolgeschaden 2 f, 5 f, 26 f, 45, 51, 53,
  55 f, 59, 63 ff, 72 ff, 79 ff, 85 f, 90 ff, 95 f,
  99, 109 f, 115 f, 119 f, 128 ff, 135, 140,
  150 f
Mangelnebenkosten 86, 108 f
Mangelschaden 2 f, 45, 51 f, 53 f, 59, 63 f,
  80 f, 120, 128, 131, 138
Mangelsuchkosten 73, 95, 101 ff, 106 f
Maßnahmen mit Doppelcharakter 110 ff
materieller Anspruchsinhalt 36, 54, 63 f,
  92, 101
Mehrkosten 12, 88, 123 f, 129, 145, 153

N

Nachbesserungsbegleitschaden 89 ff,
  113 ff